HEYNE ‹

Nina Schröder

# Die Frauen der Rosenstraße

## Hitlers unbeugsame Gegnerinnen

WILHELM HEYNE VERLAG
MÜNCHEN

HEYNE SACHBUCH
19/899


Dieser Titel erschien bereits unter der Bandnummer 19/560
und dem Titel: *Hitlers unbeugsame Gegnerinnen. Der
Frauenaufstand in der Rosenstraße.*


*Umwelthinweis:*
*Dieses Buch wurde auf chlor- und säurefreiem Papier*
*gedruckt.*


Redaktion: Gertrud Bauer
Konzeption und Realisation: Christine Proske
(Ariadne Buchkonzeption, München)


2. Auflage

Neuausgabe 10/2003
Copyright © 1997 by
Wilhelm Heyne Verlag GmbH & Co. KG, München
Der Wilhelm Heyne Verlag ist ein Unternehmen der
Ullstein Heyne List GmbH & Co. KG
http://www.heyne.de
Printed in Germany 2003
Umschlagillustration: akg, Berlin (oben) und
Landesarchiv Berlin (unten)
Umschlaggestaltung: Hauptmann und Kampa
Werbeagentur, München – Zürich
Druck und Verarbeitung: Ebner & Spiegel, Ulm


ISBN 3-453-87736-5

# Inhalt

»Wenn man sich die lange düstere Geschichte der Menschheit ansieht, entdeckt man, daß mehr scheußliche Verbrechen im Namen des Gehorsams begangen worden sind als jemals im Namen der Rebellion.«

Charles Percy Snow (1905-1980)


»Aber ich weiß von einem noch viel trostloseren, noch viel stilleren Heldentum (...) Das waren die paar arischen Ehefrauen (allzu viele sind es nicht gewesen), die jedem Druck, sich von ihren jüdischen Ehemännern zu trennen, standgehalten hatten. Wie hat der Alltag dieser Frauen ausgesehen! Welche Beschimpfungen, Drohungen, Schläge, Bespuckungen haben sie erlitten, welche Entbehrungen, wenn sie die normale Knappheit ihrer Lebensmittelkarten mit ihren Männern teilten, die auf die unternormale Judenkarte gestellt waren (...) Sie wußten, ihr Tod werde den Mann unweigerlich hinter sich herzerren, denn der jüdische Mann wurde von der noch warmen Leiche der armen Frau weg ins mörderische Exil transportiert. (...) aber in dem zermürbenden Ekel des schmutzigen Alltags, dem unabsehbar viele gleich schmutzige Alltage folgen werden, was hält da aufrecht?«

Victor Klemperer, LTI[1]

---

[1]  Victor Klemperer: LTI – Notizbuch eines Philologen, Leipzig 1996[15], S. 12 f.

# Vorwort

In den ersten Tagen des März 1943 ereignete sich in Berlin etwas, was bis dahin niemand für möglich gehalten hatte: Mehr als tausend Juden, die für den Transport »nach dem Osten« bestimmt und in dem Sammellager Rosenstraße 2-4 interniert waren, wurden wieder in die Freiheit entlassen. Weitere fünfundzwanzig Juden wurden zwei Wochen später zurück nach Berlin gebracht. Sie waren bereits deportiert worden: nach Auschwitz, dem Todeslager, in dem seit dem 3. September 1941 mit dem Giftgas Zyklon B systematisch gemordet wurde. Diese fünfundzwanzig Männer waren zwölf Tage im berüchtigsten aller Lager gewesen und waren dennoch der sicheren Vernichtung entkommen.

Alle diese Menschen verdankten ihre Rettung nicht etwa einer Nacht-und-Nebel-Aktion einer Flüchtlingshilfsorganisation – im Gegenteil: Sie wurden offiziell und völlig regulär entlassen, versehen mit Ausweispapieren und Entlassungsscheinen. Sie waren bereits dem Tod verschrieben und wurden dem Leben wieder überlassen.

Da war etwas passiert, was kaum denkbar war, was bis heute nicht in das Bild von dieser Zeit passen will. Ein Ereignis, das die Rede von der reibungslos funktionierenden Mordmaschinerie Lügen straft: Der Moloch hatte wieder ausgespuckt, was er beinahe schon geschluckt hatte. Zwei Jahre vor dem endgültigen Zusammenbruch zeigte er Schwäche, zeigte, daß er, wenn auch im kleinen, besiegt werden konnte. Wer aber hatte ihn besiegt?

Die Geschichte klingt wie die von David und Goliath, sie ist fast noch unglaublicher als der Umstand der Freilassung selber: eine Geschichte, die erst in den vergangenen Jahren wieder ins öffentliche Gedächtnis zurückgerufen wurde, die, trotz der historischen Aufarbeitungswut allenthaben, trotz händeringender Suche nach Menschen, die im Hitler-Deutschland Widerstand geleistet haben, beinahe schon vergessen war. Es ist die Geschichte des einzigen öffentlichen Protestes gegen die Judendeportation im sogenannten Altreich überhaupt. Daß sie einen glücklichen Ausgang haben würde – will man von Glück in diesem Zusammenhang sprechen –, konnte damals keiner ahnen.

Denn die, die dem Moloch seine Beute abtrotzten, waren nicht mehr als einige hundert Menschen, Frauen in der Hauptsache. Sie wählten das älteste Mittel, um zu zeigen, daß sie mit dem Vorgehen der Machthaber nicht einverstanden waren: Sie gingen auf die Straße und protestierten. Sie taten es friedlich, die meiste Zeit still den Bürgersteig auf- und abgehend: vor dem Gebäude in der Berliner Rosenstraße, in dem ihre Angehörigen interniert waren – kaum drei Minuten von Berlins damaligem Zentrum, dem Alexanderplatz, entfernt. Die meisten von ihnen waren »arische« Mütter und Ehefrauen, die ihre jüdischen Familienmitglieder retten wollten. Im Laufe der Tage aber stießen mehr und mehr Menschen zu ihnen: Verwandte, Passanten und Leute, die durch die Mundpropaganda aufmerksam geworden waren.

Über ihre genaue Zahl herrscht Uneinigkeit. Sicher ist nur, daß die Zahl von sechstausend, von der anfänglich die Rede war, unrealistisch ist; jüngeren Forschungen zufolge waren es auf keinen Fall mehr als zweitausend Menschen, die sich in der Rosenstraße versammelten; meistens allerdings sind es nur einige hundert gewesen im Laufe dieser eine Woche anhaltenden Protestkundgebung. Am Ende aber war dieser Handvoll Menschen gelungen, was sie sich kaum vorzunehmen gewagt hatten: Sie hatten ihre Angehörigen befreit.

Von der Freilassung bekam kaum jemand etwas mit. Das Regime verbreitete die Nachricht von seiner Niederlage naturgemäß nicht über die Medien. Wer davon erfuhr, der erfuhr es über den »jüdischen Mundfunk«.

Bekannt wurden die Ereignisse in der Rosenstraße erst nach dem Weltkrieg durch einen Aufsatz in der Zeitschrift *Sie*[2]. Dann fielen sie seltsamerweise für lange Zeit wieder der Vergessenheit anheim. Nur einige jüdische Beteiligte schrieben im Rahmen ihrer autobiographischen Erinnerungen darüber, wie etwa Heinz Ullstein[3] oder Ruth Andreas-Friedrich[4], ohne ihnen jedoch ein besonderes Gewicht zu verleihen. Die historische Forschung befaßte sich kaum damit.

Jahrzehntelang wurde von Politik und Wissenschaft fast ausschließlich der bürgerlich-militärische Widerstand gewürdigt. Die Aufarbeitung der Vergangenheit beschränkte sich im großen und ganzen auf das, was man Herrschaftsgeschichte nennt, Geschichte »von oben«. Weil die Menschen in der Rosenstraße ohne Zweifel Geschichte »von unten« geschrieben hatten, fielen sie durch den Raster.

Es war eine einmalige Widerstandshandlung, es waren verhältnismäßig wenige Menschen beteiligt, dazu noch in der Mehrzahl Frauen; die Sache hatte wenig Aufsehen erregt – so war das öffentliche Interesse von Anfang an gering. Daran änderte auch der Umstand nichts, daß es sich um die einzige bislang bekannt gewordene öffentliche Demonstration in Hitler-Deutschland handelt. Es blieb verdächtig ruhig um die Rosenstraße, nicht zuletzt wohl

---

2  Georg Zivier, in: »Sie«, Zeitschrift für Frauen, Nr. 2, Jahrgang 1945, zitiert nach: Heinz Ullstein: Spielplatz meines Lebens, München 1961.
3  Heinz Ullstein, a.a.O.
4  Ruth Andreas-Friedrich: Der Schattenmann. Tagebuchaufzeichnungen 1938-1945, Frankfurt a. M. 1983 (ursprünglich Berlin 1947).

auch deswegen, weil niemand wirklich wahrhaben wollte, was die Frauen dort bewiesen hatten: daß nicht jeder Widerstand unmöglich und von vornherein zum Scheitern verurteilt gewesen wäre.

»Das war etwas Gewaltiges, auch für uns Halbwüchsige«, erinnerte sich der verstorbene Dokumentarfilmer Eberhard Fechner, der als Jugendlicher Zeuge der Frauendemonstration in der Rosenstraße wurde; er wohnte nur eine Straßenecke weiter. »Wir konnten uns nicht vorstellen, daß man gegen etwas opponiert.«[5]

Fechner beschreibt mit wenigen Worten das allgemeine Empfinden des damaligen Reichsbürgers, und er beschreibt gleichzeitig das Ungeheuerliche an diesen Ereignissen mitten in Berlin, die sich vor den Augen aller abspielten: Da tat eine Gruppe von Menschen etwas, was seit Jahren geradezu unvorstellbar war – sie opponierte. Der Nationalsozialismus hatte zehn Jahre lang daran gearbeitet, jeden Gedanken an Widerstand im Keim zu ersticken. Und nun forderte eine Handvoll Frauen die Staatsgewalt heraus.

Nach einem Jahrzehnt systematischer und gewaltsamer Meinungsunterdrückung hatte sich die Überzeugung in den Köpfen der Deutschen festgesetzt, daß offener Widerstand erstens völlig sinnlos wäre und zweitens schnell das Leben kosten könnte.

Das schien die Frauen in der Rosenstraße und diejenigen, die aus Interesse oder Protest zu ihnen hinzugestoßen waren, jedoch nicht zu interessieren. Selbst als auf der anderen Straßenseite ein Maschinengewehr in Stellung gebracht wurde, so berichten Zeitzeugen, ließen

---

[5] Zitiert nach einem Interview, das Michael Muschner mit Eberhard Fechner wenige Jahre vor dessen Tod führte. In: Befreiung aus der Rosenstraße. Ein Film von Michael Muschner. Produktionsgesellschaft Tigerfilm, Berlin 1993.

sie sich kaum beeindrucken; sie zogen sich nur im ersten Schrecken einige Meter zurück.

Wie kam es, daß diese Menschen ziemlich genau das Gegenteil von dem taten, was von ihnen erwartet wurde ... daß sie taten, was unter Androhung schwerer Strafen verboten war?

Wer den Gehorsam verweigert, muß gegen den Strom schwimmen; er muß, wie es der Sozialpsychologe Erich Fromm einmal formulierte, »den Mut haben, allein zu sein, zu irren und zu sündigen«. Woher nahmen die Frauen diesen Mut? Wie konnte ihre Zivilcourage überleben, wo doch alle glaubten, und auch nachher noch jahrzehntelang unermüdlich beteuerten, daß es keinen Freiraum für Widerstand gegeben habe?

Dieses Buch möchte anhand von Lebensberichten ergründen, wie dieser Widerstandsgeist entstehen und wachsen konnte. Dabei sind die Hauptpersonen dieser Geschichten alles andere als Heldinnen: Sie sind ganz normale, einfache Frauen, manche ängstlich, manche mutig, alle verzweifelt und beharrlich treu.

Platz des ehemaligen Hauses in der Rosenstraße, 1997

12

Figuren des Mahnmals in der Rosenstraße, 1997

Denn die Rosenstraße war nur der Höhepunkt einer ganzen Reihe von kleinen Verweigerungen. Unter Androhung auch harter Strafen waren diese Frauen über Jahre dazu gedrängt worden, sich von ihren jüdischen Ehepartnern zu trennen. Sie hatten es nicht getan und hatten ihre Männer dadurch – und nur dadurch! – vor der Deportation gerettet. Sie hatten aber für diesen offenen Ungehorsam gegenüber dem Regime schwere Sanktionen in Kauf nehmen müssen.

»In der Staatsdoktrin des Dritten Reiches«, so schrieb Heinz Ullstein, Enkel des Verlagsgründers[6], »stand als erster Artikel die These: Alle Menschen seien entweder durch Vorteile käuflich oder durch Drangsalierungen zu zermürben. Die christlichen Frauen, die während der zwölf Jahre zu ihren jüdischen Männern hielten, haben diesen Lehrsatz widerlegt.«

---

[6]  Heinz Ullstein, a.a.O., S. 340.

Das Buch soll aus einzelnen Erzählungen wie aus Puzzlestücken ein Bild des kleinen Widerstands zusammensetzen und damit einen Beitrag leisten zur »Geschichte von unten«. Die Beteiligten selber hatten damals kein Empfinden für die historische Dimension des Ereignisses. Sie betrachteten ihr Verhalten als ganz normal, ja geradezu als selbstverständlich.

Das gesellschaftliche Potential dahinter, die eigentliche Sprengkraft, wurde bis heute nicht angemessen gewürdigt.[7] Erst im vergangenen Jahrzehnt hat es vergleichbare Bewegungen gegeben: Menschenrechtsbewegungen, die sich zu Massenprotesten ausweiteten. Was damals in der Rosenstraße passierte, kann beispielsweise nur im Vergleich mit der gewaltlosen Revolte in der ehemaligen DDR, die schließlich zum Fall der Mauer führte, richtig bewertet werden.

---

[7] Erst Anfang der neunziger Jahre wurden die Geschehnisse in der Berliner Rosenstraße wieder in Erinnerung gerufen, vor allem durch das Fernsehen. Anlaß war 1993 der 50. Jahrestag des Protestes, zu dem in der Rosenstraße ein Mahnmal der in Berlin lebenden Bildhauerin Ingeborg Hunzinger eingeweiht wurde. Parallel dazu zeigte das ZDF einen Beitrag in der Kultursendung »Arte«: Widerstand in der Rosenstraße. Ein Film von Daniela Schmidt, ZDF 1992. Weitere Kurzbeiträge folgten; 1994 zeigte die Berlinale im Rahmenprogramm die abendfüllende Dokumentation »Befreiung aus der Rosenstraße« von Michael Muschner, vgl. Anm. 5. Auch ihr folgten einige Fernsehausstrahlungen. Gleichzeitig beschäftigte sich erstmals der amerikanische Historiker und Harvard-Professor Nathan Stoltzfus in einer ausführlichen wissenschaftlichen Auseinandersetzung mit den damaligen Ereignissen in der Rosenstraße. Nathan Stoltzfus: Resistance of the Heart. Intermarriage and the Rosenstrasse Protest in Nazi Germany, New York, London 1996. In deutscher Sprache hat sich bislang nur der Friedensforscher und Theoretiker der gewaltfreien Aktion Gernot Jochheim gründlich des Themas angenommen. Gernot Jochheim: Frauenprotest in der Rosenstraße, ›Gebt uns unsere Männer wieder‹, Berlin 1993.

Denkmal von Ingeborg Hunzinger in der Rosenstraße, 1997

Dieses Buch erhebt nicht den Anspruch, Geschichtsschreibung zu sein; dennoch haben die Menschen, die darin zu Wort kommen, vielleicht Geschichte geschrieben. Es geht nicht um eine Korrektur der Historie; dafür sind andere zuständig. Aber es geht darum, Fragen aufzuwerfen, an denen nicht vorbei kann, wer die Berichte dieser Frauen und Männer kennt. Es geht vor allem um die Frage: Wieviel vorauseilender Gehorsam, wieviel nachträgliche Rechtfertigung steht tatsächlich hinter der gängigen Behauptung, es habe (so gut wie) keinen Raum für ein Aufbegehren gegeben im Nazi-Deutschland?

Dieses Buch will Leben schildern in seiner Normalität und Dramatik, es will an einen viel zu sehr im Hintergrund gebliebenen Widerstand im Dritten Reich erinnern und ihn würdigen – und es will Fragen aufwerfen. Es erhebt nicht den Anspruch, sie auch immer beantworten zu können.

# »Judenfrei« – Die Fabrik-Aktion

Am 27. Februar 1943 notierte Victor Klemperer, scharf-
sinniger Kritiker der Sprache des Dritten Reiches, stich-
wortartig in seinem Tagebuch: »Heftiger war der Schock
heute morgen: Vor einer Woche hatte uns Caroli Stern-
Hirschberg harmlos und ziemlich ruhig geschrieben (...),
am 25. antwortete ich ihr, und heute kam diese Karte
zurück. Blaustempel darauf ›zurück‹, Bleistiftnotiz ›Abgewandert‹. Beachte zu LTI: ›Abgewandert‹ für abgewandert worden. Harmloses Wort für ›vergewaltigen‹,
›vertreiben‹, ›in den Tod schicken‹. Gerade jetzt ist nicht
mehr anzunehmen, daß irgendwelche Juden lebend aus
Polen zurückkehren. Man wird sie vor der Räumung
töten. Übrigens wird längst erzählt, daß viele Evakuierte
nicht einmal erst lebend in Polen ankommen. Sie würden
im Viehwagen während der Fahrt vergast, und der Wag-
gon halte dann auf der Strecke an vorbereitetem Massen-
grab.«[1]

Was Victor Klemperer in seinem Tagebuch nur mut-
maßte, war längst grausame Praxis. »LTI«, Lingua Tertii
Imperii, zu deutsch »Sprache des Dritten Reiches«, war
Klemperers schwierigstes Buch, das ihn über die Grenzen Europas hinaus bekannt gemacht hat. Während des
gesamten Krieges beobachtete er mit akribischer Genauigkeit die Sprache der Macht und deren Selbstentblößun-
gen. Und er beobachtete mit den scharfen Augen des
Opfers den Gang der Geschichte. Was er wußte, wußten
nicht alle. Aber wer wissen wollte, konnte es wissen, in
jenen Tagen.

---

[1]  Viktor Klemperer: Ich will Zeugnis ablegen bis zum letzten. Tagebücher 1933 bis 1945. 2 Bände. Hrsg. von Walter Nowojski unter Mitarbeit von Hadwig Klemperer, Berlin 1995, S. 335.

Es war an einem Samstagnachmittag, als er diese Zeilen mit prophetischer Hellsicht schrieb. An jenem Samstag waren in den frühen Morgenstunden vor allen Fabriktoren Berlins, in denen jüdische Zwangsarbeiter beschäftigt waren, Lastwagen vorgefahren. Die Einheiten der Gestapo drangen in die Betriebe ein und trieben die Menschen auf die Wagen – so wie sie waren, in Arbeitskleidung. Man gab ihnen nicht einmal die Zeit, ihre Mäntel oder ihre Proviantpäckchen mitzunehmen. Unter Planen zusammengepfercht, wurden sie in verschiedene Sammellager gefahren, provisorisch hergerichtete Massenunterkünfte, die zum Teil seit dem Beginn der Deportationen aus Berlin als Sammellager dienten.[2]

Seit dem Herbst 1941 hatte die »Evakuierung« der Juden, wie die Vernichtung in der Tarnsprache der Nationalsozialisten bezeichnet wurde, begonnen. Am 1. November 1941 war der erste Zug mit Berliner Juden vom Bahnhof Grunewald abgefahren, Zielort war das Ghetto Lodz. Seit dieser Zeit waren Zehntausende von Menschen aus Berlin verschwunden. Die Transportlisten der Berliner Gestapo für 1942 verzeichnen rund 11.000 Namen nach Theresienstadt Deportierter. 13.934 Personen aus Berlin wurden allein in den drei Monaten vom 12. Januar bis zum 19. April 1943 nach Auschwitz verschleppt.[3]

---

[2]  Neben den »alten« Sammellagern in der Levetzowstraße 7-8 und der Großen Hamburger Straße 26, einem ehemaligen jüdischen Altersheim, wurden fünf neue Lager errichtet: die Hermann-Göring-Kaserne in Berlin-Reinickendorf, der Reitstall der Kasernen in der Rathenower Straße, das frühere jüdische Altersheim in der Gerlachstraße, das ehemalige Ballhaus »Clou« in der Mauerstraße 82 und das ehemalige Verwaltungsgebäude der Jüdischen Gemeinde in der Rosenstraße 2-4. Vgl. Gernot Jochheim, a.a.O., S. 26.

[3]  Vgl. Ino Arndt und Heinz Boberach: Deutsches Reich. In: Wolfgang Benz (Hrsg.): Dimension des Völkermordes. Die Zahl der jüdischen Opfer des Nationalsozialismus, München 1991, S. 23-65, S. 50 f.

An diesem Samstag sollte nach dem festen Willen von Joseph Goebbels, Reichspropagandaminister und Gauleiter der NSDAP von Berlin, das Judenproblem »endgültig gelöst« werden. Er wollte seinem Führer Adolf Hitler zu seinem 54. Geburtstag am 20. April 1943 ein besonderes Geschenk machen: Die Reichshauptstadt sollte »judenfrei« sein, alle Juden sollten zu diesem Zeitpunkt aus Berlin verschwunden sein. Am 2. März 1943, also drei Tage nach Beginn der Aktion, die wegen der Stürmung der Arbeitsstätten Fabrik-Aktion genannt wird, schrieb Goebbels in sein Tagebuch: »Wir schaffen nun die Juden endgültig aus Berlin hinaus. Sie sind vergangenen Samstag schlagartig zusammengefaßt worden und werden nun in kürzester Frist nach dem Osten abgeschoben. Leider hat sich auch hier wieder herausgestellt, daß die besseren Kreise, insbesondere die Intellektuellen, unsere Judenpolitik nicht verstehen und sich zum Teil auf die Seite der Juden stellen. Infolgedessen ist unsere Aktion vorzeitig verraten worden, so daß uns eine ganze Menge von Juden durch die Hände gewischt sind. Aber wir werden ihrer noch habhaft werden. Jedenfalls werde ich nicht ruhen, bis die Reichshauptstadt wenigstens gänzlich judenfrei geworden ist.«[4]

Daß er sich dabei genauestens bewußt war, was die »Abschiebung nach dem Osten« bedeutete, zeigt ein sehr viel früherer Tagebucheintrag. Bereits ein Jahr vorher, am 7. März 1942, vertraute er seinem Tagebuch folgendes an: »Aus dem Generalgouvernement werden jetzt, bei Lublin beginnend, die Juden nach dem Osten abgeschoben. Es wird hier ein ziemlich barbarisches und

---

[4]  Die Tagebücher von Joseph Goebbels. Hrsg. von Elke Fröhlich, München, New Providence, London, Paris 1993, Teil II, Band 7, S. 449, Eintrag vom 2. März 1943.

nicht näher zu beschreibendes Verfahren angewandt, und von den Juden selbst bleibt nicht mehr viel übrig. Im großen kann man wohl feststellen, daß 60 % davon liquidiert werden müssen, während nur 40 % in die Arbeit eingesetzt werden können. (...) Die in den Städten des Generalgouvernements freiwerdenden Gettos werden jetzt mit den aus dem Reich abgeschobenen Juden gefüllt, und hier soll sich dann nach einer gewissen Zeit der Prozeß erneuern.«[5]

Die Fabrik-Aktion, die in den frühen Morgenstunden am 27. Februar 1943 begann und in den folgenden Tagen weitergeführt wurde, verlief reibungslos: Sie war von den »Endlösungsfunktionären« lange und gründlich geplant worden. Parallel zu den Einheiten, die vor den Fabriktoren Posten bezogen, suchten in ganz Berlin weitere Gestapoeinheiten nach den Menschen, die nicht an ihrer Arbeitsstelle verhaftet werden konnten. Wer an diesem Tag krank geschrieben war, wurde von zu Hause abgeholt; auf dieselbe Art und Weise fielen auch Kinder und alte Menschen in die Hände der Gestapo.

Das System der plötzlichen Abholung aus den Häusern hatte das Judenreferat von Alois Brunner übernommen, einem Österreicher, der sich als Chef der Wiener Zentralstelle für jüdische Auswanderung einen zweifelhaften Ruf erworben hatte, in jenem Amt also, das für die Abschiebung in die Ostmark zuständig war. Brunner galt als besonders scharf. Auf Geheiß von Adolf Eichmann, dem Leiter des berüchtigten Referates IV B 4 für »Juden- und Räumungsangelegenheiten«, war Brunner nach Berlin geholt worden, um bei der Neuorganisation dieser Zentralstelle für Judendeportation mitzuhelfen. Unter seiner

---

[5] Zitiert nach: Gerald Fleming: Hitler und die Endlösung. »Es ist des Führers Wunsch...«, Frankfurt a. M., Berlin 1987, S. 125.

Ägide wurden die Benachrichtigungen vor der Deportation abgeschafft. Abholungskommandos stürmten die Wohnungen und verschafften sich auch gewaltsam Eintritt. In den Jahren vor Brunners Neuorganisation wurden die Berliner Juden mit Schreiben aufgefordert, sich an bestimmten Tagen an den Sammelstellen einzufinden. Doch die Vorwarnung hatten immer wieder einige genutzt, um sich rechtzeitig abzusetzen. Brunner selbst war für seine sadistische Grausamkeit bekannt. Er wurde bereits im Januar 1943 wieder aus Berlin abgezogen; aber die Fabrik-Aktion trug seinen Stempel. 15.000 Menschen sollten während der Aktion verhaftet werden. Das konnte auch in einer Großstadt wie Berlin nicht unbemerkt bleiben.

Die Journalistin Ruth Andreas-Friedrich, die wie Victor Klemperer während der Kriegsjahre Tagebuch führte, bemerkte die Veränderungen in der Stadt. »Seit heute morgen um sechs Uhr«, schrieb sie am Sonntag, dem 28. Februar, »fahren Lastautos durch Berlin. Eskortiert von bewaffneten SS-Männern. Halten vor Fabriktoren, halten vor Privathäusern. Laden Menschenfracht ein. Männer, Kinder, Frauen. Unter den grauen Planverdecken drängen sich verstörte Gesichter. Elendsgestalten wie Schlachtvieh zusammengepfercht und durcheinandergewürfelt. Immer neue kommen hinzu, werden mit Kolbenhieben in die überfüllten Wagen gestoßen.«[6]

Die Aktion wurde mit einer solchen Brutalität durchgeführt, daß sich selbst ein Redakteur der SS-Zeitschrift »Das Schwarze Korps«, vom Rang immerhin SS-Hauptsturmführer, zu einem Protestschreiben an seinen Vorgesetzen veranlaßt sah. Von seinem Büro aus konnte

---

[6] Ruth Andreas-Friedrich, a.a.O., S. 102, Eintrag vom 28. Februar 1943.

er in den Hof des »Clou« hinunterschauen, eines ehemaligen Ballhauses im Zentrum Berlins, das im Februar 1943 von den Nationalsozialisten geschlossen und nun provisorisch zu einem Sammellager umfunktioniert worden war.

Was er und mit ihm auch alle anderen Angestellten der »Zeitung der Schutzstaffeln der NSDAP« (und die Angestellten und Arbeiter des Eher-Verlages) beobachteten, beschrieb er in seinem Brief – spürbar empört über die sinnlose Unmenschlichkeit, deren Zeuge er unfreiwillig geworden war. Gleichzeitig ist er jedoch auch bemüht, die Pose des linientreuen Judenfeinds beizubehalten.

»Ein Lastwagen war gerade heraus«, berichtet er. »Es kam ein neuer. Die augenscheinlich abgezählten Juden stürmten beim Ankommen des Wagens im Eilschritt aus dem ›Clou‹ und versuchten, so schnell wie möglich über besondere Hocker, die jüdische Ordner aufgestellt hatten, auf den Wagen zu kommen. Als ungefähr die Hälfte der Juden auf dem Wagen war (schneller ging es wirklich nicht), kam ein Zivilist, mit Zigarette im Mund, eine grosse Hundepeitsche schwingend, ebenfalls aus dem ›Clou‹ gelaufen und schlug wie ein Wildgewordener auf die zum Einsteigen drängenden Juden ein. Ich muss bemerken, dass sich unter diesen Jüdinnen mit kleinen Kindern auf dem Arm befanden.«[7]

Während dieser Szene auf dem Hof des »Clou«, so berichtet er weiter, hätten sich sämtliche Angestellten und Arbeiter, in der Hauptsache Frauen, aus dem Fenster

---

[7]  Zitiert nach dem Abdruck des Originaldokumentes. In: Annegret Ehmann, Wolf Kaiser, Christiane Klingspor u. a.: Die Grunewald-Rampe. Die Deportation der Berliner Juden. Begleitmaterial zum Schulfernsehen. Hrsg. vom Zentrum für audio-visuelle Medien: Landesbildstelle Berlin, Berlin 1993, S. 125.

gelehnt und beunruhigte Kommentare abgegeben, bis jener Mann in Zivil, dem der SS-Hauptsturmführer Rudolf aus den Ruthen im übrigen eine sadistische Vorliebe für das Schlagen von Frauen attestierte, »zu den umliegenden Häusern heraufbrüllte, die Fenster seien zu schließen«. Der SS-Hauptsturmführer endet seinen Beschwerdebrief mit der Versicherung, daß seine Besorgnis absolut nichts mit »Humanität und Gefühlsduselei« zu tun habe. Ihm ginge es um die Wahrung der Form. »Schließlich wollen wir ja nicht den Anschein blindwütiger Sadisten erwecken, die vielleicht noch persönliche Befriedigung bei solchen Szenen empfinden (...).«[8]

Berlin hatte ganz offensichtlich auch in den Jahren der Nazi-Herrschaft nicht gänzlich seine ehemalige Weltoffenheit und Toleranz eingebüßt. Was andernorts wohl bestenfalls befangenes Schweigen oder auch ein hilfloses Sich-Abwenden hervorgerufen hätte, lockte in Berlin den Widerspruchsgeist aus der Reserve. Das zeigen die beiden Zitate der Nazi-Schergen. Sowohl Joseph Goebbels, der sich besorgt über die Reaktion der Intellektuellen Berlins zeigt, als auch SS-Hauptsturmführer Rudolf aus den Ruthen rechnen nicht mit einhelliger Zustimmung für ihr Tun. Sie sind sorgfältig darauf bedacht, daß zumindest der Schein gewahrt bleibt, daß der Terror seine Maske nicht fallen läßt. Diese Atmosphäre in der Hauptstadt war vielleicht ausschlaggebend für das, was später passieren sollte.

In den ersten Tagen des März war die Stimmung in der Hauptstadt generell angespannt. Am 31. Januar hatte die 9. Armee der Nazi-Wehrmacht in Stalingrad kapituliert; 300.000 Soldaten waren in Gefangenschaft geraten. Erstmals keimte bei vielen, nicht nur bei den Skeptikern, die

---

[8]  Ebd., S. 126.

Ahnung auf, daß der »totale Krieg« nicht auch notwendigerweise den totalen Sieg bedeuten mußte. Darüber hinaus hatte die Royal Air Force, die britische Luftwaffe, in der Nacht vom 1. auf den 2. März den bis dahin schwersten Luftangriff überhaupt auf Berlin geflogen. In dieser Nacht soll soviel Sprengstoff auf die Stadt niedergegangen sein, wie in allen vorhergehenden Luftangriffen zusammen: Berlin stand in Flammen.

»Die Engländer haben die Untat gerächt«[9], notiert Ruth Andreas-Friedrich am nächsten Tag mit bitterer Genugtung in ihrem Tagebuch; mit »Untat« meint sie die Fabrik-Aktion. Und auch Goebbels selbst ist sichtlich besorgt, als er, einen Tag nach dem Luftangriff, von einer Reise zu Hitlers »Berghof« auf dem Obersalzberg in die Reichshauptstadt zurückkehrt. »Unter keinen Umständen darf in der Bevölkerung der Eindruck entstehen«, vertraut er seinem Tagebuch an, »als sei die Partei den Aufgaben, die durch solche schweren Luftangriffe entstehen, nicht gewachsen.«[10]

Große Teile Berlins lagen in Trümmern. Mindestens 500 Menschen starben unter den Bomben der Royal Air Force, Tausende waren obdachlos geworden und zogen auf der Suche nach einer neuen Unterkunft durch die Stadt. »Schwefelgelb raucht die Luft. Durch die Straßen stolpern gehetzte Menschen. Mit Bündeln, mit Koffern und Hausrat. Stolpern über Trümmer und Scherben. Fassen es nicht, daß man gerade ihnen – ausgerechnet ihnen – so übel mitgepielt hat.« Wiederum ist es Ruth Andreas-Friedrich, die die Lage kommentiert.[11]

---

[9]  Ruth Andreas-Friedrich, a.a.O., S. 103, Eintrag vom 2. März 1943.
[10] Die Tagebücher von Joseph Goebbels, a.a.O., S. 460, Eintrag vom 3. März 1943.
[11] Ruth Andreas-Friedrich, a.a.O., S. 103, Eintrag vom 2. März 1943.

In dieser Situation holte die Gestapo zum Endschlag gegen die Juden Berlins aus. Die Fabrik-Aktion sollte ein für alle Mal das »Judenproblem«, das heißt die Juden selber, aus der Welt schaffen.

Als die Nationalsozialisten die Macht ergriffen, lebten laut Volkszählung vom 16. Juni 1933 in Berlin 160.564 Menschen[12], die sich zum mosaischen Glauben bekannten. Das waren rund ein Drittel aller »Glaubensjuden« im Deutschen Reich (499.682). 1939 hatte sich ihre Zahl auf die Hälfte reduziert. Eine neuerliche Volkszählung vom 17. Mai 1939 erfaßte noch 218.007 »Glaubensjuden« im »Altreich«[13]. Hinzu kamen 19.716 »Rassejuden« mit einer anderen oder ganz ohne Konfessionszugehörigkeit. Diese Kategorie war 1933 noch unberücksichtigt geblieben.

Auch im Reich war die Zahl der Juden auf weniger als die Hälfte zurückgegangen. Die meisten von ihnen waren ausgewandert, vor allem nach dem Pogrom der sogenannten Reichskristallnacht und unter dem Druck der Zwangsmaßnahmen, mit denen die Nationalsozialisten die Juden schikanierten. Über 200 Verbote und Bestimmungen, die das Leben der Juden empfindlich einschränkten, waren allein in der Zeit zwischen der Reichskristallnacht am 9. November 1938 und dem Kriegsbeginn am 1. September 1939 verhängt worden[14]. Errechnet man einen Schnitt für diesen knappen Zeitraum, so kommt man auf ein Verbot alle eineinhalb Tage.

Insgesamt war die jüdische Bevölkerung im »Altreich«, in dem rund 68 Millionen Menschen lebten, jetzt eine noch geringere Minderheit als vorher. Der Anteil der Juden an der Gesamtbevölkerung war von 0,77 Prozent

---

12 Vgl. Ino Arndt und Heinz Boberach, a.a.O., S. 23 f und S. 32 f.
13 Also in den Grenzen von 1937 mit dem Saargebiet, aber ohne Österreich, Sudetenland und Memelgebiet.
14 Vgl. Ino Arndt und Heinz Boberach, a.a.O., S. 29.

im Jahre 1933 auf 0,35 Prozent im Jahre 1939 gefallen. In Berlin wurden 1939 nach den gleichen Kriterien noch »82.457« Rassejuden gezählt. Das waren 1,9 Prozent der Gesamtbevölkerung, also vergleichsweise viel.

Berlin, Zufluchtsort wie keine andere Großstadt, zog viele Juden aus der Provinz an. Hier konnte man in der Anonymität verschwinden, manchen gelang es, ihre jüdische Herkunft zu vertuschen oder zumindest vor den Nachbarn oder Arbeitskollegen zu verbergen. Während in den deutschen Kleinstädten die Judenhetze gleich nach der Machtergreifung 1933 zum Teil unerträgliche Ausmaße annahm, konnten sich Juden in Berlin noch relativ frei bewegen. Erst mit der Einführung des Judensterns am 19. September 1941 änderte sich das. Kurz darauf, am 23. Oktober 1941, wurde die Auswanderung für Juden endgültig verboten.

Damals lebten noch 163.696 Juden in Deutschland, ein halbes Jahr später (im Januar 1942) waren es 131.823, nach einem weiteren Jahr (im Januar 1943, kurz vor der Fabrik-Aktion also) waren es noch 51.257; mehr als die Hälfte davon lebten in Berlin. Drei Monate später, am 1. April 1943, zählte die Reichsvereinigung der Juden[15] nur noch 31.807 »Glaubensjuden« im »Altreich«.[16]

15.000 Menschen sollten im Laufe der Fabrik-Aktion mit einem Schlag aus Berlin verschleppt werden. Das war

---

[15] Die Reichsvereinigung der Juden in Deutschland wurde auf dem Verordnungsweg im Juli 1939 unter Vorsitz des Rabbiners Leo Baeck gegründet. Sie war eine Zwangsvereinigung aller Juden im Sinne der Nürnberger Gesetze und Dachorganisation der Jüdischen Gemeinden, des jüdischen Schul- und Wohlfahrtswesens. Sie unterlag der Kontrolle der Gestapo. Sie wurde in der Folgezeit als Instrument zur »Lösung der Judenfrage« mißbraucht.

[16] Vgl. Wolfgang Benz (Hrsg): Die Juden in Deutschland 1933-1945. Leben unter nationalsozialistischer Herrschaft, München 1989[2], S. 733.

die Absicht der Verwalter des Massenmordes. Am 2. März 1943 ging in Auschwitz bei Lagerkommandant Rudolf Höß eine geheime Nachricht des Berliner »Zentralamtes« ein. Sie setzte Höß davon in Kenntnis, daß ab 1. März die Judentransporte aus Berlin beginnen würden, über die er offensichtlich bereits vorher informiert gewesen war. Die in knappen Worten formulierte Nachricht diente wohl der Gedächtnisauffrischung. »Es wird nochmals darauf hingewiesen«, schreibt das Zentralamt, »daß sich bei diesen Transporten etwa 15.000 vollkommen arbeitsfähige, gesunde Juden befinden, die bisher in der Berliner Rüstungsindustrie gearbeitet haben. Auf ihre weitere Arbeitsverwendungsfähigkeit ist mit allen Mitteln Wert zu legen.«[17]

Diese Zahl ist insofern bedeutsam, als sie jene Juden, die in den »einfachen« oder »nicht privilegierten Mischehen« lebten, und auch deren Kinder mit einschließt.[18] Sie ist ein Indiz dafür, daß in Berlin ursprünglich die Absicht bestand, auch »arisch versippte« Juden und »Mischlinge« zu deportieren.

Die Aktion traf die Berliner Juden jedoch nicht gänzlich unvorbereitet. Der Gestapo war es nicht gelungen, ihr Vorhaben völlig geheim zu halten. Mindestens 4.000 Juden, so beklagt sich Goebbels am 11. März, hatten sich den Häschern der Macht entziehen können[19].

---

[17] Zitiert nach Gernot Jochheim: Frauenprotest in der Rosenstraße, ›Gebt uns unsere Männer wieder‹, Berlin 1993, S. 122.

[18] Ebd., S. 27 f.

[19] »Daß die Juden an einem Tage verhaftet werden sollten«, notiert Joseph Goebbels am 11. März 1943, »hat sich infolge des kurzsichtigen Verhaltens von Industriellen, die die Juden rechtzeitig warnten, als Schlag ins Wasser herausgestellt. Im ganzen sind wir 4000 Juden dabei nicht habhaft geworden. Sie treiben sich jetzt wohnungs- und anmeldungslos in Berlin herum und bilden natürlich für die Öffentlich-

Fast 8.000 Menschen aber wurden im Zuge der Fabrik-Aktion vom 1. bis zum 12. März in insgesamt sechs Transporten nach Auschwitz deportiert:

| | | |
|---|---:|---|
| 1. März 1943 | 1.736 | Personen |
| 2. März 1943 | 1.758 | Personen |
| 3. März 1943 | 1.732 | Personen |
| 4. März 1943 | 1.143 | Personen |
| 6. März 1943 | 662 | Personen |
| 12. März 1943 | 947 | Personen[20] |

In Berlin lebten vor der Fabrik-Aktion noch etwa 27.000 Juden, wobei in dieser Zahl alle Menschen inbegriffen sind, die nach dem damaligen Gesetz »Volljuden« waren – also auch »Rassejuden«, die der christlichen oder gar keiner Religionsgemeinschaft angehörten, des weiteren sogenannte Geltungsjuden, also »Mischlinge 1. Grades«, die durch ihre Mitgliedschaft bei der Jüdischen Gemeinde wie Juden behandelt wurden, und »arisch versippte« Juden, die lange Zeit als geschützt galten.

Überlebt haben den Holocaust, wie bekannt, nur sehr wenige der Berliner Juden. Das waren zum einen jene, die in den Untergrund gegangen waren und es schafften, sich als »U-Boote«, wie sie sich selber nannten, bis zum Kriegsende durchzuschlagen. Ihre Zahl wird auf rund 2.000 geschätzt.[21] Hinzu kommen 5.990 Juden, die nach der letzten Statistik der Reichsvereinigung der Juden vor der Befreiung völlig legal in Berlin lebten. Es waren vor allem Juden aus »privilegierten Mischehen« und »Schutzjuden« (Juden also, die aus den verschiedensten Gründen im Interesse des Reiches unter Schutz standen und

---

keit eine große Gefahr.« In: Die Tagebücher von Joseph Goebbels, a.a.O., S. 528, Eintrag vom 11. März 1943.

[20] Zitiert nach: Gernot Jochheim, a.a.O., S. 26.

[21] Vgl. Ino Arndt und Heinz Boberach, a.a.O., S. 52. Vgl. auch Annegret Ehmann u. a., a.a.O., S. 41.

deswegen von der Deportation ausgenommen waren); und es waren jene, die aus dem Sammellager Rosenstraße durch den Protest ihrer Angehörigen befreit worden waren und denen es gelungen war, die folgenden zwei Jahre bis Kriegsende zu überstehen.

## »Wie ein innerer Zwang«
Der Rosenstraßen-Protest

Was sollte man tun, fragte sich Ruth Andreas-Friedrich am letzten Februartag 1943 in ihrem Tagebuch – man hat den Eindruck: händeringend. Sie hatte beobachtet, wie die Fabrik-Aktion uhrwerksgenau ablief, ohne daß jemand sie hätte aufhalten können.

»Sollen wir hingehen und die SS zur Rede stellen?« fragt sie. »Ihre Lastwagen stürmen und unsere Freunde herunterreißen? Die SS hat Waffen – wir haben keine. Es gibt uns auch niemand welche. Und wenn man sie uns gäbe, wir verständen nicht, mit ihnen umzugehen. Wir sind nun mal keine ›Umbringer‹. Wir haben Ehrfurcht vor dem Leben. Das ist unsere Stärke und – unsere Schwäche.«[22]

Sie war hilflos. Sie suchte verzweifelt nach einer Möglichkeit des Widerstands. An jenem Tag hätte sie aller Wahrscheinlichkeit nach tausend Eide darauf geschworen, daß es kein Mittel gäbe, den Menschen auf den Lastwagen da oben zu helfen. Daß es einen ganz naheliegenden Weg gab, hätte sie sich nicht träumen lassen. Eine Woche später, wiederum an einem Sonntag, war das Unfaßbare – über den »jüdischen Mundfunk« – auch bis zu ihr gedrungen.

---

[22] Ruth Andreas-Friedrich, a.a.O., S. 102 f, Eintrag vom 28. Februar 1943.

»Noch am selben Tag machten sich die Frauen jener Männer auf, ihre verhafteten Ehegefährten zu suchen. Sechstausend nichtjüdische Frauen drängten sich in der Rosenstraße vor den Pforten des Gebäudes, in dem man die ›Arisch-Versippten‹ gefangenhielt. Sechstausend Frauen riefen nach ihren Männern. Schrien nach ihren Männern. Heulten nach ihren Männern. Standen wie eine Mauer. Stunde um Stunde, Nacht um Tag.«[23] So lesen sich die Ereignisse in der Rosenstraße bei der Berliner Journalistin.

Die Zahl von 6.000 gilt heute als übertrieben. Es ist relativ sicher, daß zu keinem Zeitpunkt mehr als 2.000 Menschen gleichzeitig auf der Straße waren, um vor dem provisorischen Sammellager zu protestieren. Auch diese Angabe beruht nur auf Schätzungen, denn gezählt hat die Demonstranten niemand. Es ist ein Mittelwert, der sich aus den Berichten von Zeitzeugen ergibt. Aber im Grunde ist die genaue Zahl unerheblich.

Wesentlich bedeutsamer ist, was zwischen dem einen und dem anderen Tagebucheintrag passiert war, innerhalb von nur sieben Tagen. Was eine Woche vorher auch für eine widerständige Frau und eine Intellektuelle wie Ruth Andreas-Friedrich völlig undenkbar gewesen war, wurde zum Selbstverständlichsten der Welt. Die politisch geschulte Autorin hat die Idee eines Protestes nicht einmal erwogen, so wie kaum einer in jener Zeit eine solche Möglichkeit ernsthaft in Betracht gezogen hat. Es schien einfach zu absurd.

Seit zwei Jahren waren Zehntausende von Juden – Väter und Mütter, Freunde und Geliebte, Kinder und Enkelkinder – in Eisenbahnwaggons zusammengepfercht und in den sicheren Tod transportiert worden. Die Men-

---

[23] Ebd., S. 103, Eintrag vom 7. März 1943.

schen waren in geordneten Zügen auf den Bahnhöfen erschienen, zum Großteil, weil sie den Propagandalügen der Nazis Glauben geschenkt hatten, zum kleineren Teil, weil sie (außer vielleicht im Freitod) keine andere Chance sahen, als sich zu fügen. Jene, die sie liebten und die noch nicht auf den Transportlisten standen, hatten sich von ihnen in Wohnungen und auf Bahnhöfen verabschiedet.

Und da kamen plötzlich ein paar Ehefrauen und wagten es, die Stimme zu erheben – im tatsächlichen Sinne des Wortes, denn sie gingen nicht nur stumm in der Rosenstraße auf und ab, sondern sie skandierten im Chor immer wieder die Forderung: »Gebt uns unsere Männer zurück! Gebt uns unsere Kinder zurück!«

Letztlich haben diese Frauen, die sich bereits am ersten Tag nach der Verhaftungswelle zu einer spontanen Demonstration trafen und von da an Tag für Tag wiederkamen, genau das getan, was Ruth Andreas-Friedrich für zu abwegig hielt, um weiter darüber nachzudenken. Sie waren »hingegangen« und hatten »die SS zur Rede gestellt«. Nicht viel mehr, aber auch nicht weniger.

Was war da passiert? Wie kam es, daß kollektive Gewißheiten an dieser Stelle der Geschichte plötzlich ihre Wirksamkeit verloren? An keinem anderen Ort und zu keiner anderen Zeit hatten es deutsche Bürger gewagt, auf die Straße zu gehen und ihren Unmut gegen das Regime zu äußern. Was war in diese Frauen gefahren?

Eine der Frauen, die dabeigewesen waren, Charlotte Israel, erinnerte sich später an das, was dort passiert war. Dabei schien ihr vor allem die Selbstverständlichkeit bemerkenswert, mit der sich alles entwickelte.

Ihr Mann war zu einem verabredeten Zeitpunkt nicht erschienen: »Ich versuchte zunächst, in einem Milchgeschäft gegenüber etwas zu erfahren. Wir hatten vereinbart, daß er dort anrufen solle, wenn ihm etwas passiert sei; die Inhaber waren NS-Gegner. Aber dort hatte er sich nicht gemeldet. Ungefähr um halb drei sah ich dann meine Mutter kommen. Sie erzählte mir: ›Man hat mir gesagt, daß Julius mit fünf anderen Juden unter Polizeibewachung in die Levetzowstraße gebracht worden ist!‹ Ich wußte, daß dort ein Sammellager für Juden war, die deportiert werden sollten. Ein Unbekannter hatte meine Mutter verständigt ... Nach dem Gespräch mit meiner Mutter erkundigte ich mich auf dem Polizeirevier Grolmanstraße nach meinem Mann. Der Beamte war sehr nett und sagte: ›Gehen Sie mal zur Rosenstraße.‹ Er erklärte mir auch, wo das war: Im späteren Osten Berlins, am S-Bahnhof Börse. Als ich mit meiner Mutter dort ankam, dämmerte es bereits. Ungefähr 150 Frauen waren schon da. Aber es wurden in den nächsten Tagen immer mehr. Ich schätzte die Zahl damals auf 1.000, es könnten aber noch mehr gewesen sein, enorm viele jedenfalls.«[24]

Es sind Etappen der Alltäglichkeit, mit der die Ereignisse zielgerichtet auf das zusteuern, was Charlotte Israel »eine richtige Demonstration« nennt. Erst der Milchmann, dann die Mutter, dann ein freundlicher Polizeibeamter und schließlich 150 andere Frauen, die wahrscheinlich ziemlich ähnliche Etappen hinter sich hatten. Was danach geschah, entwickelte sich mit innerer Notwendigkeit: Wenn sich 150 Frauen treffen, weil sie zur selben Zeit von ähnlichen Gedanken und Ideen angetrieben werden, werden sie bestärkt sein in der Richtigkeit ihres Tuns. Sie werden zusammenhalten und gemeinsam Dinge tun, die sie sich vorher nicht zugetraut hätten.

---

[24] Zitiert nach: Annegret Ehmann u. a., a.a.O., S. 147.

Charlotte Israel erinnert sich auch daran, daß sich die Lage vor dem Sammellager zuspitzte. »Die SS richtete Maschinengewehre auf uns: ›Wenn Sie jetzt nicht gehen, schießen wir!‹ Nun war uns alles egal. Wir brüllten: ›Ihr Mörder!‹ Hinter den Maschinengewehren riß ein Mann den Mund groß auf – vielleicht gab er ein Kommando. Ich habe es nicht gehört, es wurde übertönt. Dann geschah etwas Unerwartetes: Die Maschinengewehre wurden abgeräumt. Vor dem Lager herrschte jetzt Schweigen, nur noch vereinzeltes Schluchzen war zu hören. Mir selbst sind bei der Eiseskälte damals die Tränen auf dem Gesicht gefroren. Das war der schlimmste Tag.«[25]

Im Laufe der kommenden Tage geschah jedoch etwas, das noch viel unbegreiflicher war, als die Demonstration selbst: Die Insassen der Rosenstraße wurden nach und nach freigelassen, versehen mit ordentlichen Entlassungspapieren. Sie wurden nicht alle gleichzeitig entlassen, sondern einzeln – nach einem bis heute nicht bekannten System. Langsam löste sich so die Demonstration auf, denn diejenigen, deren Verwandte wieder in Freiheit waren, kamen im allgemeinen nicht mehr. Nach etwa zehn Tagen waren alle Insassen der Rosenstraße fürs erste gerettet. Sie wurden danach neuerlich zur Zwangsarbeit eingeteilt. Viele von ihnen überlebten, andere wurden zu einem späteren Zeitpunkt doch noch deportiert.

Den Frauen war also verblüffenderweise gelungen, was sie sich nicht einmal vorzunehmen gewagt hatten: Sie hatten ihre Angehörigen gerettet. Es war – darin sind sich alle Zeitzeugen einig – keine politische Aktion im herkömmlichen Sinne. Es gab niemanden, der dazu aufgerufen hatte, es gab niemanden, der den Widerstand organi-

---

[25] Ebd.

sierte. Es war eine spontane Kundgebung, die ursprünglich nicht einmal eine Demonstration hätte werden sollen. Viele wußten nicht genau, was sie eigentlich in die Rosenstraße getrieben hatte. Manche wollten versuchen, ihren Angehörigen Päckchen mit Lebensmitteln zu geben; die meisten wollten einfach nur mit Sicherheit wissen, was mit ihren Männern oder Kindern passierte.

»Ich weiß nicht, ob ich damals wirklich noch hoffte, etwas zu bewirken«, erinnert sich Ursula Braun, die zu den Frauen in der Rosenstraße gehörte. Sie war 21 Jahre alt, als sie vor dem Sammellager protestierte, um dem Mann, den sie liebte, nahe zu sein. »Es war eher der innere Zwang, irgend etwas zu tun ... aber ohne rechte Hoffnung im Grund.«

Und Lilo Merten, deren Mutter zu den Demonstrantinnen gehörte, fragt sich: »Warum ist sie dort hingegangen? War sie so mutig? Nein, das war kein Ungehorsam bei meiner Mutter. Wieso auch? Da war ihr Mann. Wieso sollte das ungehorsam sein, wenn sie versuchte, ihren Mann zu finden? (...) Das war kein Aufbegehren gegen die Nazis. Sie hat ihren Mann gesucht, nichts weiter.« Und sie fügt, irritiert über die späte Heldenrolle, die ihrer Mutter zugedacht werden soll, hinzu: »Ausgerechnet diese Frauen, die sowieso schon soviel mitleiden mußten, ausgerechnet die sollen nun das getan haben, was das ganze andere deutsche Volk nicht fertiggebracht hat!«[26]

Damit trifft sie den Kern. Ausgerechnet diese Frauen sollen geschafft haben, was das ganze deutsche Volk nicht fertiggebracht hat?

Bruno Blau, der Rechtsanwalt, der für die Reichsvereinigung der Juden in Deutschland Statistiken anfertigen

---

[26] Vgl. die entsprechenden Kapitel in diesem Buch.

mußte, ist davon überzeugt. Er kommentierte drei Jahre nach dem Krieg in einem Aufsatz die Ereignisse mit einem bitteren Resümee: »Dies Verhalten der Frauen zeigt, daß es nicht unmöglich war, mit Erfolg gegen die Macht der Nazis anzukämpfen. Wenn die verhältnismäßig geringe Zahl von Frauen jüdischer Männer es zuwege gebracht hat, deren Schicksal zum Guten zu wenden, so hätten diejenigen Deutschen, die sich jetzt in so großer Zahl als Gegner des Nazismus bezeichnen, auch die von ihnen angeblich nicht gewollten oder sogar verabscheuten Greueltaten verhindern können, sofern sie es ernstlich gewollt hätten.«[27]

Es gibt viele Indizien dafür, daß er recht hat, aber sie wurden bis vor wenigen Jahren kaum beachtet. Der Protest in der Rosenstraße wurde in der ganzen Fülle von Literatur über den deutschen Widerstand letztlich bis zu seinem 50. Jahrestag im Jahr 1993 regelrecht übergangen – »kollektiv verdrängt«, ist man geneigt zu sagen. Es hat annähernd fünf Jahrzehnte gedauert, bis jene, die damals dabei waren, von Journalisten und einigen wenigen Wissenschaftlern wie dem amerikanischen Historiker Nathan Stoltzfus ausfindig gemacht wurden, um Zeugnis über das Erlebte abzulegen.

Das lange Schweigen hatte vor allem zwei Gründe. Zum einen haben sich die Betroffenen selber nie an die Öffentlichkeit gedrängt: Die Rosenstraße war für sie eine Episode unter anderen, für viele gehörte sie nicht einmal zu ihren wichtigsten Erlebnissen während des Krieges; es gab für sie einschneidendere, grauenvollere Ereignisse.

---

[27] Bruno Blau: Die Mischehe im Nazireich. In: Judaica. Beiträge zum Verständnis des Jüdischen Schicksals in Vergangenheit und Gegenwart. Hrsg. im Auftrag des Vereins der Freunde Israels zu Basel von Pfarrer Lic. Robert Brunner, Band 4, Zürich 1948, S. 46-57.

Der zweite Grund ist der wichtigere: Durch den Protest in der Rosenstraße wurden sogenannte Mischlinge und »arisch versippte« Juden vor der Deportation gerettet. Sie waren während der Zeit des Dritten Reiches zwischen alle Stühle geraten – privilegiert, wie sie waren, und doch nicht »deutschblütig« –, und in der Nachkriegszeit erging es ihnen nicht viel anders. Sie paßten weder in das Schwarz-Weiß-Denken der Nazis noch in jenes der »Geschichtsbewältiger«. Sie waren weder Opfer noch Täter, weder eindeutig Juden noch Nazis, in manchen Fällen waren sie unglücklicherweise sogar beides gleichzeitig, denn nicht wenigen »Mischlingen« waren ihre rassisch-jüdischen Wurzeln nicht einmal bekannt, und so fanden sich unter ihnen, wie unter den anderen Deutschen auch, leidenschaftliche Anhänger Hitlers.

Der »deutsch-jüdische Mischling« Helmut Krüger berichtet über ein solches Schicksal in den Zwischenbereichen in seinem Buch *Der halbe Stern*[28]. Seine Mutter war Jüdin, sein Vater »Arier«, er selber »Mischling 1. Grades«. Als solcher durfte er sich im Gegensatz zu den Juden, die »wehrunwürdig« waren, zum aktiven Wehrdienst melden. Hitler hatte auf das große Potential an wehrtüchtigen »Mischlingen« nicht verzichten wollen.[29]

---

[28] Helmut Krüger: Der halbe Stern. Leben als deutschjüdischer »Mischling« im Dritten Reich, Berlin 1993.

[29] 1935 erstellte die »Reichsstelle für Sippenforschung« eine Schätzstatistik über getaufte Juden. Der unmittelbare Anlaß dafür war die Einführung des Wehrgesetzes vom 21. Mai 1935. Es ging darum, aus wehrtechnischen Motiven die genaue Anzahl von »Voll-«, »Halb-« und »Vierteljuden« zu erfahren. Am 3. April übermittelte das Reichsinnenministerium die Antwort. Die Schätzungen lauteten: 475.000 »Volljuden«, 300.000 »Volljuden nichtjüdischen Glaubens«, 75.000 »Mischlinge 1. und 2. Grades«. Aufgrund dieser Schätzungen wurde das Potential der »wehrfähigen« Juden und »Mischlinge« auf 308.000 geschätzt, ein Potential, auf das Hitler nicht zur Gänze ver-

Helmut Krüger meldete sich damals freiwillig, weil er glaubte, sich und seiner Familie dadurch Vorteile verschaffen zu können und der Judenverfolgung zu entgehen.

Nach dem Krieg machte Krüger mehrmals die Erfahrung, zwischen den Stühlen zu sitzen. Zwei Begebenheiten sind besonders exemplarisch für das Unverständnis, auf das diese Gruppe von Menschen stieß und stößt. 1954 stellte er bei der Bundesversicherungsanstalt den Antrag auf Ersatz von Versicherungszeiten; dabei machte er geltend, daß er Verfolgter des Nationalsozialismus war. Die Antwort der Bundesversicherungsanstalt war ablehnend: »Ihrem Antrag stehen erhebliche Bedenken entgegen«, schrieb man ihm. »Nach Ihren Angaben sind Sie rassisch Verfolgter. In diesem Fall ist es uns unerklärlich, wie Sie aktiven Wehrdienst abzuleisten vermochten.«[30]

Eine ähnliche Reaktion erntete er Jahre später bei dem Versuch, das Manuskript seines Buches beim Leo-Baeck-Institut in New York einzureichen. Der damalige Direktor Fred Grubel antwortete ihm 1990: »Meine Meinung über den Inhalt? In Buchenwald habe ich gelernt, niemanden zu kritisieren, der unter dem Mordregime der Nazis zu leiden hatte. Der Gedanke, daß Ihre Wahl zwischen Aus-

---

zichten wollte. Das Wehrgesetz vom 21. Mai 1935 wurde so zu einem Kompromiß: alle »Rassejuden«, also Juden mit drei oder vier jüdischen Großeltern, wurden vom Wehrdienst ausgeschlossen, »Mischlinge 1. und 2. Grades« durften um Aufahme in den aktiven Wehrdienst ansuchen. Später, 1940, wurden auch »Mischlinge 1. Grades« als wehrunwürdig ausgesondert. Vgl. John A. S. Grenville: Die »Endlösung« und die »Judenmischlinge« im Dritten Reich. In: Ursula Büttner (Hrsg.): Das Unrechtsregime. Internationale Forschung über den Nationalsozialismus. Festschrift für Werner Jochmann zum 65. Geburtstag, unter Mitwirkung von Werner Johe und Angelika Voß. Band 2: Verfolgung – Exil – Belasteter Neubeginn, Hamburg 1986, S. 91-121.

[30] Helmut Krüger, a.a.O., S. 10.

wanderung nach Amerika und dem Todesrisiko eines Freiheit und Demokratie verteidigenden G.I.s und dem Todesrisiko eines Hitlersoldaten zu Gunsten des letzteren ausgefallen ist, ist mit meiner Anschauung der Welt nicht zu vereinbaren.«[31]

Im Grunde interessierte sich nach dem Krieg niemand wirklich für das Schicksal der »Mischlinge« und »arisch Versippten«, weder die jüdischen Organisationen noch die christlich-deutschen. Wer Auschwitz überlebt hatte, konnte keine Notwendigkeit erkennen, sich mit einem vergleichsweise »harmlosen« Sammellager wie der Rosenstraße ernsthaft auseinanderzusetzen.

Die andere Seite, die deutsch-christliche, ist augenscheinlich instinktiv vor einer Auseinandersetzung mit der Rosenstraße zurückgeschreckt: Da rührte ein Ereignis an einen liebgewonnenen Mythos, eine Beschwörungsformel des guten Gewissens: »Wir hätten ja doch nichts tun können.«

Hätten sie vielleicht doch? Trifft der Vorwurf von Bruno Blau, jenem zwangsverpflichteten jüdischen Statistiker des Holocaust, zu? Wäre Widerstand möglich gewesen, wenn es eine Vielzahl der Deutschen nur »ernstlich gewollt« hätte? Wie leicht waren jene Endlösungsfunktionäre wirklich zu beeindrucken?

Diese Frage kann nach dem heutigen Stand der Forschung nicht eindeutig beantwortet werden. Und es ist nicht klar, ob das Versäumte überhaupt nachgeholt werden kann; denn die Forschung ist auf die Erinnerung der wenigen Zeitzeugen angewiesen, die heute noch leben.

»Unser Gedächtnis ist ja ein Konglomerat aus den eigenen Erinnerungen und den Erzählungen anderer. Manches wird im Lauf der Jahre verdrängt, manches legt

---

[31] Ebd., S. 9 f.

man sich aus späterer Erfahrung anders zurecht. Es ist eine komische Mischung. Deswegen bin ich im allgemeinen sehr vorsichtig mit Daten.«[32] sagt einer dieser Zeitzeugen, Gerhard Braun, selbstkritisch.

Was diese Zeitzeugen überdies bis auf den heutigen Tag nicht wissen, ist die Antwort auf die zentrale Frage: Warum wurden die Insassen der Rosenstraße in die Freiheit entlassen? War es tatsächlich ein Sich-Beugen, ein Klein-Beigeben der Verantwortlichen der Fabrik-Aktion – unter dem Eindruck einer Demonstration? Oder bestand womöglich nie die Absicht, jene 1.000 bis 2.000 in der Rosenstraße Festgehaltenen zu deportieren? Denn warum wurden sie gleich zu Anfang abgesondert von den anderen nicht »arisch versippten« Juden, die im Laufe der Fabrik-Aktion inhaftiert worden waren? Gab es bereits vor dem Rosenstraßen-Protest einen Sonderplan für die dort Festgehaltenen?

Einen letztgültigen Beweis dafür, daß ihre Freilassung eine Reaktion auf die Demonstration war, gibt es bislang nicht. Es liegen keine eindeutigen Dokumente vor, die die Motivation der Befehlshaber erhellen. Beim heutigen Stand kann nur über Indizien auf ihre Beweggründe geschlossen werden. Es ist höchste Zeit, daß sich die Forschung mit der lange vernachlässigten Sonderrolle der »Mischlinge« und der Mischehen im Dritten Reich befaßt.

---

[32] Vgl. das entsprechende Kapitel in diesem Buch.

## »Volljuden«, »Halbjuden«, »Vierteljuden«
### Die Mathematik der Rassen

Als die Nationalsozialisten die Macht übernahmen, war ihre Rassenlehre bereits ausgereift. Hitler selbst sah sich als berufener Rassetheoretiker. Die abstruse Mathematik dieser Theorie besagte, daß auch der geringste Tropfen jüdischen Blutes jenes des »Ariers« verunreinigt. Im Mai 1934 definierte etwa der Gauleiter der NSDAP in der Kurmark und Oberpräsident der Provinz Brandenburg in einem Zeitungsartikel: »Jude ist, wer mehr als 10 Prozent jüdischer Blutsteile in sich trägt.« Für ihn folgt daraus, daß alle Mischehen zwischen Deutschen und Juden grundsätzlich zu verbieten seien.[33]

Bereits in Punkt 4 des Parteiprogramms der NSDAP von 1920 hieß es folgerichtig: »Staatsbürger kann nur sein, wer Volksgenosse ist. Volksgenosse kann nur sein, wer deutschen Blutes ist, ohne Rücksicht auf die Konfession. Kein Jude kann daher Volksgenosse sein.«[34] Doch schon sehr bald nach der Machtergreifung stellte sich heraus, daß dieses Schablonendenken mit der Wirklichkeit wenig zu tun hatte. Es war eine nationalsozialistische Fiktion. Wie jüdisch mußte jemand sein, um ein Jude zu sein?

Zunächst schien die Lösung noch einfach. Mit dem Berufsbeamtengesetz vom 11. April 1933 wurde die

---

[33] Zitiert nach: Ursula Büttner: Die Not der Juden teilen. Christlich-jüdische Familie im Dritten Reich. Beispiel und Zeugnis des Schriftstellers Robert Brendel. Hamburger Beiträge zur Sozial- und Zeitgeschichte, Band XXIV, Hamburg 1988, S. 12.

[34] Zitiert nach: Hilde Kammer, Elisabeth Bartsch: Nationalsozialismus. Begriffe aus der Zeit der Gewaltherrschaft 1933-1945, unter Mitarbeit von Manon Eppenstein-Baukhage, Reinbek bei Hamburg, S. 98.

früheste offizielle Definition, wer als Jude zu gelten habe, sozusagen als Negativ-Schablone festgeschrieben: »Als nicht arisch gilt, wer von nichtarischen, insbesondere jüdischen Großeltern abstammt. Es genügt, wenn ein Elternteil oder ein Großelternteil nicht arisch ist. Dies ist insbesondere dann anzunehmen, wenn ein Elternteil oder ein Großelternteil der jüdischen Religion angehört hat.«[35] Alle so definierten »Nicht-Arier« wurden vom Beamtentum ausgeschlossen. Wer im Reich Hitlers fortan Beamter werden wollte, mußte den »Arier-Nachweis« erbringen.

Doch in der Praxis zeigte sich bereits hier, daß das nationalsozialistische Wunschdenken mit der Wirklichkeit nicht leicht in Einklang zu bringen war. Denn wie belegt man, daß ein Eltern- oder Großelternteil jüdisch ist, wenn nicht durch die Religionszugehörigkeit? Bereits in dieser ersten und eindeutigsten aller noch folgenden Verordnungen mußten die Nationalsozialisten auf das zurückgreifen, was ihnen nicht nur völlig unerheblich, sondern geradezu verfälschend schien: auf die Religionszugehörigkeit nämlich, und nicht auf die »Rasse«.

In der Folge, vor allem in dem Reichsbürgergesetz vom September 1935, sollte dieser innere Widerspruch sich fortsetzen und zu teils absurden Differenzierungen führen. Denn gleich zu Beginn der Nazi-Herrschaft stellte sich heraus, daß das, was einer der Grundpfeiler der Nazi-Ideologie war, in Wirklichkeit nicht existierte. Es gab nicht zwei sorgsam voneinander getrennte Lager – Juden auf der einen Seite und »Arier« auf der anderen.

---

[35] Zitiert nach: Jeremy Noakes: Wohin gehören die »Judenmischlinge«? Die Entstehung der ersten Durchführungsverordnungen zu den Nürnberger Gesetzen. In: Ursula Büttner (Hrsg.): Das Unrechtsregime, a.a.O., S. 69-89.

Es gab dazwischen eine breite Grauzone, in der sich die Rassetheoretiker die ganzen Jahre mit der Definition schwertaten.

Die schrittweise Lockerung der Beschränkungen des jüdischen Lebens in Deutschland, die mit der Gründung des Deutschen Kaiserreiches 1871 und der darauf folgenden rechtlichen Gleichstellung der Juden begann und in der Weimarer Republik fortgeführt wurde, hatte einen weitgreifenden Assimilierungsprozeß in Gang gesetzt. 1935 gab es im Deutschen Reich knapp 500.000 Juden; hinzu kamen nach Schätzungen der zuständigen Organisationen immerhin rund 300.000 »Mischlinge« und getaufte Juden.[36]

Bei der Volkszählung 1939, die nach den Kriterien der nationalsozialistischen Rassedefinition durchgeführt wurde, lebten im »Großdeutschen Reich«[37] 330.892 Juden (einschließlich 23.529 Christen jüdischer Herkunft), 72.738 »Mischlinge 1. Grades« (mit zwei jüdischen Großeltern) und 42.811 »Mischlinge 2. Grades« (ein jüdischer Großelternteil). Aufgrund dieser Zahlen kommt die Hamburger Historikerin Ursula Büttner, die eine der ersten umfassenden Untersuchungen über die Problematik von christlich-jüdischen Familien verfaßt hat, zu dem Schluß, »daß im Dritten Reich außer den Juden selbst mehrere hunderttausend Menschen, anfangs wahrscheinlich

---

[36] Vgl. Ursula Büttner: Die Not der Juden teilen, a.a.O., S. 14 und Anm. 8, S. 287. In einer Denkschrift schätzte der zuständige Referent im Reichsinnenministerium, Bernhard Lösener, die Zahl der »Halbjuden« auf 200.000, die der nichtmosaischen Juden auf 125.000. Nach Schätzungen des Statistischen Reichsamtes gab es ca. 120.000 getaufte Juden und ca. 160.000 »Halb-« und »Vierteljuden«. Im Mitteilungsblatt des Reichsverbandes der »nichtarischen Christen« wurde im Februar 1936 die Zahl der »Nichtarier« mit drei oder vier jüdischen Großeltern auf 300.000 geschätzt.

[37] Also mit Österreich und dem Sudetenland.

knapp 400.000, unter dem nationalsozialistischen Rassenwahn zu leiden hatten, weil sie Ehepartner, Kinder oder Enkel von Juden waren.«[38] Konfessionelle Mischehen zwischen Juden und Christen gab es 1933 schätzungsweise 35.000.[39]

Juden in Mischehen standen, im Gegensatz zu den »nicht arisch Versippten«, nicht allein; sie wurden gestützt durch eine Vielzahl von »arischen« Familienangehörigen und Freunden. Bei dieser relativ großen Gruppe von Menschen, die nach den Rassekriterien den Juden zuzurechnen waren und als solche schließlich auch Opfer der »Endlösung« hätten werden sollen, standen die Nazis vor einem Dilemma: Sie konnten nicht ohne weiteres vom Rest der deutschen Bevölkerung isoliert werden. Das allerdings war eine notwendige Bedingung für die Durchführung der »Lösung der Judenfrage«.

Die »Mischlinge« und »Mischfamilien« rührten an einen Grundsatz nationalsozialistischen Ideengutes: der Trennung von Juden und »Ariern« in zwei voneinander isolierte Lager, hier die Reinen, dort die Unreinen.

Mit den »Mischlingen« und »Mischfamilien« waren zwischen diesen beiden Lagern plötzlich eine ganze Reihe von Sondergruppen aufgetaucht, durch die das nationalsozialistische Gedankengebäude an sich in Frage gestellt wurde – wäre einer auf die Idee gekommen, es sich einmal genauer anzuschauen. Es kam also darauf an, ein gründlicheres Nachdenken bereits in den Ansätzen zu vermeiden.

So gestaltete sich die nationalsozialistische Politik in Sachen »Mischlinge« und »Mischfamilien« als dauerndes Hakenschlagen und als eine lange Reihe von Ausnahmen

---

[38] Ursula Büttner: Die Not der Juden teilen, a.a.O., S. 14.
[39] Ebd.

– und das, obwohl der Kompromiß an sich im Widerspruch zur nationalsozialistischen Denkungsart stand. Das Problem barg genug Sprengkraft, um die Funktionäre der »Endlösung« immer wieder zu Kompromissen zu zwingen.

Aufgrund solcher Überlegungen halten Wissenschaftler wie John A. S. Grenville vom Institut für Moderne Geschichte an der Universität Birmingham eine genauere Untersuchung der nationalsozialistischen Haltung gegenüber der »Mischlings-Frage« für einen der Kernpunkte bei der Erforschung der Judenverfolgung schlechthin: »Bei der Bewertung der nationalsozialistischen Politik muß berücksichtigt werden«, so schreibt Grenville in seinem Aufsatz *Die »Endlösung« und die »Judenmischlinge« im Dritten Reich,* »daß die meisten ›Mischlinge‹ und die in Mischehen lebenden Juden enge Familienbeziehungen zu nichtjüdischen Deutschen hatten und daß diese Tatsache die Entscheidungen der Machthaber zweifellos nachhaltig beeinflußte. Die Bedeutung dieses Zusammenhanges ist kaum zu überschätzen.«[40]

Tatsächlich wurden »Mischlingen« und »arisch Versippten« im Laufe der zwölf Jahre Nazi-Herrschaft immer wieder Privilegien zugestanden, von denen sich nachweisen läßt, daß sie nach Gesichtspunkten der Opportunität vergeben und wieder genommen wurden.

Wurden sie in der ersten Verfolgungwelle von 1933 bis 1935, in der es vor allem um die Einschränkung von Berufs- und Bildungschancen ging, als »Nichtarier« wie alle anderen Juden behandelt, so bekamen sie mit den Nürnberger Gesetzen erstmals einen Sonderstatus zugesprochen. Durch die Unterteilung der Deutschen in

---

[40] John A. S. Grenville, in: Ursula Büttner (Hrsg.): Das Unrechtsregime, a.a.O., S. 92.

»Staatsangehörige« und »Reichsbürger« wurden Juden zu Bürgern zweiter Klasse; »Mischlingen« hingegen wurde, soweit sie gewisse Bedingungen erfüllten, vorläufig der Status von Reichsbürgern zugestanden.

Von nun an gab es neben »Volljuden« und »Ariern« eine dritte Kategorie: den »Mischling«. Hatte er nur einen jüdischen Großelternteil, wurde er den »Deutschblütigen« zugeschlagen, hatte er mindestens drei jüdische Großelternteile, so war er per Definition Jude. Für jene mit zwei jüdischen Großelternteilen galt, daß sie Jude waren, wenn sie der jüdischen Religionsgemeinschaft angehörten, wenn sie mit einem Juden verheiratet waren oder wenn sie aus einer Mischehe stammten, die nach Inkrafttreten des Gesetzes geschlossen worden war.

Mit anderen Worten: Ein »Dreivierteljude« war zum Juden geworden, gleich welcher Religionsgemeinschaft er angehörte; ein »Halbjude« war Jude, wenn er jüdisch verheiratet war oder jüdisch glaubte; ein »Vierteljude« war »Arier«, zumindest vorläufig. Juden durften von nun an nicht mehr wählen und kein öffentliches Amt mehr bekleiden. Verfolgt man die Entstehungsgeschichte des Reichsbürgergesetzes, so wird deutlich, daß diese Bestimmungen bereits einen Kompromiß darstellten, ein Abweichen von der reinen Linie der Ideologie, das nicht zuletzt unter dem öffentlichen Druck internationaler Beobachter und aufgrund der Vorbereitungen zur Olympiade 1936 zustande gekommen war.[41]

In dieser zweiten Phase der Verfolgung von 1935 bis 1938 ging es vor allem um die wirtschaftliche und berufliche Ausgrenzung der Juden. »Mischlinge 1. und 2. Grades« waren von diesen Verfügungen zum Großteil nicht

---

[41] Vgl. Jeremy Noakes, in: Ursula Büttner (Hrsg.): Das Unrechtsregime, a.a.O.

betroffen, hier griff erstmals ein Sonderstatus. Der wichtigste Vorteil für die Machthabenden war die Möglichkeit, aus dem Menschenreservoir der »Mischlinge« wehrtüchtige Männer zu rekrutieren.

Juden durften jetzt nicht mehr leitende Ärzte in Krankenhäusern sein oder die Stellung eines Vertrauensarztes bekleiden (21.12.1935); die Zulassung zur Krankenkasse war ihnen bereits im April 1933 entzogen worden. 1936, als Deutschland Austragungsort der XI. Olympiade war und im Rampenlicht der Weltöffentlichkeit stand, legten die Machthaber vorübergehend eine strategische Pause ein. Trotzdem wird in diesem Jahr bestimmt, daß jüdische Apotheker keine Konzession mehr bekommen dürfen (19.6.1938). Seit dem 15. April 1937 werden Juden nicht mehr zur Doktorprüfung zugelassen; seit dem 4. Oktober sind jüdisch versippte Richter nur noch in Grundbuch- und Verwaltungssachen zu beschäftigen; seit dem 16. November werden Juden Auslandspässe nur noch in Ausnahmefällen ausgestellt.

1938 kamen die Verordnungen dann Schlag auf Schlag: Juden mußten alles Vermögen über 5.000 Reichsmark angeben (26.4.1938), Juden wurden von der Vergabe öffentlicher Aufträge ausgeschlossen (31.5.1938), jüdische Handwerksbetriebe und Fabriken mußten registriert und sichtbar als jüdische Betriebe gekennzeichnet werden (14.6.1938), jüdische Ärzte mußten sich »Krankenbehandler« nennen und durften nur noch jüdische Patienten behandeln (25.7.1938). Alle jüdischen Männer und Frauen mußten auf Ausweispapieren den Zwangsnamen Sarah oder Israel ihrem eigenen Namen hinzufügen (17.8.1938), jüdische Rechtsanwälte mußten sich »jüdische Konsulenten« nennen und durften nur noch Juden vertreten (27.9.1938). Schließlich wurden alle Reisepässe von Juden eingezogen und unter erschwerten Bedingungen mit dem Kennzeichen »J« wieder ausgegeben, und, und, und ...

Dieser zweite Generalangriff auf die Menschenrechte der Juden kulminierte in der sogenannten Reichskristallnacht am 9. November 1938. Von all diesen Sanktionen, die nur dem Ziel der Isolierung der jüdischen Bevölkerung von den »Deutschen« dienten, wurden Juden, die in Mischehe lebten, nicht ausgenommen; in dieser Phase erfuhren sie keinerlei Schonung, im Gegenteil: zum Teil wurden ihre arischen Partner ebenfalls unter Druck gesetzt.

In der dritten Phase der Verfolgung, die mit der Pogromnacht im November 1938 begann, wurde die Mathematik der Rassen neuerlich differenziert: Es ist dies die Phase der endgültigen wirtschaftlichen Zerstörung und schließlich der Vernichtung der Juden. Hitler selbst führte nun die Kategorie der »privilegierten Mischehe« ein, ein operativer Terminus, der nie in Form eines Gesetzes oder einer Verordnung festgeschrieben wurde.

Von nun an wurden Mischehen, in denen der Mann »Arier« und die Frau Jüdin war, privilegiert behandelt – und damit auch die Kinder. War hingegen der Mann Jude und die Frau »deutschblütig«, so galt die Verbindung als »einfache Mischehe«, die keinerlei Sonderbehandlung erfuhr. Gehörten allerdings die gemeinsamen Kinder aus einer solchen Ehe nicht zur Jüdischen Gemeinde, war das wieder ein Grund für Privilegierung.

Hitler hatte dem Großteil der Mischehen eine Sonderbehandlung eingeräumt. Nicht von ungefähr wurden jene Menschen schlechter behandelt, deren Einfluß er weniger fürchten mußte: die (»arischen«) Frauen. Durch die Nazi-Ideologie reduziert auf die Rolle der Mutter, waren sie keine politische Macht und wurden deshalb auch nicht als politische Gefahr wahrgenommen.

Am Vorabend des Zweiten Weltkrieges sorgte Hitler auf diese Art und Weise dafür, daß potentielle Gegner wie die »deutschblütigen« Männer jüdischer Frauen sich in Sicherheit wiegen durften. Es war der Versuch, in ihnen vorübergehend Bündnispartner zu finden; was ihren Widerspruchsgeist hätte wecken können, wurde vermieden – bis auf weiteres. Die relativ kleine Gruppe »arischer« Frauen, die jüdische Männer geheiratet hatte, wurde hingegen von dieser Sonderstellung ausgenommen: Sie war zu unbedeutend dafür.

Angehörige dieser »einfachen Mischehen« konnten – wie alle Juden – aus ihren Wohnungen vertrieben und in sogenannte Judenhäuser umquartiert werden, während die »Privilegierten« davon befreit waren. In »einfachen Mischehen« mußte der Mann den Judenstern tragen, sofern keine Kinder da waren, die nicht als Juden galten[42]; bei Ehepaaren ohne Kinder wurde auch die Frau als »Volljüdin« betrachtet. So galt zum Beispiel, daß bei der Auswanderung »beide Ehegatten wie Juden zu behandeln« seien, »sobald die verstärkte Auswanderung in Gang gebracht ist«.[43] Nur wenn die deutsche Ehefrau sich scheiden ließ, wurde sie wieder im Bund der »Deutschblütigen« aufgenommen; andernfalls trug sie das Leid der Juden mit.

Die Unterscheidung zwischen »privilegierten« und »einfachen Mischehen« war im übrigen auch einer der Hauptgründe dafür, daß vor dem Sammellager Rosen-

---

[42] Als »Juden« galten Kinder aus »Mischehen«, wenn sie der Jüdischen Gemeinde angehörten; in manchen Fällen auch, nachdem sie einer »rassengenealogischen« Untersuchung unterzogen worden waren. Unter diesen Umständen, waren also »nichtjüdische« Kinder vorhanden, mußte auch der Mann in einer »einfachen Mischehe« keinen Judenstern tragen.

[43] Vgl. Ursula Büttner: Die Not der Juden teilen, a.a.O., S. 41.

straße hauptsächlich Frauen demonstrierten: Von den Juden aus »privilegierten Mischehen« waren nur wenige im Zuge der Fabrik-Aktion inhaftiert worden.

Diese vielen Sonderverordnungen und Übergangsvorschriften im Zwischenreich der Definitionen zeigen vor allem eines: Hitler und seine Helfer steuerten zielgerichtet die endgültige »Lösung der Judenfrage« an[44] – aber sie machten, wenn sie es für opportun hielten, Kompromisse: Sie stellten für die Durchsetzung ihres Zieles Teile des Ganzen zurück, um es als Ganzes nicht zu gefährden. Ein Beweis dafür ist, daß alle Privilegien ausschließlich im »Altreich« galten. Zur selben Zeit wurden in Polen bereits die ersten Juden vernichtet. Zwischen Juden, »Mischlingen« und in konfessioneller Mischehe lebenden Juden wurde dabei keinerlei Unterschied gemacht.

Es ging bei dem Zickzackkurs im »Altreich« um zweierlei: Erstens sollten die eigentlichen Ziele getarnt werden, zweitens war man bestrebt, öffentlichen Widerspruch zu vermeiden. »Darüber, daß Hitler letztlich die Absicht hatte, alle Juden auszurotten«, so urteilt John A. S. Grenville, »besteht kein vernünftiger Zweifel. Dafür gibt es zu viele Belege.« Und weiter: »Ihr Schicksal hing von der Abschätzung des Möglichen ab und davon, welche Politik dem deutschen Volk nach Ansicht des ›Führers‹ am besten diente. (...) Bei allen Überlegungen ging es um den richtigen Zeitpunkt, nicht um das Endziel, das immer unverrückbar feststand.«[45]

Bei der berüchtigten Wannseekonferenz vom 20. Januar 1942 schließlich wurden die verschiedenen Gruppen säuberlichst getrennt. »Mischlinge 1. Grades« wurden

---

[44] Vgl. hierzu die grundlegende Forschungsarbeit von Gerald Fleming, a.a.O.
[45] John A. S. Grenville, a.a.O., S. 113.

»im Hinblick auf die Endlösung den Juden gleichgestellt«,
außer wenn sie mit »Deutschblütigen« verheiratet waren
und mit ihnen Kinder hatten. Bei Mischehen zwischen
»Volljuden« und »Deutschblütigen« sollte »von Einzelfall
zu Einzelfall entschieden werden, ob der jüdische Teil
evakuiert wird oder ob er (...) einem Altersghetto überstellt
wird«. Als »Altersghetto« galt damals das Konzentrationslager Theresienstadt. Bedeutsam ist dabei, wovon die
Entscheidung abhängig gemacht wurde: Ausschlaggebend für die eine oder andere Variante sollten »die Aus-
wirkungen einer solchen Maßnahme auf die deutschen
Verwandten dieser Mischehe«[46] sein.

Auch John A. S. Grenville kommt nach derartigen
Überlegungen zum selben Schluß wie Bruno Blau fast ein
halbes Jahrhundert vor ihm: »Ohne die Mitwirkung eines
bedeutenden und die Passivität des größten Teils der
deutschen Bevölkerung hätte Hitler sein ›Endziel‹ nicht
verwirklichen können.«[47]


## »Sofern sie es ernstlich gewollt hätten«
Die Möglichkeit des Widerstands

»Aber wer hatte schon diesen Mut?« fragt Ursula Braun,
eine der Rosenstraßen-Demonstrantinnen. »Es gab
immer viel, viel mehr, die sich von den Juden distanzierten. Das ist am Ende auch verständlich. Denn man konnte etwas tun, ja! Aber immer nur unter Einsatz des eige-

---

[46] Niederschrift über die »Wannsee-Konferenz«, 20.1.1942. Zitiert
nach: Peter Longerich (Hrsg.): Die Ermordung der europäischen
Juden. Eine umfassende Dokumentation des Holocaust 1941-1945,
München, Zürich 1989, S. 89 ff.
[47] John A. S. Grenville, a.a.O., S. 115.

nen Lebens. Das war mir auch klar, als ich in die Rosenstraße ging. Die Frauen, die da waren, waren alle aus
ganz persönlichen Gründen da. Für sie war das lebensnotwendig, denn da waren ja ihre Männer, ihre Kinder eingesperrt! Was ich sagen will: Dieser Satz ›Da konnte man
nichts tun‹ ist ein zutreffender Satz, wenn man ihn auf die
Allgemeinheit bezieht. Denn man mußte praktisch stillhal-
ten, wenn man nicht das Leben riskieren wollte.«

Der Protest dieser Frauen, das zeigen die Lebensge-
schichten der Zeitzeugen, kam nicht überraschend, kam
nicht aus dem Nichts. Er war über die langen Jahre des
Zusammenhaltens gegen die Nazis, gegen Nachbarn und
Arbeitskollegen – und sehr häufig sogar gegen die eigenen Verwandten – gewachsen; er war der Ausbruch der
Verzweiflung, die unter dem Druck der Nazi-Verordnun-
gen geschürt worden war: Die Frauen waren am Ende
angelangt. In dieser Situation – als es um das Leben der
Menschen ging, für die sie jahrelang gekämpft hatten,
denen sie unter wachsenden Schwierigkeiten Lebensmittel und Kleidung verschafft und die sie mit ihrer Treue
geschützt hatten – waren sie bereit, auch ihr Leben zu riskieren. Verblüffenderweise gaben die Wände, die sie nun
einzurennen bereit waren, plötzlich nach; da war kein
Widerstand mehr. Und am Ende bekamen sie ihre Männer und Kinder zurück.

Der Friedensforscher Gernot Jochheim hat in seiner
Monographie *Die gewaltfreie Aktion*[48] die Stationen des
sich entwickelnden Ungehorsams aufgezeigt: Es beginnt
mit dem inneren Zweifel; die zweite Stufe ist dann die
Äußerung des Zweifels. Die allermeisten dieser Frauen
waren immer wieder gedrängt worden, sich von ihren

---

[48] Gernot Jochheim: Die gewaltfreie Aktion. Ideen und Methoden, Vorbilder und Wirkungen, Hamburg, Zürich 1984, S. 73.

Männern scheiden zu lassen. Sie wurden auf Gestapo-Stellen vorgeladen, sie wurden auf dieselbe knappe Lebensmittelration gesetzt wie ihre jüdischen Ehemänner, sie wurden schließlich, zumindest in Berlin, wie ihre Männer zur Zwangsarbeit herangezogen. Wenn sie sich nach diesen Pressionen 1943 noch immer nicht von ihren Ehemännern getrennt hatten, waren sie häufig in die Situation geraten, ihre »Zweifel« gegenüber der Autorität äußern zu müssen.

Der amerikanische Historiker Nathan Stoltzfus nennt es »resistance of the heart«, einen »Widerstand des Herzens«. Aber es war nicht immer nur die Liebe, die diese »arischen« Frauen bewegte. Heinz Ullstein etwa, Enkel des Verlagsgründers, setzt in seinen Lebenserinnerungen *Spielplatz meines Lebens* seiner zweiten Frau ein Denkmal; ein Kapitel trägt die Überschrift: »Deutschland ... Anne, das bist du!«[49] Die Eheleute hatten sich auseinandergelebt, sie wollten sich scheiden lassen. Erstinstanzlich war das Scheidungsurteil bereits gesprochen, doch im allerletzten Moment machte seine Noch-Ehefrau Anne alles wieder rückgängig, um ihm das Leben zu retten. Als dann schließlich auch er in der Rosenstraße landete, unternahm seine Frau alles, um ihn dort wieder herauszuholen. Da hatten sie bereits einige Jahre getrennt gelebt.

Die nächsten Stufen des Ungehorsams sind nach Gernot Jochheim der Dissens (die Meinungsverschiedenheit), die Drohung (Es wird angekündigt, die Anforderungen der Autorität zu verweigern) und schließlich die Gehorsamsverweigerung. Die Frauen in der Rosenstraße mußten all diese Etappen notwendigerweise durchlaufen haben und mit ihnen auch jene christlichen Verwandten, die sich entschlossen hatten, sich nicht von ihren Schwe-

---

[49] Heinz Ullstein, a.a.O., S. 329 f.

stern oder Töchtern zu distanzieren, weil sie einen Juden geheiratet hatten. Eine solche Haltung war durchaus nicht selbstverständlich. Viele von diesen Verwandten stießen nach und nach zu den Protestierenden in der Rosenstraße, bis dort eine nicht mehr zu übersehende Menschenmenge versammelt war.[50] Da sich das Sammellager überdies nicht in einem Randbezirk befand, sondern nur fünf Minuten vom Berliner Mittelpunkt, dem Alexanderplatz, entfernt, konnte der Protest auch nicht einfach ignoriert werden.

Hitler hatte sich in seinem Kalkül getäuscht, als er nur jene Mischehen privilegierte, in denen der Mann »arisch« war. Er hatte die Frauen ganz offensichtlich unterschätzt. Goebbels hat der Situation im letzten Augenblick den Stachel genommen, bevor sie brisant wurde.

Es gibt eine ganze Reihe von Indizien, daß die Frauen in der Rosenstraße ihren Männern und Kindern tatsächlich das Leben gerettet haben. Zum einen gibt es besagte Nachricht, die der Lagerkommandant Rudolf Höß erhalten hat und die von 15.000 Berliner Juden spricht, die ab dem 1. März 1943 im KZ Auschwitz ankommen sollten; zum anderen gibt es die Reaktion von Joseph Goebbels, dem Verantwortlichen für die Fabrik-Aktion. Seine Haltung ist durch seine Tagebucheinträge verbürgt.

Am 6. März 1943, eine Woche nach dem Beginn der Fabrik-Aktion, schrieb er: »Es haben sich da leider etwas unliebsame Szenen vor einem jüdischen Altersheim abgespielt, wo die Bevölkerung sich in größerer Menge ansammelte und zum Teil sogar für die Juden etwas Partei ergriff. Ich gebe dem SD Auftrag, die Judenevakuierung nicht ausgerechnet in einer so kritischen Zeit fortzusetzen. Wir wollen uns das lieber noch einige Wochen

---

50 Vgl. Gernot Jochheim: Die gewaltfreie Aktion, a.a.O., S. 73.

aufsparen; dann können wir es um so gründlicher durchführen. Man muß überall eingreifen, um Schäden zu verhüten. Gewisse Stellen sind in ihren Maßnahmen politisch
so unklug, daß man sie nicht zehn Minuten allein laufen
lassen kann. Das Grundübel unserer Führung und vor
allem unserer Verwaltung besteht darin, daß alles nach
Schema F gemacht wird.«[51]

Goebbels räumt in diesem Tagebucheintrag Fehler ein,
und er begründet seinen Auftrag an den Sicherheits-
dienst, die Durchführung der Fabrik-Aktion zeitweilig aus-
zusetzen, mit der Rücksichtnahme auf die kritische Lage
im zerbombten Berlin. Nathan Stoltzfus, der Goebbels'
persönlichen Adjutanten Leopold Gutterer im Juli 1987
interviewte, fügt mit der Aussage dieses Zeitzeugen der
Motivation des Reichspropagandaministers eine Erklärung hinzu. Gutterer erklärte die Beweggründe Goebbels' mit folgenden Worten: »Goebbels entließ die Juden,
um den Protest aus der Welt zu schaffen. Das war die
einfachste Lösung: Den Grund für den Protest komplett
auszuräumen. Dann würde es keinen Sinn mehr machen,
weiter zu protestieren, so daß andere sich nicht an diesem Vorbild orientieren können, daß sie nicht auf die Idee
kommen, dasselbe zu tun. Das Motiv war aus der Welt
geschafft.«[52]

Zwei Wochen nach dem Rosenstraßen-Protest kommt
Goebbels in seinem Tagebuch neuerlich auf das Problem
der Juden in Berlin zurück. Seinen Anteil an der Juden-
vernichtung stellt er als mühsam erreichtes Bravourstück
dar. Doch er muß einräumen, daß er seinen Zielvorgaben
nicht gerecht geworden ist. Noch aber hält er an seinem

---

[51] Die Tagebücher von Joseph Goebbels, a.a.O., S. 487, Eintrag vom
6. März 1943.
[52] Nathan Stoltzfus: Resistance of the Heart, a.a.O., S. 244.

Vorhaben fest, hin- und hergerissen einerseits zwischen der Ahnung, daß, sollte der Krieg verlorengehen, auch er zur Rechenschaft gezogen werden würde, und dem Bestreben des Technokraten andererseits, Berlin »judenfrei« übergeben zu wollen: »Berlin und das Reich sind jetzt zum großen Teil judenfrei gemacht worden. Das hat zwar einige Mühe gekostet, aber wir haben es doch durchgesetzt. Allerdings leben in Berlin noch die Juden aus Mischehen; diese betragen insgesamt 17.000. Der Führer ist auch außerordentlich betroffen von der Höhe dieser Zahl, die ich auch nicht so enorm eingeschätzt hatte. Der Führer gibt Frick den Auftrag, die Scheidung solcher Ehen zu erleichtern und sie schon dann auszusprechen, wenn nur der Wunsch danach zum Ausdruck kommt. Ich glaube, daß wir damit eine ganze Reihe dieser Ehen schon beseitigen und die übrigbleibenden jüdischen Partner aus dem Reich evakuieren können. (...) Jedenfalls kommt es nicht in Frage, daß wir hier irgendwelche Kompromisse schließen; denn sollte das Unglück eintreten, daß wir den Krieg verlören, so würden wir nicht nur derohalben, sondern überhaupt absolut vernichtet werden. Mit einer solchen Möglichkeit darf man deshalb überhaupt nicht rechnen und muß seine Politik und Kriegführung darauf abstellen, daß sie niemals eintreten kann. Je konsequenter wir da vorgehen, umso besser fahren wir.«[53]

Doch in Berlin lebten noch immer Juden, die Goebbels entkommen waren. Viele von ihnen lebten durch ihren Status als Privilegierte ganz legal dort, viele allerdings waren dem Vernichtungsplan nur entronnen, weil in der Rosenstraße für ihre Freilassung protestiert worden war.

---

[53] Die Tagebücher von Joseph Goebbels, a.a.O., S. 603, Eintrag vom 21. März 1943.

Sie waren ihm ein Dorn im Auge; denn nun begegneten ihm diese »sterntragenden Juden« bei jedem Gang durch seine Hauptstadt. Am 19. April erwägt er sogar die Möglichkeit, diesen lebenden Beweisen seines Versagens den Judenstern zu nehmen: »Die Judenfrage in Berlin ist immer noch nicht ganz gelöst. Es befinden sich noch eine ganze Reihe von sogenannten ›Geltungsjuden‹, von Juden aus »privilegierten Mischehen« und auch von Juden aus Mischehen, die nicht privilegiert sind, in Berlin. Daraus entstehen eine Unmenge von außerordentlich schwerwiegenden Problemen. Jedenfalls veranlasse ich, daß alle Juden, die sich jetzt noch in Berlin befinden, einer erneuten Prüfung unterzogen werden. Ich möchte nicht, daß Juden noch mit dem Judenstern in der Reichshauptstadt herumlaufen. Entweder muß man ihnen den Judenstern nehmen und sie privilegieren oder sie im anderen Falle endgültig aus der Reichshauptstadt evakuieren. Ich bin der Überzeugung, daß ich mit der Befreiung Berlins von den Juden eine meiner größten politischen Leistungen vollbracht habe. Wenn ich mir vorstelle, wie Berlin im Jahre 1926 aussah, als ich hierher kam, und wie es im Jahre 1943 aussieht, nachdem die Juden endgültig evakuiert werden, dann kann ich erst ermessen, was auf diesem Gebiet geleistet worden ist.«[54]

All diese Reaktionen sind Indizien dafür, daß das Machtgefüge im Dritten Reich nicht völlig unerschütterlich war, und daß Widerspruch, sofern er vernehmbar genug geäußert wurde, durchaus Reaktionen hervorrief. Tatsache ist, daß Hitlers Drittes Reich – auch wenn jeder Tag ein Tag zuviel gewesen ist – nicht lange genug bestanden hat, um das »Judenproblem seiner Endlösung zuzu-

---

[54] Die Tagebücher von Joseph Goebbels, a.a.O., Band 8, S. 125 f, Eintrag vom 18. April 1943.

führen«. Seine Rücksichten auf die Stimmungslagen der deutschen Verwandten haben einem Großteil der »Mischlinge« und der in Mischehe lebenden Juden das Leben gerettet. Wer sich unter dem Druck der Gestapo hat scheiden lassen, mußte mitansehen, wie sein Ex-Ehepartner quasi am nächsten Tag deportiert wurde. »Ich war der Schutzengel meines Mannes«, sagt deswegen Elsa Holzer, eine heute 93jährige Frau, die in der Rosenstraße demonstriert hat.[55]

Goebbels Tagebucheinträge im Monat März zeigen einen Mann, der sich durchaus von den Stimmungslagen der Öffentlichkeit beeinflussen läßt. Eifersüchtig auf seinen Vorteil bedacht, laviert er herum, um sich die von ihm empfundene Niederlage nicht eingestehen zu müssen. Schuld an dieser Niederlage sind Berlins »Intellektuelle«, die seine »Judenpolitik nicht verstehen und sich zum Teil auf die Seite der Juden stellen« (2. März), Berlins »Bevölkerung«, die »sich in größerer Menge ansammelte und zum Teil sogar für die Juden etwas Partei ergriff« (6. März), Berlins »Industrielle« und deren »kurzsichtiges Verhalten«, die Juden rechtzeitig zu warnen, so daß sich das Vorhaben, alle Juden an einem Tage zu verhaften, »als Schlag ins Wasser herausgestellt« hat (11. März) – und schließlich seine eigenen Bundesgenossen, die »alles nach Schema F« ausführten (6. März).

Bis auf die Frauen in der Rosenstraße, deren Widerstand er herunterspielt (»etwas Partei ergriff«), hat keine dieser Gruppen tatsächlich etwas unternommen, um Goebbels' Pläne zu durchkreuzen. Es stellt sich die Frage, was gewesen wäre, wenn sie es getan hätten – wenn sie nur »ernstlich gewollt« hätten, wie Bruno Blau es formuliert hat.

---

[55] Vgl. das entsprechende Kapitel in diesem Buch.

Zur Erinnerung – und weil es nicht oft genug wiederholt werden kann: Bruno Blau kam 1948 aufgrund des Frauenprotestes in der Rosenstraße zu der Erkenntnis, daß Widerstand gegen den Holocaust nicht nur möglich, sondern daß ein sichtbarer Widerstand der Bevölkerung vielleicht auch erfolgreich gewesen wäre.

»Dies Verhalten der Frauen zeigt«, schrieb er, »daß es nicht unmöglich war, mit Erfolg gegen die Macht der Nazis anzukämpfen. Wenn die verhältnismäßig geringe Zahl von Frauen jüdischer Männer es zuwege gebracht hat, deren Schicksal zum Guten zu wenden, so hätten diejenigen Deutschen, die sich jetzt in so großer Zahl als Gegner des Nazismus bezeichnen, auch die von ihnen angeblich nicht gewollten oder sogar verabscheuten Greueltaten verhindern können, sofern sie es ernstlich gewollt hätten.«

## »Wir sind hin- und hergelaufen wie aufgescheuchte Hühner«

»Als meine Schwester weggeholt wurde, wußte ich schon, daß am Ende ihrer Verschleppung der Tod warte-te. Wieso ich das wußte? Die Herren in meiner Firma brü-steten sich mit ihren »Heldentaten«, wenn sie wieder aus dem Osten zurückkamen. An eine Szene kann ich mich besonders gut erinnern: Da prahlten sie damit, wie sie sich Jüdinnen rausholten. Jeder nahm sich eine, die ihm gerade gefiel. Und danach haben sie die erschossen ... Solche Dinge haben die ganz ohne Scham erzählt. Als Bravourstücke!«

*Ursula Braun*

Die Lebensgeschichte von Ursula und Gerhard Braun ist die Geschichte einer langen Liebe und Partnerschaft. Die beiden Fünfundsiebzigjährigen sind seit zweiundfünfzig Jahren verheiratet und schon seit fast sechzig Jahren ein Paar.

Kennengelernt haben sie sich im Alter von sechzehn Jahren auf einer Hochzeit: Die Brautleute waren ihre Geschwister – sein Bruder und ihre Schwester. Das war im Jahr 1938, kurz vor Kriegsbeginn. Die Hochzeit der Geschwister, die bereits unter dem drohenden Schatten des Rassenhasses gefeiert wurde, war der Beginn einer Beziehung, die im tatsächlichen Sinne der Worte durch gute und schlechte Zeiten gehen sollte. Zunächst überwogen die schlechten.

Auf die Probe gestellt wurde die junge Verbindung bereits nach wenigen Jahren: Im Februar 1943 holte die Gestapo Gerhard Braun aus seinem Bett, wo er eine Grippe auskurierte, und transportierte ihn in die Rosenstraße ab. Ihm drohte wie allen anderen der im Zuge der »Fabrik-Aktion« internierten Juden die Deportation. Seine spätere Frau wollte jedoch die Trennung von ihrem geliebten Freund nicht einfach hinnehmen. Sie stand viele Tage unter den Demonstranten vor dem Gebäude in der Rosenstraße, um ihm zumindest nahe zu sein. Angst und Verzweiflung prägten diese Zeit. Damals waren die beiden weder verheiratet noch verlobt, und die katholisch erzogene Ursula Braun, damals noch Ursula Kretschmer, achtete streng auf die Einhaltung der religiösen Grundsätze, die der Glaube ihr vorgab.

Ursula und Gerhard Braun als junges Paar.

Sie nahm in der Rosenstraße ein hohes Risiko für sich selbst in Kauf, denn sie lebte in jenen Jahren unerkannt als Mischling in Berlin – ihrem Arbeitgeber hatte sie ihre Herkunft verheimlicht.

Ursula Kretschmer stammt aus Schlesien. Dort wurde sie 1922 in eine wohlhabende Kaufmannsfamilie hineingeboren. Ihr Vater, ein strenggläubiger Katholik, der eine Jüdin geheiratet hatte, besaß in der schlesischen Kleinstadt Jauer mehrere Geschäfte, darunter auch ein Kaufhaus. Als die ersten Repressalien spürbar wurden, schickte er die Tochter zu Nonnen in eine Klosterschule. Mit dreizehn Jahren wurde sie getauft, danach kam sie ins Internat.

Dort blieb sie nicht lang. Gleich in den ersten Jahren nach der Machtergreifung verlor die Familie fast ihr gesamtes Vermögen beim Zwangsverkauf ihrer Geschäfte – in der Terminologie der Nationalsozialisten »Arisierung« genannt. Ursula Kretschmer floh aus der Provinz in die Großstadt Berlin, um eine Ausbildung machen zu können, gleich welcher Art. Sie wollte aus Deutschland auswandern. Auch ihre Familie kam bald nach Berlin. Von da an lebten die Kretschmers in der Anonymität der Großstadt unerkannt als »jüdisch versippt«. Nachbarn und Geschäftspartnern wurde die jüdische Herkunft der Mutter verschwiegen. Für die Behörden fiel Ursula Kretschmer durch ihren Vater, das katholische Familienoberhaupt, in die Kategorie der »privilegierten« oder »anerkannten« Mischlinge und mußte deshalb den diskriminierenden Stern nicht tragen.[1]

---

[1]  Im Dezember 1938 schuf Adolf Hitler persönlich die Kategorie der »privilegierten Mischehe«. Begünstigt wurde die kinderlose Ehe eines »deutschblütigen« Mannes mit einer Jüdin beziehungsweise die Mischehe des »deutschblütigen« Mannes und einer Jüdin mit Kindern, soweit die Kinder nicht als Juden galten. Mit anderen Worten: »Arische« Frauen, die einen Juden geheiratet hatten, wurden benachteiligt. Sie waren in der Folgezeit von den meisten der für Juden geltenden Sanktionen auch selbst betroffen. »Arische« Männer hingegen, die eine Jüdin geheiratet hatten, waren vorübergehend davon befreit. Mit einer Ausnahme: Waren ihre Kinder jüdisch erzogen und eingesegnet oder auch nur Mitglieder der Jüdischen

Ursula Braun, 1997

Gerhard Braun, 1997

Auch der in Berlin aufgewachsene Gerhard Braun war, wie Ursula Kretschmer, ein »Mischling ersten Grades«, eine Kategorie, die die Nürnberger Gesetze für alle »Halbjuden« eingeführt hatten.[2] Allerdings war bei ihm der Vater Jude und die Mutter galt als Christin.

Dieser minimale Unterschied tat Welten auf zwischen den Leben von Ursula Kretschmer und Gerhard Braun. Er war nicht »privilegiert«, und in der Praxis wurde er spätestens seit Kriegsbeginn in den meisten Lebenslagen genauso behandelt wie ein »Volljude«. Einzig die drohende Deportation wurde aufgeschoben, wenn auch nie ausdrücklich aufgehoben.[3] Für Ursula war eine Verbindung mit ihm in der politischen Situation nicht besonders ratsam. In der ebenso zynischen wie haarspalterischen Unterscheidung zwischen Juden und »Deutschblütigen« war sie der Kategorie der »Deutschblütigen« nahe, und durch ihre Verbindung mit Gerhard Braun riskierte sie nun, die relative Sicherheit der Privilegierung zu verlieren. Eben dies passierte ihrer Schwester: Sie kam, genau wie ihr Mann, im Konzentrationslager Majdanek ums Leben.

---

Gemeinde, konnte ihnen der Status der »Privilegierten« aberkannt werden. Gesetzlich festgelegt wurde dieser Begriff nie. Doch er bestimmte fortan die Verwaltungspraxis. Hitler hatte diese Unterscheidung offensichtlich unter dem Eindruck der Reaktionen des Auslandes eingeführt. Die Privilegierung eines Teils der Mischehen erfolgte nach einem einfachen System: Der Einfluß »deutschblütiger« Männer wurde ganz augenscheinlich als politische Gefahrenquelle eingestuft, der Einfluß der »deutschblütigen« Frauen nicht. Vgl. Ursula Büttner: Die Not der Juden teilen, a.a.O., S. 41 ff.

[2] Menschen mit zwei jüdischen Großeltern waren »Mischlinge 1. Grades«. »Mischlinge 2. Grades« hatten nur einen jüdischen Großelternteil und wurden mit den Nürnberger Gesetzen den »Deutschblütigen« zugerechnet. Vgl. ebd., S. 32 ff.

[3] Vgl. John A. S. Grenville, a.a.O, S. 113.

In der diffusen Grauzone der »Mischehen« und »Mischlinge« konnten selbst minimale Unterschiede über Leben und Tod entscheiden. Die Geschichte der Brauns und ihrer Geschwister ist ein besonders tragisches Beispiel dafür. An ihr offenbart sich die ganze menschenverachtende Absurdität der Rassenbestimmungen Hitlers, der nach und nach – und für die Betroffenen völlig unvorhersehbar – die anfänglichen Privilegien für Mischlinge und Mischehen abbauen ließ. Zeigte die Rassenpolitik der Anfänge noch eine gewisse Scheu vor den »arischen« Verwandten der Betroffenen und einem möglichen politischen Unmut, so trat diese Vorsicht im Laufe des Krieges immer weiter in den Hintergrund. Die Privilegierung war sowieso nie auf Dauer angelegt, sondern sie bedeutete nur ein Aufschub auf dem Weg zur »Endlösung«.

Nach dem Krieg heirateten Ursula Kretschmer und Gerhard Braun, der Deportation und dem Tod mit knapper Not entronnen, zum nächstmöglichen Zeitpunkt – im katholischen Ritus. Die Religiosität spielte für Ursula Kretschmer immer eine sehr große Rolle: Sie wünschte sich eine christliche Trauung und bekam sie. Und im Laufe der Jahre kamen dann sechs Kinder zur Welt.

Die Brauns blieben nach dem Krieg in Deutschland, auch wenn es ihnen schwerfiel. Sie blieben in der Hoffnung, etwas Besseres aufbauen zu können, wie Gerhard Braun es ausdrückt. Vor allem um eine Annäherung von Juden und Christen und um Toleranz zwischen beiden Glaubensrichtungen waren und sind sie bis heute bemüht. Daß beide dabei Entscheidungen des Glaubens nie auf die leichte Schulter genommen haben, zeigt ein später Lebensentschluß von Gerhard Braun: Er war beinahe siebzig, als er 1990 zum Glauben seiner Frau, dem Katholizismus, übertrat.

**********************************************

*Ursula Braun:* Lange, lange ist das her. Da waren wir beide erst sechzehn.

*Gerhard Braun:* Einspruch, Euer Ehren, wir waren schon einundzwanzig. Wir waren sechzehn, als wir uns kennengelernt haben.

*Ursula Braun:* Eben, genau das habe ich gemeint.

*Gerhard Braun:* Aber im Februar 1943, als das mit der Rosenstraße geschah, waren wir einundzwanzig Jahre alt ... Meine Frau stammt aus Schlesien. 1938 ist sie nach Berlin gekommen.

*Ursula Braun:* Wir hatten in Schlesien mehrere Geschäfte, unter anderem ein Kaufhaus in einer Kleinstadt. Schlesien aber war eine Hochburg der Nazis. Dort behandelten sie auch die Mischlinge von Anfang an wie Juden. Unsere Geschäfte wurden gleichzeitig mit den anderen jüdischen Geschäften geschlossen. Sie stellten Posten davor, die das überwachten. So, daß es nicht mehr haltbar war...

*Gerhard Braun:* Also ... dein Vater war kein Jude.

*Ursula Braun:* Mein Vater war kein Jude, nur meine Mutter. Aber wir standen im Stürmerkasten, und es war alles so, als wäre auch mein Vater Jude. Tatsächlich war er Katholik. Deswegen haben mich meine Eltern in eine benachbarte Stadt ins Internat gegeben, zu Nonnen, so daß ich von dieser Zeit eigentlich noch am wenigsten mitgekriegt habe. Meine Geschwister litten viel mehr unter den Nazis als ich. Ich war von allem ziemlich abgeschottet. Als ich damals von Schlesien nach Berlin ging, ist meine Familie ziemlich bald nachgezogen.

*Gerhard Braun:* Du bist hergekommen, um zu studieren.

*Ursula Braun:* Ich durfte ja nicht einmal mehr das Abitur machen! Studieren natürlich erst recht nicht. Aber man hatte mir damals gesagt: »Im Lette-Haus[4], da werden noch drei Prozent Mischlinge angenommen.« Deshalb bin ich nach Berlin gegangen. Ich kam also gerade noch in die Höhere Handelsschule. In meiner Klasse war außer mir nur eine einzige andere Schülerin, die Mischling war. Ich fand das alles schon sehr unangenehm, denn das Lette-Haus war voller Nazi-Töchter. Man fühlte sich in dieser Gesellschaft nicht sehr wohl ... Wie war das eigentlich damals? Gab's zu der Zeit schon die ersten Pogrome?

*Gerhard Braun:* Ja, natürlich, die sogenannte Reichskristallnacht – schon damals zynisch verharmlost durch diesen Namen ...

*Ursula Braun:* Genau. Was immer auch passierte, es wurde in der Schule mit viel Beifall aufgenommen. So lebte es sich nicht sehr angenehm in dieser Klasse. Aber immerhin konnte ich sie beenden und hatte wenigstens etwas in der Hand. Es war ja nicht so, daß alle Mädchen in diesen Jahren nur ans Heiraten dachten. Es machten viele eine Ausbildung. Besonders ehrgeizig war ich eigentlich nicht, aber man mußte doch einen Beruf haben. Und vor allen Dingen schwebte mir vor, danach auszuwandern. Mein Vater versuchte, sich mit dem Rest unseres Geldes an einem Geschäft zu beteiligen, ohne bekannt werden zu lassen, daß er jüdisch versippt war. Viel Geld war es nicht mehr, denn die hatten uns natürlich bei der Auflösung der Geschäfte von hinten bis vorne betrogen.

*Gerhard Braun:* Ich selber, in Berlin aufgewachsen, blieb noch bis 1938 auf dem Gymnasium. Dann flogen

---

[4] Das sogenannte Lette-Haus war eine Höhere Handelsschule und existierte auch heute noch.

alle Juden und Mischlinge von der Schule, sofern sie nicht Privilegierte waren. Zu der Zeit bot die Jüdische Gemeinde noch genau zwei Lehrgänge an: Man konnte entweder Zahntechniker werden oder aber Gestalter, auf einer Fachschule für Mode, Grafik und Dekoration. Alles andere war inzwischen gestrichen. Und da ich nicht Zahntechniker werden wollte, wurde ich Gestalter. Das habe ich immerhin vier, fünf Semester machen können, bis auch diese Schule 1941 geschlossen wurde.

*Ursula Braun:* Auch das waren praktisch Vorbereitungskurse für Auswanderer.

*Gerhard Braun:* Kennengelernt haben wir beide uns, als meine Frau nach Berlin kam und unsere Geschwister heirateten. Da waren wir plötzlich Verwandte.

*Ursula Braun:* Schwäger.

*Gerhard Braun:* Mit sechzehn. Das war die erste jugendliche Neigung. Andere Partner hatten wir nicht ... und meine Frau war streng. Sie hat auch gesagt, daß es ohne den Segen der Kirche nicht ginge. Insofern blieb die Zukunft zwischen uns bis Kriegsende ganz und gar offen.

Ursula Braun: Naja. Wir wußten doch, was wir wollten. Wir waren uns einig, daß wir in dem Moment zusammenkommen würden, in dem es möglich wäre.

*Gerhard Braun:* Unsere Enkelkinder sind es heute gewohnt, daß man erst einmal zusammenlebt. Und wenn wir Großeltern mal eine Andeutung machen und von Verlobung sprechen, dann wissen sie nicht recht, was das ist. Und wenn wir ihnen erzählen, wie unsere Verlobung gewesen ist, dann verstehen sie gar nichts mehr. Sie brachte mich damals zum Bahnhof nach Waidmannslust. Wir sind auf der Straße gegangen von Lübars bis Waidmannslust, und da haben wir gesagt: »Wenn alles gut geht, dann heiraten wir nach dem Krieg.« Das war unsere

Verlobung, Ende 1944. Die Enkelkinder haben natürlich gesagt: »Ach, das war alles ...?« Die Sitten sind heute anders. Und das ganze stand natürlich unter dem Zeichen der Angst ... Es kann jederzeit ein Fliegeralarm kommen, und wenn du dann mit dem Stern in einen fremden Bunker mußt ...

*Ursula Braun:* Es war alles sehr vage, was wir über die Zukunft sagen konnten. Aber zwischen uns beiden war alles klar.

*Gerhard Braun:* Und wenn wir heute zu einem der Söhne sagen, daß wir im Laufe der Jahre den Überblick über die Zahl seiner Partnerinnen verloren haben, dann sagt er: »Ihr habt gut reden!« ... als hätten wir Glück gehabt, daß wir beieinander blieben, nachdem wir uns mit sechzehn getroffen haben. Tja ... vielleicht haben wir tatsächlich Glück gehabt. Unter sehr harten Bedingungen.

*Ursula Braun:* Vielleicht ist es nur unter solchen Umständen möglich. Heute ist alles so leicht. Jetzt sind wir 52 Jahre verheiratet. Diese Zeit schweißt zusammen. Damals war unsere einzige Abwechslung ein altes Grammophon zum Aufziehen. Und wir haben viel gelesen.

*Gerhard Braun:* Dostojewski ... das war was! Gerade die Russen interessierten uns ungemein. Und vor denselben Russen hatte man Angst, und gleichzeitig erwartete man sie sehnsüchtig. Nach dem Krieg hätte es mich fast das Leben gekostet, daß ich den ersten russischen Soldaten, der bei uns durch den Garten gerobbt kam, umarmen wollte. Es hat mich dann doch nur die Uhr gekostet. Das war noch nicht so sehr viel. Aber der nächste, dem ich den Stern zeigte, samt einem vorbereiteten Zettel auf russisch, auf dem stand, daß ich Jude sei, also ein von den Nazis Verfolgter, hat mir den Stern aus der Hand geschlagen. Als ich ihn aufheben wollte, hat er mir sein Maschinengewehr auf die Brust gesetzt. Da habe ich den

Stern wieder fallen lassen. Kapiert habe ich das ganze erst nachher: Dieser Stern hatte einen Zacken zuviel! Man muß sich dabei vor Augen halten, aus welchen Ecken dieses riesigen Landes die russischen Soldaten kamen. Die hatten gar nicht den Bildungsgrad, um zu verstehen, was ich ihnen da klarmachen wollte. Die konnten weder russisch lesen noch konnten sie etwas mit dem Judenstern anfangen. Der hat den Stern als Provokation angesehen, weil er nicht fünf Zacken hatte, wie es sich für den Sowjetstern gehörte, sondern sechs.

*Ursula Braun:* Ja ... das war nach dem Krieg. Kennengelernt haben wir uns noch vor dem Krieg.

*Gerhard Braun:* 1938; ihre Schwester Hilde und mein Bruder Werner haben damals geheiratet.

*Ursula Braun:* Bei uns zwei Paaren war die Sache fast gleich gelagert: Mein Mann war Sternträger, und ich war »anerkannter Mischling«. Für unsere Geschwister galt dasselbe. Mit dem einzigen Unterschied, daß die damals in der Jüdischen Gemeinde waren. So sind sie nach Majdanek ... und dort umgekommen.

*Gerhard Braun:* Man verfällt in diesem Zusammenhang immer in die Nazi-Terminologie, die man eigentlich abstreifen möchte. Die ganze Absurdität der sogenannten Nürnberger Gesetze, die von Mischlingen »privilegierter« und »nicht privilegierter« Art sprechen, von »Geltungsjuden« und von »Ariern«, wird durch die Geschichte unserer Geschwister auf besonders tragische Weise deutlich. Im Grunde waren sie tatsächlich in der gleichen Situation wie wir beide. Nur, daß sie verheiratet waren und ein Kind hatten. Ihre Auswanderung scheiterte an der Winzigkeit von einem Affidavit für das Kleinkind. Für sich selber hatten die beiden bereits dieses lebenswichtige Einreisedokument in die USA. Aber dann kam das Kind, und sie benötigten ein weiteres.

*Ursula Braun:* Und bevor sie sich das besorgen konnten, wurden sie abgeholt.

*Gerhard Braun:* Der Unterschied zwischen uns und unseren Geschwistern war zunächst einmal nur ein einziger: Sie waren verheiratet.

*Ursula Braun:* Nein. Das ist nicht ganz richtig. Auch daß sie der Jüdischen Gemeinde angehörten, war wichtig. Deshalb waren beide Sternträger. Ich hingegen blieb geschützt durch meinen katholischen Vater. Dadurch, daß er das Familienoberhaupt war, brauchte ich keinen Stern zu tragen.

*Gerhard Braun:* Durch die Heirat wurden sie beide Geltungsjuden, wurden also wie Volljuden behandelt, obwohl sie Mischlinge waren. Mit dem tödlichen Ausgang, daß sie 1942 aus Berlin deportiert wurden. Während wir in der Parallelsituation, aber unverheiratet, unter einem gewissen Schutz unserer arischen Elternteile lebten ... ich bei meiner Mutter, sie bei ihrem Vater. Ich sage, unter gewissem Schutz, weil meine Mutter auch von einem Tag zum anderen hätte sterben können. Dann wäre ich wohl auch in Auschwitz gelandet – oder in einem anderen Vernichtungslager. Zu verdanken habe ich das Überleben wohl letztlich einem Wunder auf einem Polizeirevier. Dort wurde meine Mutter fälschlich als Protestantin eingetragen, obwohl sie bei ihrer Heirat zum Judentum übergetreten war, schon zur Jahrhundertwende. Irgendwie war das der deutschen Bürokratie entfallen.

*Ursula Braun:* Eine andere meiner Schwestern wanderte bereits 1938 nach Südamerika aus. Es war schon eine sehr schwere Zeit. Da hat man mit der Ausbildung natürlich versucht, auch auf die Auswanderung hinzuarbeiten. Aber das war alles für die Katz.

*Gerhard Braun:* Ich wurde arbeitsverpflichtet, nachdem sie meine Schule abgeschafft hatten. Ich kam wie viele andere zur Firma Graetz in Treptow. Dort wurden inzwischen nicht mehr Elektrogeräte hergestellt, sondern Munition. Das habe ich bis zur »Fabrik-Aktion« gemacht. An dem Tag, an dem die über die Bühne ging, war ich allerdings nicht in der Fabrik, sondern habe zu Hause eine Grippe auskuriert. Aber organisatorisch waren die Nazis ja fit, das muß man ihnen lassen. Noch am gleichen Morgen wurde ich zu Hause aus dem Bett geholt. Ich muß im nachhinein sagen, daß ich nicht sehr schwer krank war. Ich kam auf so einen Lastwagen und landete in einem der Auffanglager, und zwar in der Großen Hamburger Straße. Ob nun noch am gleichen Tage aussortiert wurde oder am Tag danach, kann ich heute nicht mehr sagen. Auf jeden Fall hatte anscheinend die Tatsache, daß ich bei meiner christlichen Mutter wohnte, die ja eigentlich gar nicht christlich war, dafür gesorgt, daß ich zur Rosenstraße gebracht wurde. Das war zwar bloß um die Ecke, und man hätte auch zu Fuß gehen können. Aber das wurde wieder im geschlossenen Lastwagen gemacht. Woraus ersichtlich ist, daß man bei solchen Maßnahmen doch versuchte, möglichst wenig Aufsehen zu erregen. Es war immerhin schon eine Situation im Krieg, in der man unnötige Auffälligkeiten vermied, die das Durchhaltevermögen hätten schwächen können. Denn das sogenannte Kriegsglück war dabei, sich zum Negativen zu neigen, natürlich aus Sicht der Nazis. Ich lebte damals bei meinen Eltern. Merkwürdigerweise ist mein Vater nicht abgeholt worden, obwohl auch er da war, als sie mich holten. 1937 hatte ihn seine Firma entlassen. Er war Handelsvertreter und schwer gehbehindert.

*Ursula Braun:* Er war über das Alter hinaus.

*Gerhard Braun:* Das kann man so nicht sagen, er war knapp über sechzig. Ich bin in der Rosenstraße auch Älteren begegnet. Manches ist einem im nachhinein nicht klar, warum es so und nicht anders geschah ... wie wir auch nie haben verstehen können, daß meine Eltern ihr Haus in Lichtenrade behalten konnten und es nicht an Nazi-Bonzen abgeben mußten.

*Ursula Braun:* Der Knackpunkt war, daß das Haus ...

*Gerhard Braun:* ... nachher mit jüdischen Familien voll belegt wurde.

*Ursula Braun:* Jedes Zimmer beherbergte eine Familie.

*Gerhard Braun:* Die geschiedene Frau des Malers Lyonel Feininger hat auch da gewohnt. Aber das Haus, immerhin ein ganz reizvolles Einfamilienhaus, blieb meinen Eltern. Irgendwie, so haben wir immer vermutet, hat jemand ein wenig die Hand darüber gehalten. Es gab zwar einmal eine Aktion, wo drei oder vier Interessenten kamen und sich das Haus angesehen haben, aber weiter ist nichts geschehen.

*Ursula Braun:* Die brauchten ja auch Häuser, wo sie die Juden zusammenfassen konnten. Und das war in Lichtenrade eben dieses Haus.

*Gerhard Braun:* Wenn wir schon davon sprechen, kann man das gleich einfügen: Es hat in einer Stadt wie Berlin, wo man unbeobachteter leben konnte als auf dem Land, immer eine Menge von Händen gegeben, die geholfen haben.

*Ursula Braun:* Da gab es dieses inkognito abgegebene Paket auf dem Zaun.

*Gerhard Braun:* Was sich dann in bestimmten Zeitabständen wiederholte ... und wir haben nie herausbekommen, auch im nachhinein nicht, wo es herkam. Es gab Kaufleute, die uns unterstützt haben, weil Juden ja nur so wenig Lebensmittelkarten gekriegt haben. Und ich muß sagen, daß auch bei der Arbeit nach der Rosenstraße – ich war dann in dieser Glasgroßhandlung – das Arbeitsklima in Ordnung war. Heute würde man sagen, daß da »im Team« gearbeitet wurde. Da gab es die angestammten

Arbeiter, ein paar Ausländer und vielleicht zehn Sternträger. Ich kann mich nicht erinnern, daß in diesen zwei Jahre einmal ein böses Wort von seiten der sogenannten Arier gefallen wäre. Und auch die Leute im Büro, mit denen wir zu tun hatten, haben sich nobel verhalten, wie ich auch heute noch sagen würde. Sie sind einem nicht um den Hals gefallen, dazu gab es keine Veranlassung. Aber sie haben uns sehr korrekt behandelt. Mit »nobel« meine ich, daß sie Wert darauf gelegt haben, daß man ihnen ihr Wohlwollen anmerkte. In unserer Nachbarschaft in Lichtenrade gab es natürlich genügend Nazis und sicher auch böse Blicke. Und die alten Klassenkameraden gingen auf Abstand, als ich die Schule verlassen mußte. In so einem Vorort sieht man sich ja ständig. Aber die Distanz hat man ja auch selber herbeigeführt, man wollte sich ja nicht in unangenehme Situationen bringen.

*Ursula Braun:* Denk doch mal an die Nazi-Tanten, die in der Beethovenstraße soviel angerichtet haben!

*Gerhard Braun:* Ja, ich weiß sogar noch die Namen. Aber die waren auch schon vorher – wie sagt der Berliner? – Klaften.

*Ursula Braun:* Nee. Das ist nicht berlinerisch, das ist jiddisch.

*Gerhard Braun:* Nein, ich kann da nichts so besonderes Negatives sehen. Aber die Todesdrohung allein war ja schlimm genug. Denk an unsere Geschwister. Natürlich wußten wir vor Kriegsende nicht genau, daß sie tot waren, aber geahnt haben wir es. Zweimal, höchstens dreimal haben wir noch Post bekommen. Ich weiß noch, wie mein Bruder schrieb, wir sollten ihm dies und jenes schicken. Da waren die drei allerdings schon getrennt. Gewißheit erhielten wir erst nach dem Krieg. Es gab ja da diese Zentrale bei Kassel ...

*Ursula Braun:* ... Listen, lange, lange Listen.

*Gerhard Braun:* Viele Jahre später mußte ich bei Antritt des Erbes der Eltern beweisen, daß mein Bruder tot ist. Und bei der Zentrale gab es die ganzen Ausdrucke.

*Ursula Braun:* Wie ein Kontobuch. Die KZ-Bürokraten haben alles registriert.

*Gerhard Braun:* Die Buchhalter des Todes. Allen Befürchtungen zum Trotz haben wir bis nach dem Krieg die Hoffnung nicht aufgegeben. So ist zum Beispiel eine meiner Studienfreundinnen aus dieser Fachschule plötzlich wieder aufgetaucht. Sie rief eines Tages an. Sie hatte ein schweres Leiden und ist von Auschwitz in ein Außenlager gekommen, ein Krankenlager. Sogar so etwas hat es noch gegeben. Und dort ist sie befreit worden. So haben wir damals bei unseren Geschwistern auch immer noch gehofft, daß da noch einer zurückkommt. Wir haben wieder und wieder gedacht: Wer weiß, unter welchen Umständen ... aber vielleicht wächst unsere Nichte ja als Russin auf.

*Ursula Braun:* Mein Patenkind, das damals erst zwei Jahre alt war.

*Gerhard Braun:* Aber wir kriegten nachher, nach dem Krieg, fein säuberlich registriert die Todesbestätigung. In den Jahren davor hatten wir zwar eine Ahnung. Aber das heißt nicht, daß der Mensch sich nicht immer noch einen Funken Hoffnung bewahrt.

*Ursula Braun:* Das ist doch etwas ganz anderes. Das ist eine andere Ebene. Diese Wahrheit haben wir doch schon ziemlich früh erkannt! Daß der Osten den Tod bedeutete, erfuhr ich durch meine Firma. Mir war ganz klar, was da ablief. Und das wußten viele, viele, viele ... die es aber nie zugegeben hätten, wenn man sie später darauf angesprochen hätte.

*Gerhard Braun:* Man muß auch bedenken, daß die mit anderem beschäftigt waren – zum Beispiel mit sich selbst.

*Ursula Braun:* Natürlich haben sich nicht alle Deutschen um diese Dinge gekümmert, sie hatten ja auch ihre Soldaten draußen.

*Gerhard Braun:* Das waren ja nicht alles Heroen, die für dieses Dritte Reich kämpften, die kämpften auch um ihr Leben ... sie wollten auf irgend eine Art und Weise den Krieg überleben, wie man selber auch. Wenn man diesen Vergleich überhaupt anstellen kann.

*Ursula Braun:* Dennoch gab es schon viele, die darüber Bescheid wußten und es später immer leugneten. In diese Firma, in der mir die Augen geöffnet wurden, kam ich, weil ich mich nach der Schule natürlich nicht überall bewerben konnte. Die meisten Stellen blieben uns ja verwehrt, weil man den Ariernachweis bringen mußte. So kam ich in die Baufirma. Es war schrecklich dort, denn diese Baufirma arbeitete im Osten in den besetzten Gebieten, und so kriegte ich alles mit, was in den KZs geschah – und wie gründlich die Judenverfolgung betrieben wurde. Ich war in dieser Firma an einer Stelle beschäftigt, an der alle Akten geheim waren: Akten über Bauvorhaben in Polen und Rußland, Eisenbahnverbindungen und ähnliches. Anfang der vierziger Jahre hatte ich bereits Zugang zu diesen Akten. Als meine Schwester weggeholt wurde, wußte ich schon, daß am Ende ihrer Verschleppung der Tod wartete. Wieso ich das wußte? Die Herren in dieser Firma brüsteten sich mit ihren »Heldentaten«, wenn sie wieder aus dem Osten zurückkamen. Wenn die ihre Baustellen besucht hatten, brachten sie Brillanten mit nach Berlin. An eine Szene kann ich mich besonders gut erinnern: Da prahlten sie damit, wie sie sich Jüdinnen rausholten. Jeder nahm sich eine, die ihm gerade gefiel. Und danach haben sie die erschossen ... Solche Dinge haben die ganz ohne Scham erzählt. Als Bravourstücke! Und ich habe das mit anhören müssen, weil niemand wußte, daß ich Mischling war. Das war hart. Nach Kriegsende hätte ich am liebsten sonst was mit denen gemacht. Manchmal habe ich mir sogar gewünscht, einen von denen einmal zu treffen! In der Firma mußte ich mich immer zurückhalten, denn es durfte ja keiner wissen, daß ich Mischling war – und ich hatte einen Chef mit einem großen Bonbon[5].

*Gerhard Braun:* Etliche von denen haben es ja dankenswerterweise nicht überlebt.

*Ursula Braun:* Das war eine furchtbare Situation in dieser Firma. Man lebte immer in zwei Welten.

*Gerhard Braun:* Ich selber kann mich noch an meinen Freund erinnern. Wir standen in der Bleibtreustraße und warteten vor einer ehemaligen jüdischen Privatschule auf den Zeichenunterricht. Im Erdgeschoß war ein Fenster auf, aus dem hörte man Hitlers Rede zum Kriegsanfang. Und mein Freund sagte: »Das überleben wir nicht...« Obwohl wir uns damals ja noch ganz frei bewegen konnten. »Das überleben wir nicht«, hat er gesagt. Das war im Herbst '39, ich war noch ziemlich naiv. Da erklärte er mir: »Denk nur an die Geschichte des Ersten Weltkriegs und an die Türkei, die damals auch ganze Volksstämme niedergemacht hat.« Er war schon damals überzeugt davon, daß uns dasselbe passieren würde.

*Ursula Braun:* Ich weiß noch, wie wir ihn und seine Frau einmal besucht haben. Die wohnten dann auch in so einem Judenhaus. Sie hatten geheiratet, und es ging ihnen furchtbar schlecht. Die haben nachher, um überhaupt irgend etwas zu essen zu haben, mit Wachs Bratkartoffeln gemacht.

*Gerhard Braun:* Als Fettersatz, ja.

---

[5] »Bonbon« nannte sich in der Umgangssprache das Parteiabzeichen der NSDAP.

*Ursula Braun:* Irgendwann kam ich in der Baufirma in eine Situation, in der es mir zu brenzlig wurde. Welchen Grund es dafür gab, daran kann ich mich nicht mehr genau erinnern. Ich dachte nur: Wenn die jetzt rauskriegen, daß du Mischling bist, dann passiert dir was. Da habe ich ihnen lieber gleich selbst die Wahrheit gesagt. Mit dem Erfolg, daß mich mein Chef sofort von dieser Stelle abzog. Ich habe danach unter einem anderen Vorgesetzten gearbeitet, dem es mehr oder weniger egal war, ob ich Mischling war oder nicht, da er keine Akten dieser Geheimhaltungsstufe hatte. Und so habe ich die Zeit weiterhin unter diesen überzeugten und hochgestellten Nazis verbracht. Als die Mischlinge alle aus den Betrieben rausgenommen wurden, kam ich in eine Firma, wo wir Böden geschrubbt haben. Da war ich dann bis Kriegsende.

*Gerhard Braun:* Bei Borsig in Tegel ...

*Ursula Braun:* ... ja, Aufräumungsarbeiten. Immer mit Gruppen von Mischlingen. Mein Bruder war als Mischling beim Militär, das ging gerade noch. Und ich war beim Arbeitsdienst. Ich hatte mich idiotischerweise freiwillig zum Arbeitsdienst gemeldet, weil ich immer noch hoffte, ich könnte das Abitur nachholen. Und dann kamen wir eines Tages nach Hause, und da war kein Radio mehr und nichts. Damals sind wir noch mit großem Elan zur Polizei und haben uns darüber aufgeregt, daß sie uns die Radios weggenommen hatten. »Was für eine Frechheit!« haben wir geschimpft. Da hatte man noch eine große Klappe. Das hat sich nachher schnell gelegt.

*Gerhard Braun:* Jeder stand unter der Bedrohung seines Lebens, allein durch den Krieg. Aber bei uns brauchte es nur ein falsches Wort, und schon war der Kopf ab. Das ging sehr einfach und sehr schnell. Um so mutiger war es, wenn man sich zu erkennen gab wie die

Frauen in der Rosenstraße. Wobei noch etwas anderes äußerst bemerkenswert ist: Keine der Frauen konnte das Phänomen erklären, wie in einer Großstadt wie Berlin die Kommunikation von Person zu Person, die normalerweise nur im kleinen Rahmen möglich ist, mit einem Mal etliche hundert Menschen erfaßte. Und wie kam es, daß man sie überhaupt vor diesem Gebäude protestieren ließ? Daß sie geduldet wurden? Sie wären ja ganz schnell wegzuräumen gewesen. Dazu hätte es ja nicht einmal eines großen Einsatzes bedurft. Meine zukünftige Frau war damals unter den Protestierenden, meine Mutter nicht.

*Ursula Braun:* Naja, sie war eine alte Frau.

*Gerhard Braun:* Heute sagt man, eine alte Frau. Sie war sechzig.

*Ursula Braun:* Ich selber, als anerkannter Mischling, wurde nicht von dieser Fabrik-Aktion erfaßt. Damals war ich noch nicht in der Zwangsarbeit, sondern noch in der alten Firma. Deshalb mußte ich es auch geheim halten, wenn ich zur Rosenstraße ging, denn das sollte ja nicht rauskommen. Da hatte ich aber eine sehr nette Kollegin, die immer sagte, mir sei schlecht geworden. Ich kriegte sofort am ersten Tag einen Anruf, daß du abgeholt worden bist. Deine Mutter war am Telefon, wenn ich mich richtig erinnere.

*Gerhard Braun:* Aber daß ich in der Rosenstraße sitze, konnte sie doch nicht wissen!

*Ursula Braun:* Ja ... Wo sonst könnte ich das hergehabt haben? Da fällt mir nichts ein ... Doch, es war deine Mutter, die hat es mir gesagt.

*Gerhard Braun:* Aber woher hat sie das gewußt?

*Ursula Braun:* Keine Ahnung. Das sprach sich irgendwie rum. Ich bin also hin in die Rosenstraße, und da standen schon die anderen Frauen. Das war wirklich wie ein

Wunder. Ich traf dort auch gleich eine Verkäuferin, die bei meinem Vater im Geschäft arbeitete. Die hatte einen jüdischen Mann. Das mußte auch geheim bleiben, wie bei meinem Vater. Denn mein Vater führte ja dieses Geschäft zusammen mit einem Nazi, der natürlich nicht erfahren durfte, daß er mit einer Jüdin verheiratet war. Keiner wußte vom anderen, und keiner durfte vom anderen wissen, aus Angst. Und da standen diese Frauen einfach so auf der Straße! Natürlich hat es uns beide, die Verkäuferin und mich, zuerst erschreckt, uns gegenseitig dort zu sehen. Andererseits war die Stimmung unter den Verfolgten inzwischen schon ziemlich solidarisch. Es spielte zu dieser Zeit eine Rolle, daß es in Berlin so viele untergetauchte Juden gab. Und diesen Leuten haben wir Marken besorgt und sie von einer geheimen Unterkunft in die andere gebracht. Das waren unsere Nebenbeschäftigungen. Natürlich war das gefährlich, das ist klar. Aber damals war es Ehrensache, daß man den Menschen geholfen hat. Wenn Sie von irgendeinem Bekannten wissen, daß er getürmt ist und sich nun in Not befindet, dann handeln Sie auch so. Da war zum Beispiel eine Dame, der ich abends im Bus in Lübars begegnet bin. Ich denke mir: Die kennst du doch! Ich bin mit ihr aus dem Bus gestiegen und bin ihr gefolgt. Es stellte sich heraus, daß sie bei einem katholischen Geistlichen in Glienicke untergebracht war. Natürlich durfte sie niemand auf der Straße erkennen. Deswegen ging sie, wenn überhaupt, nur abends aus dem Haus und hielt sich die Zeitung vors Gesicht. Sie war zu Tode erschrocken, als ich sie mit Namen anrief.

*Gerhard Braun:* Nach dem Geistlichen Thrasolt ist heute eine Straße in Berlin benannt.

*Ursula Braun:* Für diese Frau war ich nachher ein Bindeglied. Als sie ein neues Versteck brauchte, hat eine katholische Familie in Gesundbrunnen sie aufgenommen. Die hatten fünf Kinder und haben sich trotzdem bereit erklärt, diese Frau bei sich unterzubringen! Das waren wirkliche Heldentaten.

*Gerhard Braun:* Leuten, die immer nur im Frieden gelebt haben, muß man das wohl erklären: Die Angst hat irgendwo ihre oberste Grenze. Höher geht es dann nicht mehr. Danach macht man Sachen, die man später kaum noch versteht. Wie kann man sich selbst nur derartig gefährden, kann man fragen. Aber in einer solchen Lebenslage nimmt man die Dinge, wie sie kommen. Nehmen Sie den ersten großen Bombenangriff auf Berlin. Da saßen wir in der Rosenstraße. Natürlich gab es für die rund tausend Inhaftierten, die vielleicht im Hause waren – über diese Zahl kann man ja heute nur spekulieren[6] – keinen Luftschutzkeller. So saßen wir also im Dunkeln, den Bomben ausgesetzt ... und haben dennoch erwartet und geradezu gehofft, daß da möglichst viel runterkommt. Diesen Bomben gegenüber gab es gar keine Furcht. Man hat sich eingebildet, daß die Engländer kommen, um einem zu helfen! Wir hatten tatsächlich die Vorstellung, daß es sich um eine Reaktion auf die »Fabrik-Aktion« handelte. Was natürlich vollkommener Quatsch war! So schnell haben die Nachrichtendienste nicht gearbeitet. Abgesehen davon wäre das für die Engländer wohl nicht unbedingt ein Grund für einen Bombenangriff gewesen.

*Ursula Braun:* An diese Nacht kann ich mich auch noch gut erinnern. Immer, wenn bei den Nazis wieder etwas im Gange war, wenn man von einer Abholaktion gehört hat, dann haben wir die Juden weggeschafft. Mein Bruder war

---

6   Die Zahl der Insassen in der Rosenstraße wird auf 800 bis 2.000 geschätzt.

in diesen Tagen gerade umgezogen, und so haben wir meine Mutter zu ihm gebracht, weil wir fürchteten, sie würde abgeholt. Dann kam diese Nacht des Fliegerangriffs! Wir drei, meine Mutter, mein Bruder und ich, konnten in den Luftschutzkeller gehen. Denn da kannte uns ja noch niemand in Schöneberg. Dann der große Angriff ... Alles brannte rundum, alles. Wir sind raus und haben die ganze Nacht mit Eimern gelöscht. Auf der einen Seite freute man sich über die Zerstörung, auf der anderen Seite war es furchtbar. Überall die Kinder und die Verwundeten. Es war die schlimmste Nacht, die ich je erlebt habe. Und gleichzeitig wußte ich, daß er da drinnen saß in der Rosenstraße. Das bedeutete, daß ich morgens gleich als erstes dort hingerannt bin, um zu gucken, ob das Haus noch steht. Das waren Situationen, wo man nicht wußte, was man empfinden sollte. Man war vollkommen zerrissen.

*Gerhard Braun:* Unser Gedächtnis ist ja ein Konglomerat aus den eigenen Erinnerungen und den Erzählungen anderer. Manches wird im Laufe der Jahre verdrängt, manches legt man sich aus späterer Erfahrung anders zurecht. Es ist eine komische Mischung. Deswegen bin ich im allgemeinen sehr vorsichtig mit Daten. Wenn mich zum Beispiel jemand fragen würde: »Wie groß war der Raum, in dem du gelegen hast? Wie viele waren da drin?«, könnte ich nur raten. Ich weiß noch, daß immer ein oder zwei auch gestanden haben, weil sie keinen Platz zum Liegen mehr gefunden haben, das ist so eine blasse Erinnerung.

*Ursula Braun:* Das stimmt. Man hat viel verdrängt.

*Gerhard Braun:* Und dann gibt es Reliquien. Bei mir ist das so ein Fetzen aus dem Matratzenbezug. Da habe ich damals mit Bleistift ein Schachbrett draufgezeichnet, und wir haben mit Streichhölzern Schach gespielt. Vielleicht auch bloß Dame. Aber in der Erinnerung war es natürlich Schach. Das hört sich besser an. Und es ist auch gut möglich, daß wir tatsächlich Schach gespielt haben. Denn ich weiß, wir haben die Köpfe abgemacht und die Streichhölzer gekennzeichnet. Dieses Stück Stoff habe ich heute noch. Insofern gibt es auch einen materiellen Bezug zu der Zeit.

*Ursula Braun:* Ob ich tatsächlich jeden Tag in der Rosenstraße war, daran kann ich mich einfach nicht mehr erinnern. Denn ich stand ja in diesem Zwiespalt, sowohl meine Herkunft als auch meine Verbindung zu ihm verheimlichen zu müssen. Ich glaube, daß ich jeden Abend nach dem Büro hingegangen bin. Aber wie oft das tatsächlich war, daran erinnere ich mich nicht, auch wenn ich die Bilder noch so deutlich vor meinem inneren Auge habe. Getan haben wir in der Rosenstraße gar nichts. Ich bin da hin- und hergegangen. Man hat sich unterhalten. Aber ich war wesentlich jünger als die meisten anderen, die da standen. Einundzwanzig Jahre war ich alt.

*Gerhard Braun:* Jung und knusprig, Schätzchen.

*Ursula Braun:* Jaja ... Man hat sich unterhalten. Und es blieb einem ja nichts anderes übrig, als hin- und herzugehen. Gut, man hat dabei immer das Portal im Auge behalten, um zu kontrollieren, ob irgend etwas passiert. Aber ansonsten konnten wir nichts machen als herumstehen oder auf und ab gehen. Und es waren zu jedem Zeitpunkt Menschen dort! Manchmal waren es weniger, manchmal mehr, aber es war immer eine auffällige Ansammlung von Menschen. Das war das Erstaunliche.

*Gerhard Braun:* Das, was draußen passiert ist, haben wir drinnen nicht direkt mitbekommen. Aber es gab einen internen Austausch. In den Räumen, die zur Straße hin lagen, hat man natürlich mehr mitbekommen. Es soll sogar manchmal über die Absperrung hinweg Kontakte gegeben haben, berichten andere Zeugen ... und daß Lebensmittel, daß Kleidung gebracht wurden. Ich selber habe nicht gewußt, daß meine zukünftige Frau dort unten stand. Das konnte ich nicht wissen. Aber daß da etwas im Gange war, das hat man mitgekriegt durch die interne Mundpost. Das war ein sehr zwiespältiges Gefühl: Einerseits war da der Stolz auf die Frauen, andererseits gab es aber auch die Angst um sie. Denn man konnte sich nicht vorstellen, daß das mehrere Tage geduldet würde, wie es dann geschehen ist. Es gibt ja eigentlich nur einen einzigen mageren Hinweis auf die Beweggründe der Verantwortlichen. Ich meine diesen Tagebucheintrag von Joseph Goebbels, worin er schreibt, daß man später abrechnen würde und sich im Augenblick zurückhalten wolle.[7] Sehr viel interessanter wäre es, wenn man endlich erfahren könnte, was die zuständige Gestapo damals für Absichten verfolgte. Zum Beispiel soll es da einige gegeben haben, die durch die Hilfe von SS-Leuten, welche

---

[7] Am 6. März 1943 notierte Joseph Goebbels in seinem Tagebuch: »Gerade in diesem Augenblick hält der SD es für günstig, in der Judenevakuierung fortzufahren. Es haben sich da leider etwas unliebsame Szenen vor einem jüdischen Altersheim abgespielt, wo die Bevölkerung sich in größerer Menge ansammelte und zum Teil sogar für die Juden etwas Partei ergriff. Ich gebe dem SD Auftrag, die Judenevakuierung nicht ausgerechnet in einer so kritischen Zeit fortzusetzen. Wir wollen uns das lieber noch einige Wochen aufsparen; dann können wir es um so gründlicher durchführen. Man muß überall eingreifen, um Schäden zu verhüten. Gewisse Stellen sind in ihren Maßnahmen politisch so unklug, daß man sie nicht zehn Minuten allein laufen lassen kann. Das Grundübel unserer Führung und vor allem unserer Verwaltung besteht darin, daß alles nach Schema F gemacht wird. Man hat manchmal den Eindruck, daß die Leute, die diese oder jene Maßnahme durchführten, überhaupt nicht persönlich darüber nachdächten, sondern sich nur an ein geschriebenes Wort anklammern, bei dem sie den Hauptwert darauf legen, daß sie nach oben gedeckt sind.« Die Tagebücher von Joseph Goebbels, a.a.O., Band 7, S. 487.

früher in dieselbe Schulklasse gegangen waren, aus der Rosenstraße herausgekommen sind. Eine Frau wiederum hat erzählt: »Mein Mann ist fast zu Tode getreten worden bei der Einlieferung in die Rosenstraße.« Also ich habe weder das eine noch das andere miterlebt. Die Situation war schlimm genug, man mußte nicht noch getreten werden.

*Ursula Braun:* Wir hatten ja schon unsere Geschwister auf diese Art und Weise verloren, 1942.

*Gerhard Braun:* Der Protest ebbte ab, sobald die ersten Leute aus der Rosenstraße entlassen worden waren. Es kamen ja nicht alle zur selben Zeit heraus. Das ist auch ein Grund dafür, warum sich an diese Ereignisse eine äußerst wichtige Frage knüpft: Stimmt die Behauptung, daß Widerstand gegen das Naziregime möglich war und daß er, darüber hinaus, erfolgreich möglich war? Kann man das aus den Ereignissen in der Rosenstraße ableiten? Ich selber muß zugeben, daß ich unsere Situation immer ein wenig anders eingeschätzt habe. Allein die Tatsache, daß in die Rosenstraße nur bestimmte, aussortierte Leute hinkamen, war für mich immer ein Indiz dafür, daß man mit ihnen etwas anderes vorhatte als mit den anderen.

*Ursula Braun:* Vielleicht auch nur zeitlich.

*Gerhard Braun:* Ich würde mit meiner Vermutung sogar so weit gehen, daß die Verantwortlichen einen gewissen Zeitraum brauchten, um die Angaben der Verhafteten über ihren Status als arisch Versippte oder Mischlinge auf den Polizeirevieren zu überprüfen. Das braucht ja seine Zeit, bei mehr als tausend Leuten. Und wenn sich die Angaben bestätigt hatten, dann wurde man entlassen. Nach meinem Dafürhalten war es aber vor allem eine große Tat dieser Frauen. Ob sie jedoch den Prozeß beeinflußt haben, das ist und bleibt für mich eine ganz andere Frage. Zumindest kann man die Ereignisse ebensogut auf die Art deuten, wie ich es eben getan habe. Für mich bleibt diese Frage offen, solange keine klaren Beweise vorliegen. Aber der Mangel an Beweisen hängt auch damit zusammen, daß nach dem Krieg nicht viel darüber gesprochen wurde. Den Widerstand des Militärs, deren Attentat auf Hitler, das haben die Bundesrepublikaner wie eine Standarte vor sich hergetragen. Aber daß es auch einen Widerstand von sogenannten normalen Menschen gegeben hatte, einen Widerstand, der möglicherweise sogar von Erfolg gekrönt war, das paßte in der Nachkriegszeit nicht ins Bild.

*Ursula Braun:* Heute ja auch nicht.

*Gerhard Braun:* Da sehe ich den Wandel. Schon allein deswegen, weil mit einem Mal auch die Öffentlichkeit und die Medien an diesen Ereignissen interessiert sind und sich der Sache sehr intensiv angenommen haben ... und vor allem weil junge Menschen sich dafür interessieren.

*Ursula Braun:* Das ist tatsächlich ganz erstaunlich.

*Gerhard Braun:* Denn mehr als vierzig Jahre lang sind unsere Erinnerungen als Zeitzeugen ja nicht gefragt gewesen.

*Ursula Braun:* Und dann kamen Jugendliche aus einer Hochschule in Schöneberg auf uns zu.

*Gerhard Braun:* Die Fachhochschule für Sozialwesen. Und in Lichtenrade haben wir erlebt, daß eine Jugendgruppe der Evangelischen Kirche unter Begleitung eines Sozialpädagogen jahrelang recherchiert hat, um herauszufinden, wer dort unter den Nazis umgekommen ist.

*Ursula Braun:* Und mit einer solchen Beharrlichkeit, wirklich ...

*Gerhard Braun:* Die Widerstände der älteren Leute können Sie sich ja wahrscheinlich lebhaft vorstellen.

*Ursula Braun:* Das waren ja dieselben Leute, die früher Schilder in die Tür hängten: »Wir verkaufen nichts an Juden!«

*Gerhard Braun:* Das sind für mich Indizien dafür, daß sich die Einstellung gewandelt hat, zumindest in der übernächsten Generation. Denn Täter und Opfer haben tatsächlich eines gemeinsam: Sie verdrängen zunächst einmal ... und das ist nicht nur ein Bonmot!

*Ursula Braun:* Auch für uns selber war die Rosenstraße nach dem Krieg nicht unbedingt ein Thema. Aber unsere Kinder, wir haben sechs, die haben uns in dieser Beziehung schon wach gehalten. Wir beiden hätten es am liebsten verdrängt, denn man wollte doch irgendwann nicht mehr darüber nachdenken. Solche Dinge kann man innerlich nie verdauen. Ich habe noch viele Monate und Jahre lang schlaflose Nächte und fürchterliche Träume gehabt.

*Gerhard Braun:* Auch unsere Kinder sind unterschiedlich interessiert. Für mich ist das eine Frage der Generationen. Die Jüngeren haben ein größeres, unbelasteteres Interesse. Sie stellen zum Teil ganz pragmatische Fragen, so daß ich mir der Genauigkeit meiner Erinnerung häufig nicht mehr sicher bin.

*Ursula Braun:* Von dieser Fachhochschule für Sozialwesen sind wir einmal in das ehemalige Kulturhaus eingeladen worden...

*Gerhard Braun:* ... und das war gerammelt voll. Zu dem Thema! Das hat uns schon sehr erstaunt.

*Ursula Braun:* Und die jungen Leute waren tatsächlich interessiert! Es kamen allerdings auch regelrechte Provokateure hin. Die wollten alles auf eine ganz andere Ebene schieben.

*Gerhard Braun:* Ich würde nicht sagen, daß das Provokateure waren. Es waren Ideologen, die dieses Thema an sich reißen wollten. Ideologen der Linken in diesem Falle. Die hätten das gerne in Zusammenhang gebracht mit einem organisierten, von Kommunisten geleiteten Widerstand.

*Ursula Braun:* Und dagegen haben wir uns mit aller Macht gewehrt.

*Gerhard Braun:* Denn davon kann natürlich keine Rede sein. Mir ist es natürlich wurst, ob einer Kommunist ist oder nicht, wenn er sich für die Rosenstraße interessiert. Aber in dem Augenblick, wo er versucht, das zu seiner Sache zu machen, hört bei mir das Verständnis auf.

*Ursula Braun:* Eines steht fest, während der Nazi-Zeit riskierte man bei einem solchen Protest das eigene Leben. Ich hatte zum Beispiel einen Bekannten, der überhaupt nichts mit Juden zu tun hatte. Der war einfach nur ein Gegner der Nazis. Der wurde aus seiner Arbeit entlassen, weil er sich partout nicht gefügt hat. Und solche Menschen gab es immer, wenn auch nur wenige.

*Gerhard Braun:* Da war zum Beispiel ein Freund von uns, ein jüdischer Arzt, der noch Kontakt zu seinem ehemaligen Chauffeur hatte. Dieser wiederum war in einem Fuhrbetrieb tätig, der für die Gestapo arbeitete. Und immer, wenn die Firma einen größeren Auftrag kriegte, hat der Chauffeur uns ein Signal gegeben und uns gewarnt: »Es könnte wieder etwas sein, da ist was im Gange!« Dann tauchte man ein, zwei Tage unter, bis der Chauffeur wieder Entwarnung gab. Das ist mehrmals nach der Rosenstraße passiert. So arbeiteten die Kanäle.

*Ursula Braun:* Aber wer hatte schon diesen Mut? Es gab immer viel, viel mehr, die sich von den Juden distanzierten. Das ist am Ende auch verständlich. Denn man konnte etwas tun, ja! Aber immer nur unter Einsatz des eigenen Lebens. Das war mir auch klar, als ich in die Rosenstraße ging. Die Frauen, die da waren, waren alle aus ganz persönlichen Gründen da. Für sie war das lebensnotwendig, denn da waren ja ihre Männer, ihre Kinder eingesperrt! Was ich sagen will: Dieser Satz »Da konnte man nichts tun« ist ein zutreffender Satz, wenn man ihn auf die Allgemeinheit bezieht. Denn man mußte praktisch still halten, wenn man nicht das Leben riskieren wollte. Ich weiß von meiner arischen Verwandtschaft, daß die tagsüber in Uniform einen großen Bogen um unser Geschäft machten und abends dann heimlich zu uns kamen. Es gab welche, die persönlich interessiert waren, wie zum Beispiel die Menschen vor der Rosenstraße. Aber die große Menge guckt, daß sie einigermaßen durchkommt. Egal, ob ich versucht habe, meiner Schwester ein Päckchen zu bringen, als man sie 1942 deportierte, oder ob ich vor der Rosenstraße stand: Das waren immer Taten der Verzweiflung. Ob es um den Mann ging, den ich später heiraten wollte, oder um meine Schwester mit meinem Patenkind, das waren Situationen, Anstürme ... Man konnte kaum noch atmen. Und als meine Schwester, sein Bruder und das Kind weg waren ... wenn man sich das klargemacht hat! Man hatte ja Gott sei Dank zu tun und mußte immer wieder auf sein eigenes Leben aufpassen und da und dort einem Verfolgten helfen ... Aber es waren Taten der Verzweiflung! Deswegen haben sie einen auch noch in den Nächten verfolgt, weil man solche Dinge eben so schnell nicht vergessen kann. Bei meiner Schwester habe ich auch versucht, zu den Verantwortlichen vorzudringen, aber da ist man gar nicht richtig herangekommen. Eine Situation gab es, da wollten mein Vater und ich wenigstens die Kleine retten, wenn meine Schwester und mein Schwager schon wegkamen. Und da gingen wir in die Gestapoleitstelle, ich weiß gar nicht mehr genau, wo das gewesen ist ...

*Gerhard Braun:* ... das wird schon die Burgstraße gewesen sein.

*Ursula Braun:* Kaum hatten wir unser Anliegen vorgebracht, da hat man uns die Treppe runterexpediert. Wir sollten machen, daß wir wegkamen! Mit den Leuten war eben nicht zu reden. Nur war einem das nicht klar, man hoffte immer noch, etwas zu erreichen. Doch eigentlich denkt man in solchen Situationen nicht darüber nach. Man sagt sich: Wir müssen etwas machen ... und ahnt doch, daß nichts geht.

*Gerhard Braun:* Meine Frau hat den Protest in der Rosenstraße einmal folgendermaßen charakterisiert: »Wir sind wie aufgescheuchte Hühner hin- und hergelaufen.« Andere versuchen es mehr zu heroisieren, da klingt das dann so, als wäre man marschiert. Und sind es bei den einen ein paar Dutzend Menschen, die protestierten, so sind es bei den anderen gleich ein paar hundert.

*Ursula Braun:* Ich hatte Angst in der Rosenstraße. Aber nicht um mein eigenes Leben, nein, an sich selber denkt man in solchen Situationen nicht viel.

*Gerhard Braun:* Wie gesagt, wenn das Angstpotential ausgeschöpft ist, dann entsteht auch eine gewisse Leere, in der man die unmöglichsten Sachen macht.

*Ursula Braun:* Ich wußte nicht ganz genau, ob er überhaupt in der Rosenstraße war. Aber es war ziemlich gesichert – natürlich ohne offizielle Bestätigung. Ich weiß nicht, ob ich damals wirklich noch hoffte, etwas zu bewirken. Es war eher ein innerer Zwang, irgend etwas zu tun ... aber ohne rechte Hoffnung im Grund. So würde ich das sagen. Maschinengewehre, wie manche berichteten, habe ich übrigens nicht gesehen. Ich weiß, daß sie in mündlichen und schriftlichen Berichten immer wieder aufgetaucht sind, auch bei Bekannten, die dabei waren. Ich kann nur sagen: Ich habe keine gesehen. Aber ich war ja nicht den ganzen Tag da. Natürlich ist das möglich ... Aber diese Rufe: »Gebt uns unsere Männer zurück!«, die gab es. Das kann ich bestätigen. Bei den Maschinengewehren war ich immer etwas skeptisch. In dem Kreis, in dem wir diese Dinge dann aufgearbeitet haben, waren auch ältere Menschen dabei, die zu Übertreibungen neigten.

*Gerhard Braun:* Es gibt zu jeder Zeit Menschen, die mehr leiden als andere ... und die das auch zum Ausdruck bringen.

*Ursula Braun:* Die hinterher vielleicht auch ein bißchen wichtig tun wollen. Da waren zum Beispiel zwei, die im nachhinein stolz waren, dabei gewesen zu sein. Das ist doch Unsinn. Ich hätte das alles lieber nicht erlebt!

*Gerhard Braun:* Zu der Sache mit den Maschinengewehren ... Das paßt einfach nicht in die Situation hinein, insofern, als ein paar Polizisten genügt hätten, um diese Frauen auseinanderzutreiben. Und dafür hätten die nicht einmal Pistolen gebraucht, geschweige denn Maschinengewehre ... Gummiknüppel hätten gereicht. Wenn man an das Aggressionspotential denkt, das es bei heutigen Protestveranstaltungen gibt, hat man ein falsches Bild im Kopf. Das kann man nicht mit den Frauen von damals vergleichen. Wenn da eine oder zwei niedergeknüppelt worden wären, wären die anderen doch auch sofort gegangen.

*Ursula Braun:* Aber es gab Zeugen, die fest davon überzeugt waren, daß Maschinengewehre aufgebaut waren und wieder abgebaut worden sind.

*Gerhard Braun:* Ich kann nur immer wieder sagen: Die Situation war zu schlimm, als daß man sie durch Übertreibungen banalisieren sollte.

*Ursula Braun:* Sicher ist: Es gab Drohgebärden ... doch, doch! Die Wachhabenden sind immer wieder vorbeigekommen und haben befohlen: »Zerstreuen Sie sich! Gehen Sie auf die andere Seite!« Darauf haben wir aber nicht besonders geachtet. Das war uns eigentlich wurst, wir waren fix und fertig. Da waren sicher auch unter den Polizisten welche, die solche Drohungen nur ungern gemacht haben. Aber in dieser Aufregung, bei der Angst ging so etwas völlig an uns vorbei.

*Gerhard Braun:* Wie das mit der Angst war ... Solche Fragen werden ja auch von Kindern und Enkelkindern gestellt. Und das ist so schwer zu erklären. Das ist, wie wenn Sie jemandem aus der heutigen Generation erklären sollen, was Hunger ist.

*Ursula Braun:* Meine Angehörigen und Freunde zum Beispiel haben mich gewarnt, die haben gesagt: »Komm bloß da weg!« Mein Bruder konnte schon gar nicht verstehen, daß ich überhaupt mit einem Mischling befreundet war ... obwohl er selber ja auch einer war. Aber er hatte so große Angst, daß er direkt wütend wurde, als er erfuhr, daß ich auch noch einen jüdischen Freund hatte. Er war ganz anders als ich. Wenn er gekonnt hätte, dann wäre er am liebsten in die SA eingetreten. Ich übertreibe jetzt natürlich.

*Gerhard Braun:* Solche Dinge haben manche Juden offen geäußert, später: Wenn sie gekonnt hätten, wären sie einen Teil des Weges mit den Nazis mitmarschiert. Aber was soll man auch anderes von den Menschen verlangen, wenn Herr Chamberlain und wie sie alle hießen demütig zu Hitler nach München pilgerten und alles unterschrieben, was der ihnen vorgelegt hat? Und was soll man erwarten von den Abertausenden von Arbeitslosen, die durch Hitler zu Brot und Lohn gekommen sind?

*Ursula Braun:* Mein Bruder und ich haben uns erst lange nach dem Krieg wieder ausgesöhnt. Da haben wir uns getroffen und haben das wieder eingerenkt.

*Gerhard Braun:* Als ich entlassen war und auf der Straße stand, zog ich los, vorbei an den vielen zerbombten Häusern, die, bevor ich eingeliefert wurde, noch gestanden hatten. Und da hatte ich das Gefühl, daß es mit dem Krieg zu Ende ginge. Nur das Gefühl, nichts weiter. Daß das dann Realität werden würde, daß der Krieg in der relativ knappen Zeit von zwei Jahren tatsächlich vorbei sein würde, das ahnte ich natürlich nicht. Wenn ich das gewußt hätte, wäre ich sicherlich sehr erleichtert gewesen. Was sind schon zwei Jahre? Das nächste, was mir deutlich im Gedächtnis geblieben ist, war das herzzerreißende Schreien meiner Mutter, als ich wieder nach Hause kam. Sie hat vor Freude geschrien ... und sie neigte sonst wirklich nicht zur Hysterie. Das ist das, was ich am wenigsten vergesse. Nach und nach kamen auch andere Bewohner des Hauses zurück. Man hatte uns ja überwiegend Mischehen ins Haus hineingesetzt. Frau Feininger, die ich schon erwähnt habe, ist in der Tschechoslowakei im KZ umgekommen, in Theresienstadt. Ihre Tochter wohnte noch in unserem Haus, und ein späterer Arbeitskollege war auch da. Ich weiß noch, daß wir einen Liegestuhl herausgeholt haben. Es war Ende März, und die Sonne schien. Wir hatten nach der Rosenstraße ja direkt eine Erholungszeit von drei Wochen! Das war natürlich kein »Genesungsurlaub«, den die Nazis uns zugestanden haben. Daß wir nicht arbeiten mußten, hatte einen einfachen Grund: Es war doch alles sehr bürokratisch, und so dauerte es bis zum nächsten Ersten, bis die Bürokratie hinterherkommen konnte. Das war alles. Dann wurden mein Nachbar und ich zu dieser Glasfirma vermittelt. Aber ein Fest der Befreiung oder so etwas haben wir nicht veranstaltet, die Gefahr war ja nicht vorbei. Gefeiert wurde nach dem Krieg.

*Ursula Braun:* Ich wollte auswandern, nach dem Krieg.

*Gerhard Braun:* Du wolltest auswandern, richtig. Warum wir in Berlin geblieben sind, das möchte ich auch einmal wissen.

*Ursula Braun:* Es kamen ziemlich schnell die Kinder.

*Gerhard Braun:* Und es war mit dem Auswandern nicht alles so, wie man es sich erträumt hatte. Unsere Nachbarn, die 1947 nach Südamerika ausgewandert sind, waren Anfang der fünfziger Jahre wieder da. Nach drei Jahren kamen sie zurück, weil die Vorstellung, sich im Ausland etwas Neues aufzubauen oder bei den Kindern gut unterzukommen, sich als Fehleinschätzung erwiesen hatte. Das war nicht so einfach. Bei mir kam noch dazu, daß ich mich, als Unbescholtener, in der Anfangszeit hier zur Verfügung gestellt hatte: Ich war drei Monate bei der Polizei. Und sobald die Hochschule wieder geöffnet wurde, fing ich mit dem Studium an. So ergab eines das andere. Wir hatten auch den Enthusiasmus, hier etwas Besseres aufzubauen.

*Ursula Braun:* Man hat damals viel gehofft.

*Gerhard Braun:* Warum wäre ich sonst zur Polizei gegangen?

*Ursula Braun:* Das waren Augenblicksentschlüsse. Aber es stimmt: Man hat noch Ideale gehabt. Wir haben uns von Anfang an politisch betätigt. Denn wir dachten, wir könnten hier in Deutschland für eine demokratischere Gesellschaft sorgen.

*Gerhard Braun:* Na na ... So erfolglos war das doch auch nicht!

*Ursula Braun:* Njein ... Es waren dieselben Menschen, die in Deutschland lebten, und die einen und die anderen waren halt grundverschieden. Niemand hat ernsthaft geglaubt, daß alle Deutschen Nazis sind. Gott behüte! Wir kannten ja genug, die nicht für die Nazis waren. Aber daß es nicht so schnell gehen würde, wie wir zu Anfang angenommen hatten, stellte sich bald heraus.

*Gerhard Braun:* Uns kommt es heute manchmal doch sehr komisch vor, wenn man Reprisen damaliger Filme im Fernsehen bringt – zum Beispiel die »Feuerzangenbowle«. Und dann sieht man im Abspann: »1944«.

*Ursula Braun:* Das geht so weit, daß wir uns immer wieder mit jungen Leuten anfreunden ... Bei Menschen, die in unserem Alter sind, kommt man irgendwann mit Sicherheit auf das Dritte Reich zu sprechen ... und es stellt sich die Frage, was die in dieser Zeit gemacht haben. Mit jungen Leuten hingegen geht es wunderbar.

*Gerhard Braun:* Warum wir tatsächlich hiergeblieben sind, kann ich heute nicht mehr sagen. Es hat sich so ergeben ... denn weder war meine Bindung an das Judentum sehr stark noch fühlte ich mich zu irgendeinem Land besonders hingezogen. Aber in Deutschland sah ich eine

Ursula und Gerhard Braun, 1997

Aufgabe für mich, deshalb habe ich mein Leben hier zu begründen versucht ... und ich finde mich im nachhinein eigentlich bestätigt. Natürlich war es mit einigen Schwierigkeiten verbunden. Es hat mich auch peinlich berührt – um das hier einmal offen zu sagen –, daß sich die Jüdische Gemeinde nach dem Krieg von mir distanziert hat, weil ich in einer christlichen Familie lebte. Meine Frau und ich haben katholisch geheiratet, unsere Kinder wurden christlich erzogen, das gefiel der Jüdischen Gemeinde nicht. Sie war auch an der historischen Aufarbeitung der Ereignisse in der Rosenstraße nicht sonderlich interessiert. Sie engagiert sich zu diesem Thema erst seit drei Jahren – seit das Denkmal steht. Man war nicht interessiert, weil es, vereinfacht gesagt, eine Tat der christlichen Frauen war. Und man relativiert diese Ereignisse nach wie vor, und sagt: »Wir dürfen nicht vergessen: Hier sind tausend herausgekommen, und da sind Abertausende getötet worden.«

*Ursula Braun:* Dagegen ist ja auch nichts zu sagen, diese Relativierung geschieht ja mit einem gewissen Recht.

*Gerhard Braun:* Sehr richtig ... Und auf deutscher Seite kam man nicht mit der Vorstellung zurecht, daß man hätte Widerstand leisten können, daß Widerstand möglich war. Das ist ein Trauma der älteren Generation, dieses: »Man hätte vielleicht doch ...« Beide Seiten fühlten kein Bedürfnis, sich mit dem Fall Rosenstraße zu befassen. Ein Hintergrund ist auch die alte Skepsis zwischen Juden und Christen. Das ist es, was ich nicht wirklich akzeptieren kann.

*Ursula Braun:* Es hat auch Ansätze einer jüdisch-christlichen Zusammenarbeit gegeben.

*Gerhard Braun:* Aber doch in sehr bescheidenem Ausmaß! Ich selber habe katholisch geheiratet, meiner Frau zuliebe. Aber daß ich später – sehr viel später – zum Katholizismus übergetreten bin, das war ein langer Prozeß. Daß ich mich taufen ließ, geschah nicht nur pro forma und aus Gefälligkeit, sondern aus einer inneren Überzeugung heraus. Wir sind häufig gemeinsam mit dem Pfarrer und der Gemeindegruppe verreist. Bei so einer Gelegenheit hat sich auch ergeben, daß ich gesagt habe: »Ich spüre das Bedürfnis, zu euch zu stoßen.« Da hat der Pfarrer geantwortet: »Wir können es ja einmal versuchen.« Es war keine Hopplahopp-Entscheidung. Ich war annähernd siebzig Jahre alt, als ich getauft wurde.

# Arbeitsbuch

(Gefetz vom 26. Februar 1935, RGBl. I S.311)

Nr 40/217962~

(Vor- und Zuname, bei Frauen auch Geburtsname)

Wehrnummer:

(Eigenhändige Unterſchrift des Inhabers)

| 1<br>Name und Sitz des Betriebes (Unternehmer) (Firmenstempel) | 2<br>Art des Betriebes oder der Betriebsabteilung | 3<br>Tag des Beginns der Beschäftigung | 4<br>Art der Beschäftigung (möglichst genau angeben) | 5<br>Tag der Beendigung der Beschäftigung | 6<br>Unterschrift des Unternehmers |
|---|---|---|---|---|---|
| *¹* Schneiderei Berlin C. | Alt. feine Straße 3 | 5. 4. 1938. | Unternäherin für Knaben | 5. 4. 1939. | Gertrud Lehn Berlin C. |
| *²* Franz Perrey Betriebswerkstatt für Kleider Berlin C.7 Alexanderstr. 1. | Anfertigung von Kleidern | 14. 8. 1939. | Schneider-Knopflöcher | 13. 11. 1939. | Franz Perrey Betriebswerkstatt für Kleider Berlin |
| *³* Gertrud Lehn Schneiderei Berlin N.65 | Schneiderei Anfertigung von Kleidern | 14. 11. 1939 | Unternäherin Schneiderin | 13. 12. 1939 | Gertrud Lehn Berlin C. |
| *⁴* Marianne Schäde Berlin-Friedrich- Nikolaus 38 | zwanzig | 1. Mai 40 | Heizungs- helfer | 31.5. 1940 | Marianne Schäde Schäde |
| *⁵* SIEMENS & HALSKE AKTIENGESELLSCHAFT WERNERWERK F BERLIN-SIEMENSSTADT | Elektro- technische Industrie | 10.6. 40 | Spulenmacherin | 27.2.42 | SIEMENS & HALSKE WERNERWERK F |

| 1 Name und Sitz des Betriebes (Unternehmers) (Firmenstempel) | 2 Art des Betriebes oder der Betriebsabteilung | 3 Tag des Beginns der Beschäftigung |
|---|---|---|
| Brandenburgische Fahnenfabrik Georg Gottlieb Berlin S W 68 Alexandrinenstraße 36 | Fahnen-fabrik | 27.3.43 |
| | | 30.5. 1944 |
| | | 31.5. 1945 |
| Frosei Berlin N 54 Schönhauser Allee 6-7 Große Frankfurter Straße | Neben Betrieb fabrik | 10.GM 1945 |
| | | 10.3.46 |

| 4 Art der Beschäftigung (möglichst genau angeben) | 5 Tag der Beendigung der Beschäftigung | 6 Unterschrift des Unternehmers |
|---|---|---|
| Näherin | | Brandenburgische Fahnenfabrik GEORG GOTTLIEB |
| | | i.V. GEORG GOTTLIEB strebt Martin |
| | 10.3.46 | |
| | | M.3.46 Wilh. |

Arbeitsbuch

Der Mischling 1. Grades
Der Jude
Die Jüdin            L e w i n  Erika

geboren am      23.8.23          wohnhaft Berlin NO 18
                                        Höchste Str. 2

wurde am        5.3.43      aus dem Sammellager Rosenstraße 2-4
                                 Anruf: 41 67 11

entlassen.

        Es wurden ihm/ihr keine Lebensmittelkarten ausgefolgt
---------------------------------------------------------------

                        - 5. März 1943

# Der Polizeipräsident in Berlin

## Abteilung II

Berlin C 2, Magazinstraße 6/7

Eingangs- und Bearbeitungsvermerk

An
Frl. Erika L e w i n
(1) in Berlin,
Höchstestr.2.

Geschäftszeichen und Tag Ihres Schreibens

Geschäftszeichen und Tag meines Schreibens
II 2070 Lewin Erika-23-U-
den 7.August 1944.

Betrifft:

Auf Grund des § 5 der Ausländerpolizeiver-
ordnung vom 22.8.1939 (RGBl.I.S.1053) in der
Fassung der Verordnung über die Behandlung von
Ausländern vom 5.9.1939 (RGBl.I.S.1667) wird
Ihnen der Aufenthalt im Reichsgebiet verboten.
Sie werden deshalb aufgefordert, das Reichsgebiet binnen 8 Wochen nach Empfang dieser Verfügung zu verlassen. Während dieser Zeit sind
Sie nur im Landespolizeibezirk Berlin aufent-
haltsberechtigt. Ein Verlassen desselben ist
nur mit besonderer polizeilicher Erlaubnis statt
haft.

Innerhalb von z w e i Wochen nach Bekanntgabe
dieser Verfügung ist gegen sie der Einspruch
zulässig, der schriftlich bei meiner Abteilung
II "Ausländeramt" einzureichen ist. Im Falle
eines Einspruchs haben Sie einen Verwaltungsge-
bührenvorschuß von 3.-RM. bei der Polizeikasse
Alexander, Berlin C.2, Alexanderstr.10 (Postscheckkonto Berlin Nr.160094) einzuzahlen.Dabei
ist anzugeben, daß es sich um Gebühren für die

Din A 5
148×210 mm
Vordruck
Pol. Nr. 3

5. 44 — S —

.......... Anlagen

Fernruf:
51 24 75
u. 51 00 23 App.

Postscheckkonto:
16 0 94

Bearbeitung eines Einspruchs gegen ein
Aufenthaltsverbot handelt.

Einem etwaigen Einspruch versage ich aus
überwiegenden Gründen des öffentlichen In-
teresses auf Grund des § 11 (Abs.4) der Aus-
länderpolizeiverordnung die aufschiebende Wirkung.

Sie können gem. § 7 Abs.5 der Ausländerpo-
lizeiverordnung durch Anwendung unmittelbaren
Zwanges aus dem Reichsgebiet abgeschoben werden. Zudem wird, wer einem Aufenthaltsverbot
zuwiderhandelt, nach § 13 der Ausländerpolizei
verordnung mit Gefängnis und mit Geldstrafe
oder mit einer dieser Strafen bestraft.


     Im Auftrage


                  P.

*E4*

Eing. **1 7. FEB. 1955**

Zur Bearb. am :

Fräulein
Erika  L e w i n

Berlin SW 29
Solmsstr. 44

| Ihre Zeichen · | Ihre Nachricht vom | Unsere Zeichen | Hausanruf | (1) BERLIN · SIEMENSSTADT |
|---|---|---|---|---|
| | | NTF Bln Lohnb./Goe/Me. | | 14.2.1955 |

**Betrifft**

Zur Vorlage beim Entschädigungsamt bescheinigen
wir Fräulein Erika  L e w i n , geb. 28.8.23 in
Berlin, dass sie vom 10.6.40 bis 27.2.43 als
Handarbeiterin in unseren Diensten stand.

Krankgeschrieben und ohne Lohnbezüge war sie

v.12. 7.41-20. 7.41          v.10. 3.42-19. 3.42
v. 1. 8.41- ?                v.20. 5.42- 7. 6.42
v.26. 1.42- 2. 2.42          v. 1. 9.42-23. 9.42.

Soweit noch aus einer hier zufällig aufgefundenen
Personalkarte hervorgeht, betrug ihr Ø Stundenlohn
während der obengenannten Zeit RM 0,58.

Weitere Angaben bedauern wir, nicht mehr machen
zu können, da sämtliche diesbezüglichen Unterlagen
durch Kriegseinwirkung verlorengegangen sind.

NTF Berlin
Lohnbüro

| Fernsprecher | Fernschreiber | Drahtwort | Bankkonto | Postscheckkonto | Güterbahnhof |
|---|---|---|---|---|---|
| 34 03 01 | 028 3791 | Wernerwerk Berlin | Berliner Bank A.G. Depositenkasse 21 Berlin-Spandau Konto 8814 | Berlin-West 602 | Berlin-Siemensstadt |

Vorsitzender des Aufsichtsrats: Hermann von Siemens **Vorstand**: Vorsitzender: Ernst von Siemens Stellvertr. Vorsitzender: Hans Kerschbaum
Mitglieder: Theodor Frenzel, Adolf Lohse Stellvertr. Mitglieder: Georg Bleisteiner, Werner v. Linde, Kurt Mattel, Hans Ferdinand Mayer
Eduard Mühlbauer, Kurt Reche, Josef Schniedermann, Gerd Tacke

# BUNDESREPUBLIK DEUTSCHLAND

## Einbürgerungsurkunde

Vorname(n), Familienname, Geburtsname

Frau Erika   L e w i n   ,

geboren am | in
28. August 1923 | Berlin,

Wohnort

Berlin-Reinickendorf,

hat mit dem Zeitpunkt der Aushändigung dieser Urkunde die deutsche Staatsangehörigkeit durch Einbürgerung erworben.

Die Einbürgerung hat sich nicht auf Kinder des/der Eingebürgerten erstreckt.

Ort, Datum

Berlin, den 30. Oktober 1987


DER SENATOR FÜR INNERES
I C 51 - 79 050
Im Auftrag

*Spiekermann* (signature)

Spiekermann

(Dienstsiegel)


Ausgehändigt am | DER SENATOR FÜR INNERES
 | Im Auftrag

11. 12. 1987 | (signature)

# »Die Angst hatte uns allen die Sicht verengt«

»Ich bin im Bus mit ihnen zur Levetzowstraße gefahren, und mein kleiner Cousin hat sich riesig gefreut, daß er verreisen kann. Da dachte ich bei mir: ›Um Gottes willen!‹ Ich habe zu der Zeit wie viele jüdische Leute schon gewußt, was los ist. Ich dachte: ›Um Gottes willen, die kommen doch ins KZ! Und der Junge freut sich! – Ich habe noch versucht, sie umzustimmen: ›Ach, Tante Tilli, laß ihn doch hier bei uns! Du hast gehört, daß Mutti und Papa gesagt haben, sie kommen schon damit klar.‹ Aber sie hat zu sehr an dem Kleinen gehangen. ›Er ist doch mein ein und alles‹, sagte sie ... Sie ließ sich nicht überzeugen.«
*Erika Lewin*

Die vierundsiebzigjährige Erika Lewin lebt in einer kleinen Mietwohnung in der Nähe vom Flughafen Tegel. Auf den ersten Blick eine alte Berliner Frau wie viele andere. Aber ihr Schicksal hebt sie heraus aus der Menge.

Wie viele ehemalige Berliner Sozialwohnungen wird auch die ihre demnächst zum Verkauf angeboten werden. Wohnbaugesellschaften in ganz Berlin veräußern ihr Eigentum meistbietend, nachdem ihre Verträge mit der Stadt ausgelaufen sind und die sozialen Auflagen sie nicht mehr binden. Für viele Berliner bedeutet das die Angst, von einem neuen Eigentümer aus der angestammten Wohnung hinauskomplimentiert zu werden. Nicht so für Erika Lewin. Sie spielt mit dem Gedanken, mit Hilfe ihrer Töchter ihre Wohnung selbst zu kaufen. Das ist ein bemerkenswerter Aufstieg für die mittellose »Mischlingsgöre«, wie sie sich selber nennt, die den Zweiten Weltkrieg nur mit knapper Not überlebte.

Erika Lewin, 1997

»Ich bin eine echte jüdische Mama gewesen«, erinnert sie sich heute stolz an die Zeit, in der es wieder aufwärts ging. Sie meint damit, daß sie trotz Berufstätigkeit und Geldsorgen immer für ihre drei Töchter dagewesen ist, wie es sich in ihren Augen für eine richtige jüdische Mama gehört. Für die alleinerziehende Mutter war das manchmal ein mittleres Kunststück. Sie schaffte es nur, indem sie tagsüber für die Familie sorgte und in der Nacht arbeitete – sie verdiente ihr Geld mit Nähen in Heimarbeit. »Oft, sehr oft bin ich über der Nähmaschine eingeschlafen.«

Die Mühe hat sich gelohnt. Damit hält die Rentnerin nicht lange hinter den Berg, denn ihre Töchter sind ihr Lebensinhalt. Erika Lewin ist heute stolze Mutter zweier Bankdirektorinnen und einer Firmenleiterin, und alle drei versorgen und umhüten die Mutter auf die liebevollste Weise.

Trotz Zuckerkrankheit und langsam schwindendem Augenlicht scheint Erika Lewin eine glückliche Frau zu sein, die neben ihren Töchtern nur noch eine Leidenschaft kennt: das Lösen von Rätseln. Seitdem sie nicht mehr ohne Lupe lesen kann, sind ihr die Rätsel in Zeitschriften zu mühsam geworden. Deswegen verbringt sie ganze Tage mit Fernsehen und beantwortet mit den Kandidaten der Game-Shows die Fragen um die Wette. Daß sie als »ungebildete alte Frau« dabei meistens ziemlich gut abschneidet, ist ihr zweiter Stolz. Ihr Traum ist es, hundert Jahre alt zu werden.

So unbelastet floß das Leben der Erika Lewin jedoch nicht immer dahin. Geboren wurde sie als zweite Tochter einer Berliner Näherin. Sie hat eine ältere Halbschwester, deren Vater im Ersten Weltkrieg gefallen war. Die Mutter heiratete dann einen jüdischen Arbeiter, der an der Staatsoper beschäftigt war. Erika Lewin ist das erste Kind aus dieser Ehe. Nach ihr wurden noch zwei Mädchen geboren.

Die christliche Familie sah diese Heirat nicht gerne. Bereits Jahre vor der Machtergreifung Hitlers zeigten Geschwister und Eltern deutlich ihr Mißfallen an dem jüdischen Ehemann. Doch die Mutter von Erika Lewin ließ sich dadurch nicht irremachen, im Gegenteil. 1933, nach elf Jahren Ehe, setzte sie ein Zeichen des Protests gegen Adolf Hitler, gegen die neuen Machtverhältnisse in Deutschland und gegen den Druck in ihrer eigenen Familie: Sie heiratete den Vater ihrer Töchter ein zweites Mal, diesmal nach jüdischem Ritus.

Welche Schwierigkeiten sie damit über ihre Familie bringen würde, konnte sie zu jener Zeit noch nicht wissen. Die sogenannten Nürnberger Gesetze waren noch nicht in Kraft, ebensowenig die Verordnungen über »privilegierte« und »nichtprivilegierte Mischehen«.

Nur wenige Jahre später machte das mutige Bekenntnis zu ihrem Mann ihre Kinder zu sogenannten Geltungsjuden, mit anderen Worten: Sie waren »Mischlinge«, die wie »Volljuden« behandelt wurden. Die »Mischfamilie« hatte sich 1933 auf die Seite der Juden geschlagen, obwohl bereits zu ahnen war, daß das die Verliererseite sein würde. Doch Erika Lewins Mutter war nicht die Frau, die sich vorschreiben ließ, was sie zu denken und wen sie zu lieben hatte.

Erika Lewin bezeichnet ihre Mutter heute liebevoll und anerkennend als »Löwin«. Mit Löwenmut und Geradlinigkeit brachte sie ihre Familie durch den Krieg. Als Mann und Tochter in die Rosenstraße verschleppt wurden, war sie eine der ersten, die vor dem großen Bürogebäude standen und protestierten. Die fürsorgliche und gleichzeitig energische Lebenstüchtigkeit ihrer Mutter wirkte sich auf die Töchter aus: Trotz der ständigen Bedrohung von außen erlebte Erika Lewin eine von Liebe und Solidarität erfüllte Kindheit.

Für ihre Eltern stellte diese Zeit dennoch eine zu große Belastung dar. Zwar überlebten beide den Krieg, doch sie waren an Seele und Körper zu angegriffen für ein Leben danach. Erika Lewins Vater starb mit zweiundfünfzig Jahren bereits im Juli 1945 an Kehlkopftuberkulose, die zuckerkranke Mutter folgte ihm 1949.

Der Vater von Erika Lewin

Erika Lewin, die das Naturell ihrer Mutter ins Leben mitbekommen hat, wollte sich auch nach dem Krieg nicht mit dem christlichen Teil der Verwandtschaft versöhnen. Und der jüdische Teil war nahezu vollständig ausgerottet. Sechsundzwanzig Familienmitglieder waren im Dritten Reich umgekommen. So schlug sich Erika Lewin mit ihrer Ausbildung als Näherin – der einzige Bildungsweg, den ihr die Nationalsozialisten offengelassen hatten -- durch die Nachkriegszeit. Die Segnungen der neuen Prosperität gingen spurlos an ihr vorüber. Das Wirtschaftswunder fand ohne sie statt.

Statt dessen kämpfte sie mit den diversen bundesdeutschen Regierungen um ihre Staatsbürgerschaft, denn das Getriebe der Weltgeschichte hatte es mit sich gebracht, daß Erika Lewin staatenlos war.

Ihr Vater, Amerikaner von Geburt, war als Zweijähriger mit seiner Familie nach Deutschland gekommen. Nachdem er im Ersten Weltkrieg auf seiten der Deutschen gekämpft hatte, schickten ihm die amerikanischen Behörden prompt die Aberkennung seiner amerikanischen Staatsbürgerschaft. Der junge Lewin war damit staatenlos geworden – und seine späteren Kinder automatisch auch. In der Weimarer Republik besaß er nicht das Geld für einen Antrag auf die deutsche Staatsbürgerschaft, unter Adolf Hitler konnte von einer Einbürgerung eines staatenlosen Juden keine Rede mehr sein. Und seine Tochter Erika hat weitere vier Jahrzehnte gebraucht, um in dem Staat, in dem sie geboren und aufgewachsen ist, in dem sie verfolgt worden ist und den sie trotz allem nie verlassen hat, schließlich doch noch Staatsbürgerin zu werden.

Am 30. Oktober 1987 wurde ihr endlich die Einbürgerungsurkunde von dem damaligen Senator für Inneres überreicht. Erika Lewin war vierundsechzig Jahre alt.

\*\*\*\*\*\*\*\*\*\*\*\*\*\*\*\*\*\*\*\*\*\*\*\*\*\*\*\*\*\*\*\*\*\*\*\*\*\*

Erika Lewin (2.v.l.) mit ihren Schwestern

Wir waren vier Mädchen. Meine Mutti war Christin und mein Vater, der »Haushaltsvorstand«, war Jude. Das ist insofern wichtig, als man so herum schlechter dran war. Wenn dagegen die Frau Jüdin war und der Mann Christ, hat kaum jemand gewußt, daß sie Jüdin ist. Sie hat ja dann auch meist einen unverdächtigen Familiennamen gehabt. Wir hatten an unserer Wohnungstür den Judenstern, die anderen nicht. Und wir mußten ja auch den

Stern tragen. Das war das diskriminierendste an der ganzen Sache überhaupt.

Ich war das zweite Kind meiner Mutter, aber das erste Kind von einem Juden als Erzeuger, wie man damals immer sagte. Danach kamen noch zwei. Meine große Schwester war ganz Krüger, so hieß meine Mutter mit Mädchennamen. Ihr Vater war »Arier« gewesen. Mit der mußte ich als Kind immer zur Brüsseler Straße im Wedding gehen, von Frie-

Erika Lewin als junges Mädchen im Schwimmbad

drichshain aus sind wir früher gelaufen, das Geld war ja nicht üppig. Wir sind zur Schwester meiner Mutter ... das habe ich heute noch vor Augen. Wir waren in der Küche. In der Mitte stand der Tisch, an dem saß meine Schwester. Meine Tante saß an der Nähmaschine und hat genäht. Dann war hier der Ofen, so ein Herd, wie man ihn früher hatte, wo man drauf gekocht hat. Da mußte ich unten auf der Fußbank hocken, am Ofen. Und meine Schwester hat am Tisch gesessen. Die hat zwei Schnecken gekriegt, und ich mußte zugucken. So wahr ich hier sitze!

Das habe ich ein paarmal mitgemacht. Aber als meine Mutter uns wieder einmal aufgefordert hat: »Geht doch zu Tante Annie«, da habe ich gesagt: »Nein, da möchte ich nicht mehr hin.« Meine Mutti kannte mich aber. Sie hat so lange gedrängelt, bis ich mit der Wahrheit rausgerückt bin. Ich wollte meine Schwester ja eigentlich nicht verraten. Ich habe gedacht: »Dann kann wenigstens sie zwei

Schnecken essen.« Aber dann habe ich Mutti doch alles erzählt. Und sie, empört: »Warum hast du mir das nicht gleich gesagt!« Danach hat sie sich erst mal Ruth, meine ältere Schwester, vorgeknöpft: »Sag mal, wie kannst du zwei Schnecken essen, und deine Schwester sitzt da unten und kriegt nichts!« – Das war der Großen aber egal. Alles, was Krügers gemacht haben, fand die richtig. Ist heute noch so. Da haben die mich da sitzen lassen, weil ich vom Juden war! Aber das war der Ruth egal. Sie war ja nicht vom Juden. Das muß man sich heute mal vorstellen. So was haben erwachsene Leute in den eigenen vier Wänden gemacht, ganz ohne Druck von außen! So war das.

Wenn Ruth Geburtstag hatte, haben sie ihr was geschenkt. Die anderen Kinder haben nichts bekommen, die haben sie nicht interessiert. Auch nach dem Krieg nicht. So tief hat das bei denen drin gesessen. Und dann fragt man sich: Wie kann das eigentlich sein? Nazis waren sie nicht, wirklich nicht. Aber die Stillen sind ja viel schlimmer.

Die Familie meiner Mutter konnte nicht verstehen, warum Mutti einen Juden geheiratet hat. Die waren von Anfang an dagegen. Als Adolf Hitler dann kam, wurde es noch schlimmer. Sie haben uns alle gemieden. Keiner ist mehr zu uns gekommen, nicht einmal bei der Hochzeit. Meine Mutti hat später erzählt, daß ich als Säugling im Kinderwagen immer geschrien habe, wenn wir zu Besuch zu ihrer Familie gefahren sind. Mit mir konnte sie sonst eigentlich überall hingehen, sagte sie. Aber bei ihrer Familie, da war es aus, da hab ich geschrien. Ich war ja auch das erste Kind vom Juden.

Ruth haben sie immer vorgezogen, meine Tante wollte sie sogar adoptieren. Die sollte nicht bei einem Juden bleiben. Das hat ihnen schon vor Hitler nicht gepaßt. Sie haben selbst keine Kinder gekriegt, und da wollten sie Ruth haben. Aber Mutti und Vater haben gesagt: »Das Kind bleibt bei uns.«

Als nachher unter Hitler langsam klar wurde, wohin es läuft, da wollten sie Ruth immer noch gerne nehmen. Aber meine Eltern haben wieder nein gesagt. Man hat ja von Auschwitz und den Konzentrationslagern nicht so bald was gewußt. Da haben sie den Verkehr mit uns abgebrochen.

Erst nach 1945, mit einem Mal ... da waren sie alle wieder da! Damals ist meine Mutti gestorben, 1949 war das. Meine Schwestern haben noch in der Wohnung bei meiner Mutti gewohnt, und wie ich ankomme, macht Ruth auf. Und mit einmal ist da eine Frau, und ich kenne die gar nicht. Ich frage Ruth: »Du, wer ist denn die Frau da? Was will die denn hier?« Da sagt meine Schwester zu mir: »Na, das ist Tante Trudchen ...« Sag ich: »Wer ist das?« Und bin hingegangen und habe zu der Frau gesagt: »Würden Sie bitte Ihren Mantel anziehen?« Sie guckt mich an. Sag ich: »Ziehen Sie bitte Ihren Mantel an ... Da ist die Tür!« Da kommt Ruth und sagt: »Was machst du da?« Sag ich: »Diese Frau verläßt sofort unsere Wohnung!« Sagt sie: »Das kannst du nicht machen.« Sag ich: »Ich werd dir gleich zeigen, was ich machen kann. Die Frau verschwindet! Die kommt nicht mit auf den Jüdischen Friedhof nach Weißensee!« Da wollte meine Schwester noch frech werden, da sag ich: »Sei ruhig! Sonst kriegst du von mir rechts und links eine!«

Die Tante Trude hatte meine Mutti im Krieg für tot erklären lassen ... die eigene Schwester! Das hat sie damals getan, damit ihre Töchter SS-Männer heiraten durften. Das ist ja schon ein starkes Stück! Wenn das meine Schwester gewesen wäre, hätte ich zu ihr gesagt: »Tu mir einen Gefallen und mach das nicht. Ihr könnt ihr nicht so weh tun. Sie hat es doch schon schwer genug im Leben!« Aber nix. Keiner von der christlichen Verwandtschaft hat dagegen protestiert. Die hat sie für tot erklären lassen. Man glaubt es nicht, aber so was gibt es. Und bei uns in der Familie hat es das leider gegeben.

Damals bei der Beerdigung habe ich meine Schwester gefragt: »Sag mal, schämst du dich gar nicht? Wie kannst du diese Frau einladen? Zu Mutters Beerdigung? Für die ist Mutter doch schon vor Jahren gestorben!« Meine andere Tante machte noch den Mund auf, aber da habe ich sie schon angefahren: »Haltet alle euren Mund. Wenn's nach mir gegangen wäre, wär keiner von euch hier! Denn ihr habt uns die ganzen Jahre nicht einmal gekannt! Da hat keiner für uns etwas zu essen gehabt!«

Meine Mutter hat gesagt: »Ich halte zu meinem Mann und meinen Kindern, hundertprozentig.« Das war ihr wichtig. Auf die anderen hat sie nicht viel gegeben. Die hätten alle sonst was sagen können. Sie hat sich gut verstanden mit ihrem Mann. Meine Mutter fand, daß der Glaube da keine Rolle spielte. Das ist ja schon die Frechheit, daß Adolf Hitler sich erlaubt hat, uns zur Rasse zu machen! Und die Leute glauben das heute noch. Und ich versuche den Leuten immer noch zu sagen: »Was sind wir für eine Rasse? Ich bin keine Rasse! Ich habe genauso eine helle Haut wie Sie.« Wir haben nur einen anderen Glauben. Dann könnte man von den Katholiken auch sagen, sie wären eine Rasse, und von den Evangelischen auch. Was soll denn das? Aber die waren alle so vernagelt, daß sie das geglaubt haben, damals. Da hieß es, Juden haben immer eine Höckernase und angewachsene Ohrläppchen: Hab ich auch. Tausende haben das! Wenn Sie heute Mike Krüger sehen – der hätte bei Adolf Hitler Spießruten laufen müssen! Aber was im »Stürmer« stand, haben die Leute für wahr gehalten. Die Deutschen waren verblendet. Hitler hatte die Sache am richtigen Ende angepackt, indem er mit den Arbeitsplätzen angefangen hat. Aber warum hat er uns so bekämpft? Das weiß ich eigentlich gar nicht.

Wenn ich auf der Straße gegangen bin, habe ich genauso ausgesehen wie alle anderen. Nur mußte ich als Kind schon den Judenstern tragen. So ungefähr zwölf, dreizehn Jahre alt war ich da. Das war furchtbar. Weil doch jeder gesehen hat, wer man ist. Da gab es keine Anonymität mehr; jeder hat gleich Bescheid gewußt. Auf Frau Schulze oder Frau Meier hat kein Mensch achtgegeben. Wenn ich aber mit dem Stern daherkam, hat man sich umgedreht. Meine Mutti sagte nachher: »Weißt du was, wir nähen die Sterne nicht mehr fest an.« Sie sollten ja fest angenäht sein, das war Befehl. Aber sie hat das nachher nicht mehr gemacht. »Wenn dich wirklich einmal jemand anhält und dich fragt, warum der lose ist, dann sagst du eben: Die Mutti hat gesagt, weil wir doch gerade den Mantel wechseln ...« Wir sind aber Gott sei Dank nie kontrolliert worden.

Als wir dann größer waren, haben wir immer die Tasche vorgehalten. Wir durften in der S-Bahn auch nur im Gepäckwagen fahren. Und wir durften uns nicht hinsetzen. Nicht im Park, nirgends. Stand ja überall dran. Da war nur eine Bank, die war für uns bestimmt, so daß man gleich gewußt hat: Da sitzen Juden. Wir durften in kein Restaurant, in kein Kino. Meine Mutti ist dann doch mit uns ins Kino. Ich hab den Stern abgemacht, Mutti war ja da. Bei ihr fühlten wir uns ganz sicher. Wir sind sogar in die Oper gegangen mit meiner Mutti. Das war unser kleiner Lichtblick.

Meine Mutti hat für ihre Kinder gekämpft wie eine Löwin. Bei uns nebenan im Haus wohnte eine Familie, die war eigentlich ganz nett. Die hatten einen Sohn und eine Tochter. Der Sohn war schon größer. Ich weiß nicht warum, jedenfalls hat der mich einmal verdroschen. Aber ich war unschuldig. Ich hatte ihm überhaupt nichts getan. Deswegen bin ich nach oben zu meiner Mutti und hab ihr alles erzählt. Die wußte, daß ich immer alles eingestanden habe, was ich ausgefressen hatte. Wir konnten unserer Mutti alles sagen. Sie war gerecht.

Weil sie das wußte, hat sich meine Mutter angezogen und ist mit mir runter gegangen. Das werde ich nie vergessen. Sie ging rüber über die Straße und hat ihn gefragt: »Warum hast du meine Tochter verdroschen?« Da sagt der: »Weil sie Jude ist.« Da hat meine Mutter seine Arme gepackt und hat ihn an die Wand gedrückt und hat zu mir gesagt: »So, und nun verprügel ihn nach Strich und Faden, mit Händen und Füßen. Ist mir ganz egal. Ich halte ihn fest.« Soviel Mut hatte meine Mutter, wenn es um ihre Kinder ging. Die hätte bestimmt schon vor der Rosenstraße etwas gemacht, wenn es einen Sinn gehabt hätte. Aber sie hat gemerkt, daß sie uns gar keinen Gefallen tut, wenn sie sich auflehnt.

Wenn nun ein paar andere da gewesen wären zur Unterstützung, dann hätte man Mut fassen können. Aber in den Jahren bis 1943, da waren alle doch dermaßen von Hitler begeistert. Er hat ihnen ja auch den Erfolg verschafft. Er hat Österreich und Polen und Norwegen und Schweden genommen. Und jede Portiersfrau hat einen Pelzmantel getragen ... Er hatte zu Anfang sehr viele Leute auf seiner Seite. Wir waren nur ein kleines Häufchen, die dagegen waren. Und wer erzählt, man hätte einen Aufstand machen können, der lügt. Auch die in der Rosenstraße haben keinen Aufstand gemacht. Meine Mutti hat mit meiner jüngsten Schwester draußen gestanden. Die waren alle ganz ruhig und vernünftig und haben nur gesagt: »Gebt uns unser Kinder« oder »Gebt uns unsere Männer raus« oder »Gebt uns unsere Frauen zurück.« Randale machen konnten die dort wirklich nicht, weil sie ihre ganzen Familien in Gefahr gebracht hätten.

Mein Vater und meine Mutter haben sich durch einen Freund meines Vaters kennengelernt. Das war unser »Schwipponkel«, so haben wir ihn immer genannt, unser Onkel Robert. Meine Mutter war damals mit einem anderen Mann verlobt. Der hat im Ersten Weltkrieg einen Lungensteckschuß abbekommen. Als meine Mutti in anderen Umständen war, hat ihr Verlobter gesagt: »Heiraten wir sofort!« Aber er hat es nicht mehr geschafft. Er ist ins Krankenhaus gekommen und dort gestorben.

Mein Vater wollte meine Mutter schon damals haben. Er wollte sie schon immer, mein Onkel Robert hat mir das erzählt. Als ihr Verlobter starb, hat mein Vater sofort um ihre Hand angehalten und ihr gesagt: »Komm, heiraten wir doch! Ist doch besser. Dann kommt das Kind ehelich zur Welt.« Er hatte den Verlobten auch schon eine Weile gekannt. Und so haben sie ganz schnell geheiratet.

Mein Vater war damals bei der Staatsoper, aber weder Schauspieler noch Sänger. Er hat dort gearbeitet, ich weiß nicht genau als was. Meine Mutti war Schneiderin von Beruf. Und der Onkel Robert war Bügler in derselben Firma, bei der auch meine Mutter gearbeitet hat. So kamen sie zusammen.

Gewohnt haben wir in der Nähe vom Alexanderplatz, zunächst im Vorderhaus. Dann wurde hinten eine Zwei-einhalb-Zimmer-Wohnung frei. Da hatten wir noch Toilette auf dem Hof, wie es früher eben so war. Das hat meinen Eltern natürlich nicht gefallen. Die mußten nachts einen Eimer hinstellen, bei vier Kindern. Das war nichts. So sind wir nach Friedrichshain gezogen, wo wir bis Kriegsende blieben.

1933, nach der Machtübernahme, hat meine Mutti etwas getan, was ich sehr mutig finde, muß ich ehrlich sagen: Sie hat darauf bestanden, die jüdische Trauung nachzuholen. Aus Opposition zu Hitler. Denn meine Eltern waren ja bereits verheiratet, standesamtlich, schon seit elf Jahren. Aber in dem Moment hat sie gesagt: »Ich muß doch dem Volk zeigen, daß ich zu meinem Mann stehe.« Mein Vater wäre nie auf diesen Gedanken gekommen. Es wurde eine Haustrauung. Dafür mußte sie zum jüdischen Glauben übertreten, ein bißchen Hebräisch und die religiösen Riten lernen.

Ich war zehn Jahre alt, als die Nazis die Macht übernommen haben. Wie das war, weiß ich nicht mehr genau. Ich weiß nur, daß meine Mutti auf die Straße gerannt kam und gerufen hat: »Los, los, los! Schnell rein.« Warum und weshalb, wußten wir Kinder zuerst gar nicht. Zu dieser Zeit waren wir nicht so aufgeklärt. Und später war unser ganzes Denken von Angst geprägt. Da fehlte die Zeit, um viel zu lernen.

Ich werde nie vergessen, wie ein Mädchen in der Schule mir weisgemacht hat, daß die Bananen aus Strünken von Ahornblättern wachsen. Und ich hab das geglaubt! Heute denke ich: Das kann doch eigentlich nicht wahr sein. Aber ich habe alles geglaubt, was man mir erzählt hat. Ich bin nach Hause und habe gefragt: »Mutti, warum ziehen wir keine Bananen?« Da sagt sie: »Aber Kind, das können wir doch nicht! Das ist eine Tropenfrucht. Da haben wir gar nicht die Witterung dazu. Wie kommst du jetzt darauf?« Da erzähle ich ihr das von den Ahornblättern. Und meine Mutti drauf: »Ich werd dir etwas sagen: Alles, was dir deine Mitschülerinnen erzählen, ist gelogen. Die wollen dich auf den Arm nehmen, weil du ein jüdisches Kind bist. Und dann versucht man dich an allen Ecken und Enden als doof und blöd hinzustellen!«

Ich konnte noch bis 1938 zur Schule gehen. Meine ältere Schwester auch. Die ging in die Sehschwachen-Schule, weil sie schon als Kind auf einem Auge blind war. In der Schule gab es so ein Abzeichen, in das wurden immer Nägel reingeklopft. Dafür mußte man bezahlen. Zehn Pfennig oder so, kein großes Geld. Alle Kinder haben das von zu Hause mitgebracht, für die Hitlerjugend. Und da habe ich immer als einzige dagestanden und durfte keinen Nagel reinschlagen. Das Zeichen war so schön glänzend und rot. Und ich hätte auch gern mal einen Nagel reingeklopft. Es war nichts Besonderes, aber es war schön. Alle haben angestanden und sind der Reihe nach drangekommen, nur ich nicht. Das sind so die Kleinigkeiten, bei denen man schon als Kind gemerkt hat, daß man nicht dazugehörte. Das sind die Dinge, die einen belasten. Das kann eigentlich gar kein Mensch verstehen.

Denn es geht ja nicht nur um das Ende. Es hat sich vorher schon über Jahre hingezogen. Nach der Schule konnte ich noch zwei Jahre Schneiderei lernen, dann mußte ich dort raus. Aber nicht wegen meiner Chefin in Friedrichshain, der Frau Lehn. Sie hätte gern gewollt, daß ich bleibe und zu Ende lerne. Aber das war nicht erlaubt. Ich mußte Zwangsarbeit machen, auch wieder in einer Schneiderei, einer Werkstatt für Kleider. Danach konnte ich kurz zurück zu Frau Lehn. Das war alles 1939. Dann mußte ich wieder in die Zwangsarbeit, und zwar in einen Haushalt. Da war die Frau Christin, und der Mann war auch Jude. Der Sohn hatte eine große Möbelfirma in Wedding, da mußte ich als Hausmädchen arbeiten. Vom 10. Juni 1940 bis zum 15. März 1943 war ich bei Siemens. In der Zeit passierte die Geschichte mit der Rosenstraße. Danach kam ich in eine Fahnenfabrik. Da drin habe ich für die SS die Fahnen nähen müssen, Hakenkreuzfahnen und so weiter. Ich habe mir damals gedacht:

»Wenn die von der SS wüßten, daß das ein jüdisches Mädchen genäht hat, dann würden sie die Fahne gar nicht anfassen.«

Meine Mutti ist überall mit hingekommen, wenn wir Zwangsarbeitseinstellung hatten. Die hätte uns nie allein gehen lassen. Sie hat immer gleich klargemacht, daß sie da ist und hundertprozentig hinter uns steht. Als wir in der Fahnenfabrik ankamen, war da ein Freund von Goebbels. Und ich habe gedacht: »Um Gottes willen!« Aber der hat mit meiner Mutter ganz vernünftig gesprochen. Da habe ich mich beruhigt. Es mußte ja nicht jeder ein Judenhasser sein. Der hat mit meiner Mutter ausgemacht, daß er mich immer als »Erika, unsere Kleine« vorstellen wolle. Ich war damals noch so klein und so zierlich. Er hat es dann auch so gehalten, damit keiner rauskriegte, daß ich Jüdin bin. Der wollte mich merkwürdigerweise vor Repressalien schützen. Leider wurde die Firma ausgebombt, und deshalb kam ich in die Uniformfabrik in der Frankfurter Straße.

1943, als wir abgeholt wurden, war ich zwanzig Jahre alt. Aber nur auf dem Papier. Dadurch, daß wir die ganzen Jahre in der Angst gelebt haben, war ich keine wirkliche Zwanzigjährige. Immer haben wir die Tasche hoch gehalten, wenn wir arbeiten gefahren sind, damit keiner den Stern sieht. Wir waren immer isoliert. Andere Kinder haben sich bekämpft und geschützt und untereinander verdroschen, ihre Kämpfe ausgetragen eben. Bei uns war das nicht so. So haben wir nichts gelernt. Da war immer nur die Angst. Da konnte uns meine Mutti viel erzählen ... die Angst war größer, von morgens bis abends. Wir sind mit ihr ins Bett gegangen und mit ihr aufgestanden. Es war ja nicht nur die Rosenstraße, sondern es waren die ganzen Jahre davor. Als ich zwanzig war, war ich in Wirklichkeit vielleicht halb so alt.

Später kam die Angst dazu, daß es uns das Leben kosten würde. Meine Oma starb, und eine meiner Tanten zog daraufhin mit ihrem kleinen Sohn zu uns. Meine Mutter hat sie aufgenommen. Sie haben bei uns im Wohnzimmer geschlafen.

Und diese Tante wurde dann schon bald abgeholt. Sie hat die Karte bekommen, daß sie sich melden muß. Da haben meine Mutti und mein Vati noch versucht, sie zu überreden, den Jungen doch da zu lassen, daß wir das Kind vielleicht retten könnten. Aber sie sagte: »Ach, vielleicht ist das alles gar nicht so schlimm. Wir machen eine Reise, weiter nichts.« Das haben damals viele geglaubt.

Ich bin im Bus mit ihnen zur Levetzowstraße gefahren, und mein kleiner Cousin hat sich riesig gefreut, daß er verreisen kann. Da dachte ich bei mir: »Um Gottes willen!« Ich habe zu der Zeit wie viele jüdische Leute schon gewußt, was los ist. Ich dachte: »Um Gottes willen, die kommen doch ins KZ! Und der Junge freut sich!« Wir haben noch einmal miteinander geredet, als wir ausgestiegen sind. Ich habe versucht, sie doch noch umzustimmen: »Ach, Tante Tilli, laß ihn doch hier bei uns! Du hast gehört, daß Mutti und Papa gesagt haben, sie kommen schon damit klar.« Aber sie hat zu sehr an dem Kleinen gehangen. »Er ist doch mein ein und alles«, hat sie gesagt. Sag ich: »Aber dein ein und alles wird dir weggenommen, Tante Tilli! Wenn du aus diesem Zug aussteigst, siehst du den Jungen nicht mehr wieder. Dann ist er weg!« Aber sie ließ sich nicht überzeugen.

Ich kann es auf der einen Seite verstehen. Wir alle dachten: »So schlimm kann es doch gar nicht sein!« Das war immer das Argument. Man hat es gewußt, hat sich aber gleichzeitig gesagt: »So schlimm kann das gar nicht sein.« 1941 schon war das mit Tante Tilli. Beide haben wir nie wiedergesehen. Von der ganzen Familie meines Vaters haben wir keinen je wiedergesehen. Sechsundzwanzig Verwandte haben wir verloren. Da ist niemand übrig geblieben. Nur wir vier Mädchen, wir sind noch da.

Als sie mich in die Rosenstraße holten, war ich, wie gesagt, bei Siemens. Da waren sehr viele Juden und Ausländer. Wir arbeiteten gesondert in einer eigenen Abteilung. Die Meister und Vorarbeiter waren Christen, alle anderen waren Juden. Ich mußte löten und elektroschweißen. So kleinere Teile für Flugzeuge, die in die Armaturen reinkamen. Unser Meister, Herr Dumke, war ein dufter Kerl. Und auch die Vorarbeiter waren ganz toll. Die waren überhaupt nicht gehässig zu uns. In manchen Abteilungen lief das ja anders ab.

Als das mit der Rosenstraße begann, war es Sonnabend, und wir hatten uns bereits gewundert, daß so viele von den jüdischen Leuten fehlten. Da haben wir schon gedacht: »Ist ja irgendwie komisch.« Das war doch nicht erlaubt, so einfach zu fehlen! Was heißt »nicht erlaubt«? Wenn einer mal krank war, dann war der sich doch seines Lebens nicht mehr sicher. Aber wir wußten von nichts, und unser Meister auch nicht. Mit einem Mal hören wir über uns – wir waren Parterre – die Stiefelschritte, und die Tür geht auf. Wieviel werden's gewesen sein? Ja, so zehn, fünfzehn SS-Männer. Die kommen rein ... Für uns paar jüdische Leute!

Dann hat's geheißen: »Alle Juden raus in den Vorraum!« Aber bis man so seine Sachen und Taschen hat, das geht ja nun nicht immer so ganz schnell. Man versucht doch mitzunehmen, was geht, Jacke, Frühstück ... Ich hatte ja noch gar nicht gefrühstückt! Dann ging das denen zu langsam, und einer sagt zum Meister, er solle dafür sorgen, daß wir uns beeilen. Und unser Meister hat zu uns gesagt: »Alle Nicht-Arier in den Vorraum!« Da ist der eine jungsche SS-Mann erst mal zu ihm hingegangen. Unser Meister Dumke war ein Riesenkerl, müssen Sie wissen, mit richtigen Schultern. Aber der SS-Mann hat ihn ins Gesicht gehauen, links und rechts, aber wie! Das hat geknallt. Und dann hat er gesagt: »Es heißt: Alle Juden!« Und der Meister hat nix gemacht. Was sollte er auch machen? Er konnte nichts tun. Nur weil er gesagt hatte: »Alle Nicht-Arier«, weil er das Wort »Jude« nicht als Schimpfwort benutzen wollte ... Hitler hat aus dem Wort ja ein Schimpfwort gemacht, und das ist es bis heute geblieben.

Wir sind also in den Vorraum, und sie haben uns runtergeführt, und wir standen im Hof. Dort warteten schon LKWs, da mußten wir rauf. Man hat uns natürlich nicht erklärt, warum und wieso. Da wurden nur Befehle erteilt: »Wagen rauf!« Ja, so in der Tonart. Und wir hatten zwei schwangere Frauen bei uns, jüdische Frauen, deren Männer Christen waren. Und nun ist es ja sowieso schon schwer, auf einen LKW raufzukommen. Aber wenn eine hochschwanger ist, wie soll die so schnell da oben rauf! Das ging also nicht. Erst mußten sie ein paarmal ansetzen. Es gab ja keinen, der ihnen geholfen hätte. Die SS-Männer, die jungschen, standen da und amüsierten sich. Jedenfalls haben die zwei Frauen sich immer wieder bemüht, aber sie schafften es nicht. Und die eine konnte es nun überhaupt nicht. Da hat ein SS-Mann die Peitsche genommen und hat von oben runter auf sie eingeschlagen. Und da wollte ich zwischengehen! Aber da habe ich mit einem Mal daran gedacht, was Mutti gesagt hat. »Eka, sei so gut«, hat sie gesagt, »mach nichts! Du hilfst damit keinem, du kriegst nur selbst was ab.« Daran dachte ich in diesem Moment. Denn meine Mutti hatte recht.

Da war aber ein Soldat, der nicht so hochgestellt war,

mit weniger Flimmer als der andere mit der Peitsche. Der hat der Frau raufgeholfen, und die zweite schaffte es dann auch noch. Für mich war das schlimm. Ich habe gedacht: »Was sind die Leute verroht, daß sie einfach auf eine hochschwangere Frau einschlagen, nur weil sie Mühe hat, hochzukommen?« Es war mir unbegreiflich. Aber eines hast du danach gewußt: Ist einer Jude, ist er nichts, null Komma nichts. Dann kannst du mit dem machen, was du willst.

Als wir alle auf den LKWs waren, haben sie die Plane zugemacht. Die sind mit uns ja nicht mit offener Plane durch die Stadt gefahren! Und dann kam die Unge-wißheit. Wir sind aus Berlin rausgefahren. Da waren Pfer-deställe, und daneben haben wir gehalten. Dort sollten wir übernachten. Das war ein schwerer Schlag. Auf dem Steinboden hätten wir schlafen sollen. Und ich habe gedacht: »Da kann man sich doch nicht hinlegen, das ist doch viel zu hart!« Aber im Stehen können Sie ja auch nicht schlafen! Wenn Sie sich an eine Mauer anlehnen, geht es vielleicht, aber die Möglichkeit gab es da nicht. Waren ja so viele dort. Und mit einem Mal kommen Leute von der Hermann-Göring-Kaserne zur Besichtigung. Die war ganz in der Nähe.

Die haben sich das angesehen und sind wieder gegan-gen. Und waren dann ziemlich schnell wieder da. Und ich hab überlegt: »Was soll das jetzt?« Wissen Sie, bei allem, was irgendwie unerwartet war, hat man Angst bekom-men. Dann haben sie von der Hermann-Göring-Kaserne aber doch noch Matratzen gebracht. Das waren zwar nur so dünne Matratzen, aber es war besser als gar nichts. Für die war das wohl auch nicht faßbar, daß wir auf dem Steinboden schlafen sollten.

Am nächsten Morgen hieß es dann: Alle, bei denen ein Elternteil christlich und einer Jude ist – »Jude« mußte natürlich wieder gesagt werden –, die sollen bitte vortreten. Ich bin rausgegangen. Da in dem Pferdestall waren ja fast alle aus Mischehen. Also wieder raus aus der Reihe und an die Mauer stellen. Hat wieder keiner was gesagt. Und da gucke ich so, und da sehe ich vorne meine Tante und meinen Onkel stehen, und da habe ich zu dem SS-Mann gesagt – den Mut hatte ich: »Darf ich mal da rübergehen und meiner Tante und meinem Onkel auf Wiedersehen sagen?« – »Nein«, sagt der, »rein in die Reihe! Du gehst hier mit.« Da konnte ich nicht einmal da hingehen. Ich hätte mich gern verabschiedet. Denn die Verwandten meines Vaters haben alle immer sehr zusammengehalten. Aber die haben es nicht erlaubt.

Dann sind wieder LKWs gekommen. Jetzt habe ich gedacht: »Die bringen noch mehr Leute!« Aber es waren gar keine mehr übrig, die hatten ja die Aktion voll durchgezogen. Die LKWs waren für uns. Wieder geschlossener LKW, und so kamen wir zur Rosenstraße. Das war damals so ein Bürohaus, das der Jüdischen Gemeinde gehörte. Wir wurden in Riesenzimmer gebracht. Wie viele da drin waren, kann ich nicht mehr sagen. Frauen und Männer getrennt. Wie viele können es wohl gewesen sein? Sechzig vielleicht. In einem Raum!

Meine Tante Trudi, der ich nicht auf Wiedersehen sagen durfte, und mein Onkel Paul, die hatten vorher immer gesagt: »Wenn Hitler alle Juden raus hat, kommt ein Luftangriff auf Deutschland, bei dem kein Stein auf dem anderen bleibt! Dann können die Alliierten loslegen! Denn wir, die sie immer noch zu schützen versuchen, sind ja weg.« So hat man damals gedacht.

Und wenig später, am 2. März, als wir in der Rosenstraße einsaßen, da kam dann ja tatsächlich der Großangriff. Und da habe ich an meine Tante denken müssen, daß sie recht hatte.

Der Raum, in dem sie uns zusammengepfercht hatten, war mit Holz getäfelt. Früher waren die größeren Zimmer häufiger so verkleidet. Es gab auch einen Wandschrank da drin. In den hatten sie einen Kübel reingestellt. Das war unsere Toilette. Gott sei Dank konnte man wenigstens die Tür zumachen. Die meisten von uns Frauen haben ihre Tage bekommen. Und wir hatten nichts mit. Keine Schlüpfer, keine Binden, nichts. Wir durften nicht in den Waschraum, wir haben uns die ganze Zeit nicht waschen können. Wir haben gestunken wie die Pest. Ich habe gedacht: »Wenn es das nächste Mal heißt: 'Eimer raustragen!', dann melde ich mich. Ich muß hier raus.« Als wir reingegangen waren, waren wir von der Angst ganz betäubt gewesen, so daß wir nichts gesehen hatten. Wenn man mich hinterher gefragt hätte: »Wie sieht das draußen aus?«, dann hätte ich nicht antworten können. Keine von uns hätte antworten können. Wir wußten nicht einmal, welche Etage es war. Die Angst hatte uns allen die Sicht verengt.

Doch ich wollte rauskriegen, wie es draußen aussieht. Also habe ich mir noch eine genommen, die ich kannte, und wir haben uns die Nase zugehalten und sind mit dem Eimer raus. Mit einem Mal schaue ich auf: Da kommt mir mein Vater entgegen! Ich wußte nicht mehr, was ich machen sollte. Ich hatte meinen Vater noch nie weinen sehen. Da, in diesem Gang, da hat er geweint. Seine Marmeladenstullen hat er noch in der Hand gehabt.

Die haben uns nämlich Marmeladenstullen zum Essen gegeben. Aber die waren schon ganz vertrocknet und alt, so daß sie sich aufgebogen haben. Aber sonst hätte man ja gar nichts gehabt. Und mein Vater hat zu mir gesagt: »Ich darf heute nach Hause! Und ich werde gleich mal mit den Männern reden, damit sie dich auch rauslassen.«

Aber ich habe ihm geantwortet: »Nein, das wirst du nicht tun! Du wirst schön nach Hause gehen. Denn erstens weiß Mutti dann Bescheid, und zweitens passiert dir nichts.« Mein Vater hat trotzdem gefragt, und der SS-Mann hat wohl gesagt: »Nein, Austausch gibt's hier keinen.« So ist mein Vater noch vor dem Luftangriff nach Hause gekommen.

Am nächsten Tag kommt einer von den SS-Männern rein und fragt, ob da eine Erika Lewin wäre. Da habe ich mich gemeldet und dachte natürlich wieder: »Um Gottes willen!« Aber auch wenn ich stillgehalten hätte, hätten sie mich so oder so gefunden. Was sollte es also? Und als ich mich meldete: »Ja, hier!«, da sagte der zu mir: »Ihre Mutti ist draußen.«

Meine Mutter hatte dem SS-Mann eine Geschichte aufgetischt: »Entschuldigen Sie, wir haben da so einen speziellen Hausschlüssel, und den hat meine Tochter. Und den brauche ich jetzt.« Meine Mutti wollte mir aber nur zeigen, daß sie dabei ist, bei der Demonstration. Es gab damals schon so Durchsteckschlüssel, wie es sie heute überall in Berlin gibt. Aber damals war das eine Neuheit. Nach diesem Schlüssel hat sie gefragt. Das war ein Trick. Aber ich dachte anders. »Warum will die jetzt den Hausschlüssel haben?« habe ich überlegt. »Wir haben doch alle einen Hausschlüssel. Denken die jetzt, daß ich nicht mehr zurückkomme?« Das habe ich gedacht, obwohl ich es mir eigentlich nicht vorstellen konnte. Dabei wollte sie mir doch nur zeigen, daß sie da ist, und anders konnte sie sich nicht bemerkbar machen. Das habe ich nachher verstanden, nach gründlicher Überlegung. Das andere hätte auch nicht zum Charakter meiner Mutter gepaßt. Aber zuerst habe ich diesen Schrecken bekommen. Meine Mutter hatte nun die Gewißheit, daß ich noch da war. Und ich hatte die

Gewißheit, daß sie da war. Wir Kinder hatten uns doch immer sicher gefühlt, wenn sie da war.

Von der Demonstration haben wir oben in der zweiten oder dritten Etage nichts mitgekriegt. Die Fenster hatten Butzenscheiben und waren verschlossen. Dann kam der Angriff. Ein heftiger Angriff, den wir in unserem Zimmer erlebten. Denn wir durften ja nicht in den Keller. Ich habe den anderen gesagt: »Seid ruhig, der liebe Gott paßt auf. Der weiß genau, wo die jüdischen Leute sind. Das Haus bleibt stehen.« Und da haben die anderen mich schief angeguckt, weil ich so gutgläubig war. Aber ich hatte recht, unser Haus blieb stehen.

Als der Angriff zu Ende war, kam ein SS-Mann rein, Schneider hat der geheißen, den hätte ich gern auf der Stelle umgebracht. Ging aber nicht. Der kam schon mit ordentlich starken Schritten, damit man schön Herzklopfen hatte. Wir mußten immer aufspringen und strammstehen. Und da hat der gesagt: »Während des Luftangriffs sind hier zwei Nachrichten aus dem Fenster geschmissen worden. Wenn sich keine freiwillig meldet, holen wir uns fünf von euch!« Wie er auf fünf gekommen ist, weiß ich nicht. Dabei konnten wir das doch gar nicht gewesen sein, denn die Fenster gingen ja nicht auf. Dadurch haben wir in unserem Zimmer auch nicht gewußt, daß jemand auf der Straße war.

Und da habe ich zu meiner Freundin von der Jugendgruppe noch gesagt: »Wir müssen uns freiwillig melden. Wenn der kommt, der sucht sich hier die Frauen raus! Und Mütter sind unersetzbar.« Wir haben noch drei andere junge Mädchen überreden können, so daß wir zu fünft waren. Wir waren gerade fertig mit dem Aussuchen, als er kam. Dann hat der befohlen: »Rauskommen!« Wir also alle raus, und er hat uns runter in den Keller geführt. Da mußten wir erst mal warten, und eine fing an zu weinen, und danach die anderen auch. Da habe ich gesagt: »Mensch, weint doch nicht! Da freut der sich doch nur!« Die eine hat mir noch mit den Augen signalisiert, daß der Schneider schon hinter mir stand. Aber ich habe es nicht kapiert. Und der hat alles gehört. Da durften die anderen wieder nach oben gehen, und ich mußte unten im Keller bleiben. So, da war ich nun. Allein im dunklen Keller.

Und dann ging das wie ein Lauffeuer durch die Rosenstraße: Ich sei in den Keller und dann nach Auschwitz abgeschoben worden. Und dieses Gerücht kam auch meiner Mutti zu Ohren – wie, weiß ich nicht. Sie hat gedacht, sie wird nicht mehr. Hinterher hat sie mir erzählt, daß sie immer nur wiederholt hat: »Ich hab ihr doch gesagt, sie soll sich nicht mucksen! Ich hab ihr doch gesagt, sie soll still sein!«

Nun waren die anderen aber auch überängstlich. Wenn man jemanden nicht mehr gesehen hat, hat man gesagt: »Der ist weg nach Auschwitz.« Als ich da im Dunkeln saß, habe ich angefangen, mich zu schminken. Ich hatte ja meine Handtasche bei mir. Als junges Mädchen hat man immer einen Lippenstift bei sich. Also die Lippen gemalt, ordentlich rot. Die Wimpern habe ich mir auch gemacht. Alles im Dunkeln! Augenbrauen nachgezogen, ohne Spiegel. »Ist ja egal, wie es ausschaut«, habe ich gedacht, »aber wenn die jetzt die Kellertür aufmachen, dann sehen sie, daß sie mich nicht unterkriegen!«

Irgendwann kommt einer und sagt: »Rauskommen! Nach oben zum Chef!« Ich selber wußte nicht, wieviel Zeit vergangen war. Ich hatte keinen Begriff mehr von der Zeit. Aber auf meinem Entlassungsschein steht ja das Datum. Und ich versuche noch, dem Chef klarzumachen: »Ich hab doch gar nichts getan!« Ich dachte: »Jetzt kommst du sicher nach Auschwitz. Wahrscheinlich steht der Transporter schon da.«

Er aber hat sogar zu mir gesagt, ich solle mich setzen, auf den Stuhl. Das hat sonst keiner jemals gesagt. Ich habe mich ganz bescheiden hingesetzt und gewartet. Und dann sagt der zu mir: »Sie dürfen nach Hause!« Und lacht. Die ganze Zeit guckt der mich an und lacht. Denke ich: »Der will mich auf den Arm nehmen.« Und der lacht wieder. Es war Nacht, und er fragte mich: »Möchten Sie jetzt gleich gehen, oder wollen Sie warten, bis es hell ist?« Da habe ich mich zu ihm rübergelehnt und ganz höflich gesagt: »Lieber jetzt gleich.« Und wieder lacht der Mann! Denke ich: »Warum lacht der? Der treibt sein Spiel mit mir.« Aber gesagt habe ich: »Darf ich gleich gehen? Ich weiß nicht, was ist, wenn es hell ist.« Sagt er mit ganz leiser Stimme: »Ja, Sie können gehen, wenn Sie wollen.« Da bin ich schnell raus.

Da stand ich am Hackeschen Markt und bin mit der Straßenbahn nach Hause gefahren. Als ich eingestiegen bin, habe ich mich vorne hingestellt, denn wir durften ja nicht rein. Wir mußten auf dem Plateau bleiben, wo's kalt und zugig ist. Dort habe ich mich hingestellt und gedacht: »Hoffentlich kommt der Schaffner nicht zu nah an dich ran. Du stinkst doch wie die Pest.« Man konnte sich ja selber nicht mehr riechen. Der wußte wahrscheinlich auch, wo ich herkam, denn man konnte mir alles ansehen, den Stern sowieso. Und das von der Rosenstraße hatte sich wohl auch schon herumgesprochen. Da sagt der zu mir: »Setzen Sie sich doch nach drinnen.« – »Nein«, sage ich, »lassen Sie mich bitte hier stehen, ich möchte nicht so dicht dran. Das wäre mir peinlich.« Da sagt der: »Mädchen, es braucht dir nicht peinlich zu sein. Es tut mir in der Seele leid.«

»Lassen Sie mich trotzdem stehen«, sage ich, »hier ist frische Luft.« Ich habe ja so gestunken! Und da dachte ich, so würde das etwas verwehen. Der wollte so gerne, daß ich mich setze. Aber ich hatte keinen Mut dazu. Man mußte ja immer damit rechnen, daß einer einen plötzlich anzeigt.

Wie ich zu Hause bin, laufe ich die Treppen hoch. Wir wohnten in der dritten Etage. Zweieinhalb Treppen war ich schon hochgerannt. Da geht oben mit einem Mal die Tür auf, und meine Mutti schreit ganz laut: »Eka!« Sie hatte doch gedacht, ich wäre schon in Auschwitz! Und wie ich oben bin, frage ich sie: »Warum hast du die Tür aufgemacht?« Da sagt sie: »Du hast doch geklingelt.« Sage ich: »Kann ich doch gar nicht, Mutti. Ich war ja noch da unten!« Sie hatte gefühlt, daß ich komme. Und das ganze Haus war wachgeworden durch ihren Schrei. Das waren alles Christen. Wir waren die einzige jüdische Familie. Aber bis auf eine Familie, wo der Mann Nazi war, hielten alle zu uns.

Der Mann war nur Nazi, weil er als Beamter in die Partei mußte, aber seine Frau war ein Miststück. Sie hat sich bloß nie getraut, etwas zu unternehmen. Da hätte sie von ihrem Mann Pfeffer gekriegt. Wenn die gekonnt hätte, wie sie gewollt hat, hätte sie alle abholen lassen. Aber sie konnte nicht. Ihr Mann war ein ganz ruhiger Typ. Ob du Jude oder Christ warst, war dem ganz egal. Die Menschen haben bei dem gezählt. Und in dieser Nacht ist das ganze Haus wachgeworden durch den Schrei meiner Mutti. Was glauben Sie, was da für eine Fete war! Das können Sie sich gar nicht vorstellen.

Als meine Mutter ihren Schreck überwunden hat, daß ich da plötzlich vor ihr stehe, fängt sie an zu lachen. Da sag ich: »Warum lachst du, Mutti? Freust dich so, daß ich da bin?« – »Ja«, sagt sie, »das auch.« Da war ich natürlich irritiert. Sag ich: »Was heißt ›auch‹?« Da sagt sie: »Ich würd dir mal empfehlen, daß du in den Spiegel guckst.« Sag ich: »Wieso? Sehe ich so schlecht aus?«

Und dann habe ich in den Spiegel geguckt: Ich sah aus wie ein Clown, nicht wie ein Mensch! Das war mir im Dunkeln beim Schminken passiert. Und jetzt ist mir natürlich ein Licht aufgegangen. Deshalb hatte der Mann in der Rosenstraße auch ständig lachen müssen! Ich habe mich erst einmal frisch gemacht. Und dann sind wir zu der Nachbarin, die einen großen Tisch hatte. Dort haben alle Mieter gesessen und gefeiert. Also, so etwas habe ich nie wieder erlebt.

Aber es war nur eine Freude auf Zeit. Man wußte ja nicht, wie es weitergehen würde. Einmal wurde es noch sehr brenzlig.

Es war im Winter 44/45, kurz vor Kriegsende. Ich habe in der Uniformfabrik Michalski gearbeitet und mußte Uniformen von verwundeten Soldaten ausbessern. Die wurden gereinigt und geflickt. Ich war schon früher gesundheitlich immer sehr empfindlich gewesen. Und als ich an diesen verschmutzten Uniformen arbeitete, bekam ich am Handgelenk einen ganz tiefen Furunkel. Ich wurde krank geschrieben, weil ich ja eine Blutvergiftung hätte kriegen können.

Bei uns ganz in der Nähe war das Büro der NSDAP. Und den Vorsitzenden dort kannte ich, das war so ein Fettmops. Die Tochter war mit mir in einer Klasse gewesen. Von daher wußte ich, was das für ein Miststück war, und der Vater war genauso. Von dem kriegte ich eine Vorladung, daß ich in das Büro der NSDAP in die Friedenstraße drei kommen solle. Meine Mutti hat natürlich wieder gefragt, ob sie mitgehen soll. Sag ich: »Nein, aber wenn ich nicht bald zurück bin, kommst du nach.« Ich habe ihr dafür nicht viel Zeit gegeben, weil es ja nur eine Querstraße weiter war.

Ich gehe also da hin und frage: »Was möchten Sie von mir, Herr Henning?« Und da sagt er: »Frau Lewin,

Sie haben doch an dem Arm einen Furunkel, und das heilt und heilt nicht.« – »Ja«, sag ich, »ich bin ganz unglücklich. Ich weiß nicht, was ich machen soll.« Da sagt er: »Wir haben Sie für eine Reise auserkoren.« Sag ich: »Eine Reise? Wie komm ich zu der Ehre? Eine Jüdin und eine Reise?« Sagt er: »Ja, wir wollen Sie zur Kur schicken.« Sag ich: »Da bin ich doch aber erstaunt.« In Wirklichkeit wußte ich sofort, was die Glocke geschlagen hatte. Bloß mußte ich da erst mal wieder rauskommen! Und das ging ja nun nicht so leicht. Aber dann kam mir ein Fliegerangriff zu Hilfe.

Der Mann war ein Hüne und ein Fettwanst. Aber er hatte solche Angst, daß er richtig rannte, beim ersten Sirenenton war der raus aus dem Zimmer. Da habe ich alles zusammengerafft, was auf dem Schreibtisch lag, denn mich hatte der ja allein in seinem Büro sitzenlassen. Er hätte mich mitnehmen können, aber nein, ich durfte als Jude ja nicht in den Keller. Also habe ich alle Papiere auf dem Tisch mitgenommen und bin ab zu meiner Mutter: »Mutti, die wollen mich verschicken.« Sagt sie nur: »Um Gottes willen!« Dann hab ich schnell alles eingepackt und bin während des Luftangriffs zu meiner Freundin nach Markwart gefahren. Die hatten da eine Gartenlaube. Und bevor ich abgehauen bin, kommt noch die Nachbarin runter und gibt mir eine Handvoll Urlaubermarken von ihrem Mann mit. Da bin ich nun während des Angriffs quer durch Berlin. Mein Herz ging bis zum Hals. Das ist ein ganzes Stück von Friedrichshain bis zum Lehrter Bahnhof! Die Freundin hat mir gleich den Schlüssel gegeben und gesagt: »Wag dich ja nicht raus!«

Unterdessen war Entwarnung. Und dieser SA-Mann hatte nichts Besseres zu tun, als zu uns nach Hause zu gehen, dort zu klingeln und meine Mutter zu fragen: »Tag,

Frau Lewin. Wo ist denn Ihre Tochter Eka?« Da sagt meine Mutter: »Müssen Sie doch wissen, Sie haben sie doch
vorgeladen. Die war doch bei Ihnen.« – »Nein, die ist aber
weg«, sagt er. »Ich bin in den Keller gegangen, und wie
ich wieder hochkomme, ist sie weg.« Sagt meine Mutter:
»Das tut mir aber leid. Zu uns ist sie nicht gekommen.
Gucken Sie unters Bett, gucken Sie sich alles an. Ich
kann Ihnen nicht helfen«, sagt sie. »Höchstens, daß sie
nachher noch zurückkommt.«

Da war ich schon längst in Markwart gelandet. Zwei
Monate vor Feierabend. Da habe ich mich versteckt. Ich
hatte Brot, ich hatte ein paar Kartoffeln. Und übers
Wochenende kam meine Freundin und hat Essen mitgebracht.

1945 dann, als ich hörte, die Russen sind in Berlin, da
habe ich mein letztes Drama erlebt. Da ging es noch einmal auf Leben und Tod. Ich habe damals gedacht: »Jetzt
kann ich ja endlich nach Hause gehen.« Ich bin zuerst mit
der Bahn gefahren, bin aber nicht sehr weit gekommen,
bis zum Bahnhof Bülowstraße nur. Und da standen auf
einmal die Soldaten, deutsche Soldaten. Die haben sich
natürlich gewundert, warum ich da rumlaufe. Ich sah ja
nicht aus wie zweiundzwanzig Jahre. Bei mir hat jeder
gedacht, ich sei zehn oder zwölf. Also haben die mich
angehalten, und einer hat gefragt: »Wo willst denn du
hin?« Sag ich: »Nach Friedrichshain zu meiner Familie.«
– »Ja«, sagt der, »wo kommst du denn her?« Da sag ich:
»Ich war hier in Markwart bei einer Freundin und habe
gehört, daß die Russen schon in Berlin sind, und wollte
mal sehen, was da los ist.« – »Ja«, sagt er, »du kannst
aber nicht von hier aus laufen. Wir werden mal sehen, ob
da nicht ein LKW in deine Richtung fährt.« Da kam auch
wirklich bald ein LKW, in dem nur zwei Mann saßen, ein
Offizier und der Chauffeur. »Da sollst du einsteigen?«

habe ich mir gedacht. »Das darfst du um Gottes willen nicht tun!« Und ich habe nach Ausreden gesucht. Der Offizier muß das gemerkt haben. Wenn einer ein bißchen Menschenkenntnis hat, dann sieht er es, wenn jemand Angst hat. Und der Offizier sagt: »Komm mit, bei mir bist du gut aufgehoben.« – »Achtung«, denke ich, »diese falschen Töne?« Aber dann habe ich mir gesagt: »Was soll's, wenn die Russen da sind, kann dir eigentlich nicht mehr so viel passieren.«

So bin ich mit denen mitgefahren. Nun mußten wir aber durch die Wilhelmstraße durch, um nach Friedrichshain zu kommen. Vieles war ja schon zerbombt. Und die Wilhelmstraße war auch abgesperrt. Den Soldaten an den Sperren hat der Offizier gesagt, daß ich seine Flak-Helferin sei. Haben sie ihm geglaubt. Drei Kontrollen lang ging das gut. Und bei der letzten Kontrolle wurde wieder gefragt. Da sagte der wieder: »Das ist meine Flak-Helferin. Die sieht nur so aus, die ist nicht so jung.« Da wollte der den Ausweis haben. Aber der Offizier wußte irgendwie, daß ich den nicht zeigen konnte. Und da sagt er zu dem Fahrer: »Gib Gas!« Aber der kriegt das nicht mit, oder er will nicht. Das mußte ja in Sekunden gehen. Auf jeden Fall sagt der Offizier zu mir: »Vorsicht!«, weil er über meinen Schoß hinweg rübergerutscht ist. Dann hat er das Gaspedal durchgetreten und ist weggefahren. Während der Fahrt haben wir die Plätze gewechselt. Seinen Chauffeur hat er einen Vollidioten geschimpft. Der hat versucht, sich zu verteidigen: »Ich hab das doch nicht verstanden!« Die Soldaten von der Sperre haben uns nachgeschossen, aber sie haben nicht getroffen.

Und dann hat der Offizier mir gebeichtet, daß er hinten den ganzen LKW voll Soldaten hatte. Die sollten alle erschossen werden, weil sie desertiert waren. Aber er hatte nicht die Absicht, sie abzuliefern. »Darf ich mal ganz offen reden?« fragt er dann. »Sagen Sie mal: Sind Sie eine Jüdin?« Sag ich: »Ja.« Sagt er: »Als ich Ihr Gesicht gesehen habe, als Sie da draußen standen, habe ich darin gelesen wie in einem Buch.« Sag ich: »Das war mein Glück.« – »Ja«, sagt er, »das war Ihr Glück.« Dann ist er bis zum Alexanderplatz gefahren. Und von da aus zu mir nach Hause war es ja nicht weit. Er ist nach hinten gegangen, hat die Plane hochgemacht und hat alle Soldaten rausgelassen. Er hat nicht einen abgeliefert.

Auch diese letzten Tage waren noch gefährlich für eine Jüdin. Denn die sind von Haus zu Haus gegangen und haben gefragt: »Sind hier noch Juden im Keller?« Wen sie gefunden haben, haben sie standrechtlich erschossen. Die Russen standen schon vor Berlin. Da sind die SS-Männer noch herumgegangen und haben gefragt, wo Juden im Keller sind. Die waren auch in unserem Haus. Mein Vater war ja wirklich im Keller. Aber es hat keiner was gesagt.

Das Versteck im Luftschutzkeller war eine Nische. Da paßte genau eine Chaiselongue rein. Die haben die Leute da hingestellt, weil es so gezogen hat. Dahinter hat sich mein Vater versteckt, wenn es nötig war. Das hat er nicht verkraftet.

Er starb gleich nach dem Krieg. Noch 1945, im Juli. Denn er war schon sehr krank. Er ist zuerst immer in den Luftschutzkeller am U-Bahnhof Alexanderplatz gegangen. Linie E war das, das war die tiefste. Dorthin ist mein Vater, weil wir im Haus einen Nazi hatten und es nicht riskieren wollten, alle aus dem Keller geschmissen zu werden. Er fühlte sich in der U-Bahn sicherer. Wir sind mit meiner Mutti in den Keller gegangen. Als das später mit der U-Bahn nicht mehr ging, blieb er bei uns, in dieser Nische hinter der alten Chaiselongue. Und da hat er sich was weggeholt. Er starb an Kehlkopftuberkulose – mit 52

Jahren. Weil er Jude war, hat er keine Medikamente bekommen. Nach dem Krieg hätte er ins Krankenhaus müssen. Aber das jüdische Krankenhaus war voll mit Deutschen, die sich gesagt haben: »Die Juden waren früher immer gute Ärzte.« Und ihn haben sie nicht aufgenommen, weil alle anderen, selbst die Nazis, ins jüdische Krankenhaus wollten. Für den jüdischen Patienten war kein Platz mehr. Er starb zu Hause in der Wohnung.

In seiner letzten Zeit war er richtig verzweifelt darüber, daß wir in der russischen Zone waren. Er hatte sich so auf die Amerikaner und ihr Corned beef gefreut. Das war seine Vorstellung von Amerika. Er wurde dort geboren, ist aber schon mit zwei Jahren nach Deutschland gekommen. Mein Großvater war ein reicher Grundstücksmakler in Amerika. Und ein leidenschaftlicher Skatspieler. Aber meine Großmutter, die aus Posen kam, hat ihm gedroht: »Wenn du das Skatspielen nicht läßt, nehme ich die Kinder und fahre nach Deutschland.« Das war 1893. Doch mein Großvater hat sich nicht so eingeschränkt, wie sie wollte. Da hat sie tatsächlich ihre Drohung wahrgemacht, hat ihre vier Kinder genommen und ist nach Deutschland mit dem Schiff. Mein Großvater aber ist ihr hinterhergefahren. Er war amerikanischer Staatsbürger.

Mein Vater verlor seine amerikanische Staatsbürgerschaft, als er für seinen Einsatz im Ersten Weltkrieg mit dem EK1 ausgezeichnet wurde. Das war damals sehr viel. Da haben ihm die Amerikaner die Staatsbürgerschaft aberkannt. Er wollte gerne in Deutschland eingebürgert werden, da er für die Deutschen ja den Kopf hingehalten hatte, aber man hat ihm gesagt, daß er dafür soundsoviel bezahlen müsse. Ich weiß heute die Summe nicht mehr, aber jedenfalls hatte er sie nicht. Das war noch in der Weimarer Republik. Dann kamen die Nazis, und er stand ohne Staatsbürgerschaft da. Und so waren wir Kinder auch staatenlos. Eingebürgert haben mich die Deutschen erst am 30. Oktober 1987. Jawohl! Und dafür mußte ich auch noch Geld zahlen. Nichts ist umsonst. Bilden Sie sich das nicht ein. Und das, obwohl ich hier geboren wurde und nie woanders gelebt habe.

Für meine Mutti ist das alles auch zuviel gewesen. Sie starb 1949 an Zucker. Eigentlich sind alle aus meiner engeren Familie mit dem Leben davongekommen. Aber dieses Glück konnten sie nur so kurz genießen! Ich glaube, sie haben die Zeit nicht verkraftet. Es war zuviel, was man den Leuten abverlangte, speziell meiner Mutti. Was die geleistet hat, das ist eigentlich übermenschlich. Ich bin der Meinung, man hätte gleich nach dem Umschwung schon auf diese Frau aufmerksam machen müssen, man hätte sie ehren müssen. Aber dann hat man die Rosenstraße ja erst einmal fünfzig Jahre vergessen.

Meine Mutter hat später noch mit mir über diese Geschichte geredet. Sie hat erzählt, daß sie ganz still protestiert haben. Nicht so, wie man das heute bei Demonstrationen sieht, mit Aufruhr und dergleichen. Angst um ihr eigenes Leben hatte meine Mutti eigentlich nie. Ihr ging das Leben von Mann und Kindern vor. Das war ihr das wichtigste. Nur das.

Und natürlich hat sie meinen Vater sehr geliebt. Sonst hätte sie das nicht alles auf sich genommen. Denn man hat ihr ja auch angeboten, daß sie sich scheiden lassen kann. Damit rette sie ihre Familie, hieß das damals. Und sie hat gefragt: »Und mein Mann?« – »Tja, den nicht.« Da sagt sie: »Der gehört auch zur Familie!« Es haben sich damals viele scheiden lassen. Meine Mutter nicht, das hätte sie nie gemacht.

Sie war sehr mutig, auf ihre Art. Nur gegenüber ihren Geschwistern nicht. Sonst hätte sie sich doch ganz anders durchsetzen müssen. Zumindest hat sie sich gesagt, daß sie es nicht nötig hatte, sich anzubiedern. Wenn die von ihr nichts wissen wollten, weil sie mit einem Juden verheiratet war ... na, dann hatten die eben Pech gehabt. So hat sie das hingenommen. Aber sonst war sie sehr mutig, gegenüber Fremden.

Ich war als Kind wie ein Junge, ich habe mich geprügelt wie ein Junge. Und als es noch nicht so schlimm war mit den Juden ... wenn da meine Schwestern irgendwie angegriffen wurden, haben die nur gesagt: »Wir holen die Eka.« Und wenn die Jungs gesehen haben, daß ich gekommen bin, sind sie geflitzt. Keine Mauer war mir zu hoch. Ich war ein richtiger Junge. Einmal bin ich durch den Zaun und habe mir das Kleid zerrissen. Eine Nachbarin hat das gesehen und ist zu meiner Mutter gegangen: »Sagen Sie mal, Frau Lewin, was ist eigentlich los mit Ihrer Tochter? Was die alles anstellt! Die hat schon wieder ein Kleid zerrissen.« Da hat meine Mutter nur gesagt: »Na und? Was wollen Sie damit sagen?« Da sagt die Nachbarin: »Na, daß Sie Ihrer Tochter das verbieten sollen.« Da sagt Mutti: »Na wieso? Nähen Sie Ihr vielleicht das Kleid? Das mach ich. Und meine Kinder sollen so leben, wie sie wollen.« Da war meine Mutter ganz groß.

Und in der Schule habe ich nur Dummheiten gemacht. Einmal bin ich zum Fleischer gegangen und habe ihn gefragt, ob er mir nicht ein paar Augen oder Ohren von einem Schwein geben könnte, für den Biologieunterricht. Dann habe ich das dem Rabbi aufs Pult gelegt. Und der kommt rein und sieht das. »Wer hat das gemacht?« wollte der wissen. Und ich war immerhin so anständig, daß ich mich sofort gemeldet habe. Kein anderer sollte bestraft werden für Sachen, die ich ausgefressen hatte. Da fragt der Rabbi: »Wie kommst du darauf, Erika?« Da sag ich: »Haben Sie schon mal die Augen von einem Schwein gesehen?« Weil doch die Juden kein Schweinefleisch essen! Da sagt er: »Du wirst lachen, das habe ich noch nicht gesehen. Ich danke dir dafür, daß du es gebracht hast.« Danach habe ich alles meiner Mutti gebeichtet, da sagt sie nur: »Erika, mach nicht soviel Dusseligkeiten.« – »Nein«, sage ich, »ist gut. War nur einmal.« So war meine Mutti.

Mein Vater war ganz anders. Er war sehr ruhig. Und unter den Nazis wurde er noch ruhiger. Er hat sich nichts mehr getraut. Die Courage hätte er schon gehabt, er konnte aber zu niemandem böse sein. Er hätte seine Kinder, seine Prinzessinnen, auch nie bestraft. Wenn was gewesen ist, hat man von Mutter eins draufgekriegt. Aber von Vater nicht, um Gottes willen, nein! Seine Kinder darf man nicht schlagen, war seine Überzeugung. Mutti hat ihm in der Beziehung alles abgenommen. Und damit er gar nicht erst auf dumme Gedanken kam, hat sie alles, was mit den Nazis zu tun hatte, immer gleich selbst erledigt. Sie wollte nicht, daß er sich im Zorn vergaß und irgend etwas machte, was ihm schaden konnte. Bei Hitler durfte ein Jude keinen Mucks machen. Da mußte man ganz vorsichtig sein. Und er hat wirklich nichts gemacht, gar nichts. Er selbst hat ja auch immer alles ruhig und friedlich haben wollen. Aber der Wunsch wurde ihm sein halbes Leben lang nicht erfüllt.

Tja, das war mein Leben. Nicht das ganze. Aber fast.

# »Da waren auf einmal Hunderte von Frauen auf der Straße«

»Wo haben sich die Deutschen schon versammelt in diesen Tagen? Im Luftschutzkeller! Das war alles. Sonst hat sich doch keiner mehr ›versammelt‹! Da stehen diese Frauen Arm in Arm, dicht aneinandergedrängt, stehen in der Rosenstraße und werfen immer wieder Päckchen über einen Zaun, den man schnell aufgestellt hat, damit sie nicht so dicht ans Haus herankamen.«

*Gad Beck*

»Oje, da ist ja noch einer drin!« waren angeblich die ersten Worte, die Gad Beck in seinem Leben zu hören bekam. So zumindest beschrieb er es sieben Jahrzehnte später im ersten Teil seiner Autobiographie.[1]

Fast wäre er im Leib der Mutter vergessen worden. Seine Zwillingsschwester[2] war bereits auf der Welt, man wartete nur noch auf die Nachgeburt. Doch als die nicht kam, begann man zu suchen ... und förderte Gad Beck zutage. Ein »blaues Baby«, wie er bemerkt. Und dann fügt er mit trockenem Humor hinzu, daß sich damit bereits eines seiner späteren Laster angekündigt habe, nämlich die Lust am Wein. »Der war ja schon als Baby blau!« sollte später zu einer stehenden Redewendung in seiner Familie werden. Auch sein zweites »Laster«, seine Homosexualität, führt Gad in seinen Lebenserinnerungen süffisant auf frühkindliche Erfahrungen zurück: Da habe

---

[1]  Gad Beck: Und Gad ging zu David. Die Erinnerungen des Gad Beck. 1923 bis 1945. Hrsg. von Frank Heibert, Berlin 1995. Ein zweiter Band über die Nachkriegsjahre ist von Gad Beck geplant.

[2]  Miriam Beck, verheiratete Rosenberg. Vgl. auch das nächste Kapitel in diesem Buch.

Gad Beck Anfang der neunziger Jahre

es eine »besonders monumentale Dame namens Stras-
berg« gegeben, die sich zu ihm in den Kinderwagen hin-
abgebeugt habe: »Dabei schoben sich zwei riesige Brüste in mein Blickfeld, verdunkelten den Himmel, raubten
mir das Tageslicht, die Luft zum Atmen, die Welt – kein
Wunder, daß ich zeit meines Lebens keinerlei Lust auf
weibliche Brüste verspürte.« Beide Anekdoten und die
Art, in der er sie seinen Lesern so en passant präsentiert[3], charakterisieren Gad Beck besser als tiefgründige
Episoden oder lange Beschreibungen.

Gad Beck, Jahrgang 1923, Sohn des Wiener Händlers
Heinrich Beck und der protestantischen Telefonistin Hedwig Kretschmer aus dem Oderbruch, ist ein Lebenskünst-
ler, ein Sinnenfreund, einer, der Glücksmomente selbst
im größten Elend nicht unbemerkt vorbeiziehen läßt; er ist
ein Optimist aus Überzeugung, ein Hals über Kopf ins
Leben Verliebter.

Der heute Fünfundsiebzigjährige, den ich im Café des
Berliner Literaturhauses treffe, ist ein Energiebündel voll
hintergründigem Witz und Charme. Er sitzt auf seinem
Stammplatz. Hier kennt man ihn, hier werden seine
Marotten liebevoll gepflegt. Das ist die Rolle, die Gad
Beck liebt: die des Bonvivants, der das Alter von seiner
angenehmsten Seite zu nehmen weiß. Einer, den nichts
im Leben beugen konnte, weil irgendwo immer noch ein
bißchen Lebenslust auf ihn wartete, ihn sozusagen
ansprang in ungeahnten Augenblicken und aus unerwar-
teten Ecken.

Optimismus und Humor sind in seinen Augen keine
bloßen Charaktereigenschaften, sie wollen errungen werden. Beide in keiner Lebenslage zu verlieren ist seine
Lebensphilosophie. Das ist ein Stück harte Arbeit an sich

---

[3]  Gad Beck, a.a.O., S. 9 f.

selbst, und davon will er auch sein Gegenüber überzeugen, wenn er seine Lebensgeschichte erzählt.

Bereits als Kind, so sagt er, habe er mit Charme und Humor die Familie zusammengehalten, habe die jüdische und die christliche Seite durch seine Person aneinander gebunden, unterstützt von seiner Zwillingsschwester Miriam. Das »süße Zwillingspaar« stand im Mittelpunkt dieser jüdisch-christlichen Berliner »Mischfamilie«. Auf der einen Seite war da die Familie Beck (seine Mutter war bei der Heirat zum Judentum übergetreten), auf der anderen die vier Schwestern der Mutter und deren Ehemänner. Gemeinsam versuchte man, den Krieg zu überstehen, und half sich auch dann, als das Helfen bereits gefährlich geworden war.

Wenn Gad Beck seine Geschichte erzählt, dann gibt es nur wenige Sätze, die nicht von einem Witz oder doch zumindest einem Schmunzeln begleitet werden. Als eine »unverwechselbare Mischung aus Berliner Schnauze, Wiener Schmäh, jiddischer Chuzpe und orientalischer Fabulierkunst« charakterisierte der Herausgeber seiner Autobiographie, Frank Heibert, diesen Menschen in seinem Vorwort.

Obgleich das Zwillingspaar Miriam und Gad in seiner Jugend Seite an Seite dieselben Stationen durchlief – von der zionistischen Jugendgruppe über die Rosenstraße bis zum Engagement für illegal lebende Juden und der Inhaftierung im Lager Schulstraße bis Kriegsende – und obwohl sie sich als Zwillinge immer besonders nahestanden, haben beide die Geschichte dennoch ganz unterschiedlich erlebt. Das zeigen auch ihre Berichte über die Rosenstraße. Sehr viel größeren Raum als bei Miriam Rosenberg nehmen in Gad Becks Erinnerungen die Schwestern seiner Mutter und ihre Ehepartner ein, der christliche Teil der Familie also, der den jüdischen Teil bis zum Ende unterstützte. Getreu seiner Lebensphilosophie unterstreicht Gad Beck in seinen Erinnerungen an die Rosenstraße auch hier das Positive.

In der Rosenstraße war er darüber hinaus nicht nur Inhaftierter, sondern er wurde als interner Ordner eingeteilt und konnte zum Einsammeln der Lebensmittelpäckchen das Haus unter Aufsicht auch verlassen. Dabei sah er seine Mutter und seine Tanten auf der Straße stehen und konnte einmal sogar einige Worte mit ihnen wechseln. Nicht zuletzt diese Sonderrolle, die ihm eine größere Übersicht über die Verhältnisse in und vor der Rosenstraße verschaffte, war ein Grund dafür, warum der ehemalige Leiter der Jüdischen Gemeinde zu Berlin, Heinz Galinski, vor einigen Jahren an Gad Beck herangetreten ist mit der Bitte, als Zeitzeuge von der Ereignissen in der Rosenstraße zu berichten.

*********************

Das Haus in der Rosenstraße war ein Bürohaus der Jüdischen Gemeinde. Aber es hatte nicht so kleine, private Büros, sondern es war ein öffentliches Gebäude, zu bestimmten Zeiten für den Publikumsverkehr geöffnet. Es war auch mal eine Kleiderkammer drin, auch die Sozialabteilung – das heißt, es waren größere Räume, etwa dreißig bis fünfzig Quadratmeter, schätze ich. Sie waren in gutem Zustand, das muß ich zugeben. Und es wurden Matratzen hingebracht ... interessant eigentlich, wo die Deutschen immer die Matratzen hergehabt haben.

Wir lagen dicht an dicht. Natürlich gab es viel zu wenig Toiletten. Es waren aber immerhin in jedem Stockwerk welche da, und die funktionierten auch. Und wenn etwas kaputt ging – ich erinnere mich –, holte man sogar jemanden, um das wieder zu reparieren. Es gab ja auch zu dieser Zeit noch privilegierte Juden, die fürs erste nicht deportiert werden sollten. Die arbeiteten zum Beispiel als Handwerker bei der Jüdischen Gemeinde und kamen, um solche Schäden zu beheben. Das alles funktionierte. Das ist, im nachhinein gesehen, ungeheuerlich. Die Dinge arteten nie zum Chaos aus, es war nicht einmal schmutzig. Natürlich mußten wir die Zimmer selbst sauber machen. Da gab es immer zwei, die dafür verantwortlich waren. Ich schätze, daß ungefähr dreißig Menschen in so einem Raum waren.

Ich selbst habe nie Situationen erlebt, die nur erschütternd, nur schrecklich, nur düster waren, nicht in der Rosenstraße und nicht während des gesamten Krieges. Und wenn es so gewesen wäre, dann hätte ich mir das nicht so düster gemacht. Daher stammen auch meine Meinungsverschiedenheiten mit meiner Schwester. Sie erzählt häufig das komplette Gegenteil von mir. Sie berichtet, daß es furchtbar war. Ich habe das nie so empfunden.

Wir waren ja nicht aus der Welt, die Rosenstraße lag mitten in Berlin. Es war kein Konzentrationslager. Da waren Türen, die gingen auf und zu. Zwischendurch rief mal jemand: ›Ach, kannst du nicht dafür sorgen, daß da Wasser reinkommt?‹ Es herrschte ein lebhafter Betrieb. Man darf sich das nicht so vorstellen, daß die Nazis nur mit Peitschen rumgestanden sind; kein Mensch hat dort gepeitscht. Im Clou[4], ja, da gab es SS-Leute, die geschlagen haben, aber nicht in der Rosenstraße. Da war es friedlich.

---

[4]   Das Ballhaus »Clou« war ein Vergnügungsbetrieb im Zentrum von Berlin, Adolf Hitler hielt dort seine erste Rede in Berlin. Im Februar 1943 wurde er von den Nationalsozialisten geschlossen. Während der »Fabrik-Aktion« diente er als Sammellager.

Ich wurde ziemlich bald als Ordner eingeteilt. Der Hauptordner war ein alter Freund von mir. Es ging fast normal zu. Die Juden sind kein Volk von Chaos-Machern. Wo wir jetzt darüber sprechen, wird mir das noch deutlicher. In welcher Situation auch immer: Sie passen sich an, um die Lage nicht noch zu verschlechtern. Und dieses Bemühen spürte man in der Rosenstraße ganz besonders. Denn da gab es ja mindestens noch ein Prozent Hoffnung. Wir waren noch in Berlin.

Das war für mich immer das wichtigste, denn solange man in Berlin ist, ist man noch nicht abgeschnitten. Ich habe mich immer dagegen gewehrt, den Bereich von Berlin zu verlassen. Mir war es schon unangenehm, wenn wir nach Stettin gefahren sind. Ich hatte Angst vor dem Osten. Ich hatte Angst vor Schwerstarbeit. Natürlich auch, weil ich hier in meiner Stadt immer Glück hatte. Die Arbeit, die ich machen mußte, war erträglich. Was konnte mich kleines Kerlchen im Osten schon erwarten?

Damals gab es diese berühmten Postkarten, die Goebbels organisiert hat. Die ersten deportierten Juden schickten uns diese Karten. Und da stand zum Beispiel: ›Ich bin ja so froh, daß ich meine Nähmaschine mitgenommen habe!‹ Was für ein Quatsch! Kein Mensch hat je eine Nähmaschine mitgenommen! Aber die schrieben: ›Wir haben so viele Konzerte und Veranstaltungen, daß ich mir doch was Neues nähen mußte.‹ Und diese Karten kriegten die deutschen Christen, als sie nichts mehr anzuziehen hatten, weil ihre Häuser ausgebombt waren ... als es kaum noch ein Konzert gab. Aber die Juden, die nähen sich neue Kleider!

So etwas konnte sich wirklich nur Goebbels ausdenken. Und sie schrieben: ›Die Wohnung ist noch größer als die, die wir hatten. Das Essen ist schlechter. Und wir haben keine Arbeit.‹ Natürlich hatten die keine

Arbeit! Weil sie alle nach Auschwitz gekommen sind! Vorbei.

Das war wirklich raffiniert ausgedacht. Ich selbst habe mich gegen alles, was ich gehört habe, gewehrt, gegen die Lügen und die Hoffnungen. Ich war gewarnt. Ich dachte: Es kann nur schlimmer kommen.

Zurück zur Rosenstraße: Das Hauptproblem dort waren die Toiletten – und was ich nicht vergessen darf: Schrecklich waren auch die Appelle. Zu fünfzig oder sechzig Mann mußte man im Hof antreten. Dann wurde gefragt: ›Wer ist ein Pferdeliebhaber?‹ Dann meldete sich ein junger Mann. ›Wir brauchen einen Pferdepfleger für ein sehr wertvolles Pferd.‹ Gut, der junge Mann wurde ausgewählt. Dann kam die nächste Frage: ›Wer ist ein Pianist, aber ein ganz hervorragender?‹ Auch da meldete sich einer, auch der wurde rausgeholt. Sie lockten uns mit wunderschönen Dingen ... aber die, die sich meldeten, kamen nach Auschwitz. So wollten sie den Leuten angst machen, und das haben sie erreicht. Aber auch diese Menschen, die schon nach Auschwitz abtransportiert worden waren, sind wieder zurückgekommen. Es ist unglaublich, aber es ist wahr: Sie wurden zurückgebracht. Nur einer, glaube ich, ein einziger ist dort geblieben.

Tragisch war auch, um genau zu sein, daß man weder wußte, was das Ziel dieser ganzen Aktion war, noch wann und wie alles enden würde. Die Gerüchte gingen von Raum zu Raum: ›Die lassen uns nie hier raus.‹ – ›Wir kommen in der Nähe von Berlin in ein Arbeitslager.‹ – ›Wir werden alle sterilisiert.‹

Dennoch sage ich: Wir haben vor allem Glück gehabt! Denn die Rosenstraße ist ja die Ausnahme in der ganzen Geschichte des Holocaust. Schon allein, daß dort eine Gruppe aussortiert wurde, war etwas Neues. Und dann wurden wir alle freigelassen! Warum, weiß kein Mensch.

Das bleibt offen. Und im Grunde finde ich es wunderbar, daß es offen bleibt. Denn welche Erklärung man auch finden würde: Am Ende ginge es doch immer nur zugunsten der Nazis aus.

Das Verrückte, das Unglaubliche an der Rosenstraße ist doch folgendes: Immer hatte man es für ausgemacht gehalten, daß jeder, der der Gestapo in die Hand fällt, so gut wie tot ist. Unsinn! Das hat die Rosenstraße gezeigt. Man ist nicht so schnell tot! Erledigt ist man erst, wenn man in Polen ist. Aber solange ich hier in meinem Berlin bin, solange ich mit der U-Bahn fahre, solange ich auf die Straße gehen kann und von meiner Mutter Päckchen kriege, habe ich noch Hoffnung. Man kann sich wehren, solange man seinem Schicksal einen Schritt voraus ist. Dann kannst du es besiegen.

Womit wir bei den Frauen in der Rosenstraße wären. Sie waren das Besondere an dieser Geschichte! Sie wurden ja bezeichnenderweise nach dem Krieg vollkommen vergessen. Das hat verschiedene Gründe. Diejenigen von ihnen, die den Krieg überlebt hatten, hatten zuerst genug damit zu tun, wieder Boden unter die Füße zu bekommen. Und sie trafen zusammen mit einer anderen Gruppe, nämlich den polnischen Juden, die nach ihrer Befreiung nach Berlin kamen. Nur von Berlin aus konnten sie ihre Rückkehr in die Heimat vorbereiten und nach Verwandten suchen. Das war geographisch bedingt. Wer in Buchenwald oder sonstwo überlebt hatte, der ging zunächst nach Berlin. Die übrigen deutschen Juden interessierten plötzlich kaum noch. Schließlich waren die meisten von ihnen ja auch nicht richtige Juden, sondern Mischlinge. Wie zum Beispiel die Tochter von einem Generaloberst, die mit mir in der Rosenstraße war. Im Krieg war sie Mischling, eigentlich fast Jüdin. Aber hinterher war sie doch sofort wieder die Tochter vom Generaloberst!

Und viele, die überlebt hatten, waren überhaupt nach Israel ausgewandert. Was ich sagen will: Es mußte sich erst wieder ein Judentum in Deutschland aufbauen. Und das dauerte Jahre. Und dann gab es eben solche, die Auschwitz überlebt hatten, wie der Leiter der Jüdischen Gemeinde in Berlin, Heinz Galinski. Der wußte nichts von dieser Rosenstraße. Und wenn er es gewußt hätte, dann hätte er es nicht so besonders wichtig genommen. Was war die Rosenstraße schon gegen Auschwitz? Und die, die dieses Ereignis erlebt und bestimmt haben, waren mit dem Aufbau ihres eigenen Lebens beschäftigt. Die verdrängten das ganz einfach.

Hätte man damals gesagt: ›Alle, die in der Rosenstraße waren, kriegen tausend Mark Starthilfe‹, dann hätten sich garantiert alle ohne Ausnahme gemeldet! Und wahrscheinlich wären noch tausend hinzugekommen. Aber das hat niemand gesagt. Auch später hat sich keine Gruppe der ›Überlebenden der Rosenstraße‹ gebildet, nicht in Israel, wo wir auf Menschen trafen, die in der Rosenstraße waren, und in den Vereinigten Staaten ebensowenig. Es hätte sein können. Aber es ist nicht passiert.

Das hat natürlich auch damit zu tun, was wir erlebt hatten. Denn als die wenigen Überlebenden aus Auschwitz zurückkamen, haben sie gesagt: ›Die aus der Rosenstraße sollen doch ganz ruhig sein, das war doch gar nichts. Ich war in Auschwitz! Wir haben jetzt das Wort, die Opfer, die wahren Opfer.‹ Gerade jetzt erst wieder hat das jemand zu mir gesagt, im vergangenen Jahr. Ich habe ihm geantwortet: ›Entschuldige bitte, irre ich mich, oder hast du nach dem Krieg eine christliche Frau genommen und hast mit ihr Kinder bekommen? Wie kannst du dich da so hochschrauben? Wäre es heute so wie damals, dann wären deine Kinder in der selben Lage wie wir, damals. Es will dir doch keiner die Größe deines Leides nehmen!‹ Aber genau das war immer die Grundstimmung.

Was war denn schon in der Rosenstraße? Da waren wir nur acht Tage und haben auch noch Essen bekommen und nicht einmal gearbeitet. Und die Juden haben sich diese christlichen Frauen ja nur genommen, um nicht jüdisch zu sein ... So wurde geredet. Und so ist es gekommen, daß die Rosenstraße, historisch gesehen, eine zweitrangige Angelegenheit geworden ist. Für die Beteiligten allerdings war es eine erstrangige Angelegenheit – und auch, so würde ich sagen, für die Nazis. Daß die es runterspielten, ist doch ganz klar. Das durfte nicht sein, was dort passiert ist! Diesen Kompromiß hätten sie nicht machen dürfen, im Rahmen ihrer Gesamtpolitik. Das paßte nicht ins Bild. Und die Deutschen, die keine Nazis waren, hatten auch kein gesteigertes Interesse an der Rosenstraße. Daß so etwas möglich war, hätte sie aus ihrer Ruhe gerissen. So kam es, daß über die Angelegenheit nie gesprochen wurde, weil keiner etwas davon hören wollte. Wir haben erst jetzt begonnen, über die Rosenstraße zu reden, und zwar nur, weil die Christen[5] es wollten, speziell die linken.

Hochinteressant ist auch, daß der Impuls, das Ganze wieder in die Öffentlichkeit zu bringen, ursprünglich sogar von ganz links, vom Osten, ausging. Schon vor einiger Zeit, das ist jetzt mindestens zwölf Jahre her, kamen sie dort auf die kluge Idee, die Geschichte wieder auszugra-

---

[5]  Gad Beck benutzt das Wort »Christen« – wie viele politisch denkende Juden – ebenso pauschal wie es die »Christen« bis heute umgekehrt mit dem Wort »Jude« tun. Es hat wenig bis gar nichts mit dem Religionsbekenntnis zu tun, es bezeichnet nur »die anderen«. Sie als »Deutsche« zu bezeichnen, wäre unpräzise, dieser Nationalität gehörten die einen wie die anderen an.

ben. Erich Honecker hat damals der Bildhauerin Ingeborg Hunzinger[6] den Auftrag gegeben, ein Denkmal zu schaffen. Das war gar nicht ungeschickt von ihm. Denn Vergangenes ist nie wirklich schlimm. Er konnte sagen: ›Tapfere Frauen!‹ Das paßte in das kommunistische Bild: tapfere, einfache Frauen.

Als sich im Osten diese Entwicklung vollzog, mußte die Jüdische Gemeinde im Westen unter Heinz Galinski nachziehen. Es blieb ihr gar nichts anderes übrig. Auch ich selber hatte das völlig beiseite gedrängt, damals in Israel, oder wo auch immer. Die Rosenstraße spielte nie eine Rolle in meinen Gedanken. Für mich fing das Nachdenken darüber erst an, als der amerikanische Wissenschaftler Nathan Stoltzfus[7] an mich herantrat und begann, mich auszufragen.

Wenn man sich dieses große Denkmal von Ingeborg Hunzinger in der Rosenstraße heute anschaut, dann sind es die Gesichtszüge der Frauen, die einem auffallen; sie wirken schon fast brutal. Also eines ist in meiner Erinnerung klar: So haben die Frauen ganz bestimmt nicht ausgesehen. Wenn ich mir überlege, wie meine Mutter und meine Tanten waren, die dort protestierten, dann ist dieser energische, brutale Gesichtsausdruck fast schon zum Lachen. Die waren dermaßen mild und haben auch so geguckt wie das sprichwörtliche Gretchen. Dort in der Rosenstraße haben sie natürlich ein bißchen mehr aufge-

---

6  1993 wurde das Denkmal von Ingeborg Hunzinger in der Rosenstraße zum 50. Jahrestag der Ereignisse eingeweiht. Es handelt sich dabei um drei 2,30 Meter hohe Porphyrblöcke, aus denen die Gestalten der Rosenstraße herauswachsen: einerseits die gefangenen Männer, andererseits die protestierenden Frauen. Vgl. auch Gernot Jochheim: Frauenprotest in der Rosenstraße, a.a.O., S. 179 ff.

7  Der Harvard-Professor Nathan Stoltzfus veröffentlichte 1996 die erste wissenschaftliche Auseinandersetzung mit den Ereignissen in der Rosenstraße. Nathan Stoltzfus: Resistance of the Heart, a.a.O.

Die Schwestern: Frieda, Martha, Anna, Hedwig, Trude, 1935

Die Ehemänner: Telesfor, Wobbi, Paul, Heinrich, Willi, 1935

dreht. Da ist wohl doch ein Stückchen Haß öffentlich herausgekommen. Auch das spielte eine Rolle. Aber daß die da verbissen dastehen und kämpfen wie Kommunistenweiber? Also, das ist undenkbar. Ein solches Denkmal konnten nur die Kommunisten schaffen. Niemand anderer konnte auf die Idee kommen, daß die Frauen so ausgesehen haben!

Es gab sehr viel Ängstlichkeit, wenn man eine jüdische Familie am Hals hatte. Es war generell wenig Mut da, sehr, sehr wenig Mut. Darum kam der Protest in der Rosenstraße ja so überraschend. Was konnten die Familien vorher auch helfen? Ohne diese konzentrierte Einigkeit, die plötzlich in der Rosenstraße entstand? So gut wie nichts konnten sie tun. Sie konnten einem mal ein Päckchen Zigaretten schenken oder Butter ... oder andere Lebensmittel. Meine Verwandten haben uns was von ihrer Kleiderkarte abgegeben, wir selber hatten ja keine Kleiderkarte mehr. So haben sie geholfen.

In meiner Familie bin ich es gewesen, der sie auf Trab gebracht hat, glaube ich. Denn es gab ja keinen einzigen männlichen Nachfolger in der ganzen Christenfamilie. Da waren nur Mädchen auf die Welt gekommen. Die beiden Jungen, die es außer mir gegeben hatte, waren früh gestorben. Blieb ein einziges Knäblein. Und der war Jude!

Was ich machte, war schön, und es war gut. Wahrscheinlich war es die Mischung aus diesem Vater aus Wien – und das ist nicht Preußen – und dieser Mutter. Das war eben doch ganz was anderes. Die christliche Familie liebte den Wiener Humor meines jüdischen Vaters. Und ich habe die Familie mit Charme beherrscht, nie mit Trotz oder mit Geschrei. Ich habe Geige gespielt, die Familie hat geweint. Es war ein ›Ave Maria‹. Alles war schön. Ich glaube, als kleiner Junge war ich ein wesentlicher Grund, daß aus meiner christlichen Familie immer alle mitgeholfen haben, wenn es notwendig war. Sie haben sich richtig vorbereitet mit dem Hintergedanken: ›Es kann noch eine schrecklichere Phase kommen.‹

Und dann kam diese Phase. Meine Mutter sagte: ›Die haben die Kinder abgeholt und meinen Mann.‹ Was machen solche Familien in so einer Situation? Ich finde, das gehört mit zu den spannendsten Fragen. Meine Mutter ging sofort zu einer ihrer Schwestern. Was sollte sie auch alleine tun? Und schon kam ihre zweite Schwester, und die dritte ließ auch nicht lang auf sich warten. Da war man also vereint. Und die eine Schwester sagte: ›Hör mal, Mädchen, ich wohne bei dir. Dann bin ich auf dem laufenden.‹

So fanden sie sich sofort zusammen, wie ein Generalstab. Im Grunde waren sie so ungeschickt in ihrem Leben, diese Frauen, untüchtig eigentlich. Aber in dieser Zeit nahmen sie das Zepter in die Hand. Meine Mutter fragte: ›Was sollen wir jetzt bloß tun?‹ Die eine Tante war sehr vernünftig. Die sagte: ›Ich rufe bei der Polizei an.‹ Und das hat sie dann auch getan. Sie hat bei irgendeiner Polizeistelle angerufen. Die haben ihr Auskunft gegeben: ›Ja, die jüdischen Teile der Mischehen sind abgeholt worden. Jetzt sind sie in der Rosenstraße.‹ Sie hat auch noch gefragt: ›Was macht man mit denen?‹ Da haben ihr die Polizisten geantwortet: ›Gar nichts. Das wissen wir nicht.‹ Der erste Tag – oder die ersten beiden Tage – verbrachten sie damit, die Lage zu erforschen. Die gingen tatsächlich ganz klar und bedacht vor. Dann entschieden sie: ›Wir gehen da hin. Wir gehen hin und bringen Essen.‹

Und dann kam das Verrückte: Schon am ersten Tag hatten sich Menschen in der Rosenstraße versammelt. Meine Verwandten waren etwas später dran, wie gesagt, weil sie erst einmal geplant hatten. Es muß schon am zweiten Tag gewesen sein, als sie in die Rosenstraße kamen. Nachts im Bett überlegte ich mir das immer ganz genau: Am Tag davor waren wir eingeliefert worden. Als ich hinkam, war es schon Mittag. An diesem Nachmittag und Abend passierte gar nichts mehr. Also kamen sie am zweiten Tag.

In der Rosenstraße war es sauber, und das Essen kam pünktlich, und es wurde auch alles wieder abgeholt, deutscher konnte es gar nicht sein. Was ich jetzt sage, ist schrecklich und ekelhaft, aber die Sklaven hatten die Situation im Griff.

Das darf man nicht mißverstehen. Ich meine damit, es war nicht so, wie es immer beschrieben wird, nämlich daß sie wie die Lämmer zur Schlachtbank gegangen sind. Das Gegenteil war der Fall: Es war der Versuch, auch dieser neuen Herausforderung mit Würde und Stolz zu begegnen. Niemand sollte den Juden etwas nachsagen können. Jetzt müssen wir den Deutschen zeigen, aus welchem Holz wir geschnitzt sind, hat man gedacht.

Sie waren sehr stolz und sehr bewußt. Manche, die besonders klug waren, hatten Giftfläschchen bei sich. In den Zügen haben sich viele umgebracht. Jeder Jude mit Verstand hat gewußt: »Wenn ich in einem solchen Zug fahre, in Viehwaggons ... dann ist das Ziel kein gutes.« »Sieben Pferde« stand draußen auf den Waggons. Dann werden die bestimmt keinen Gepäckwagen anhängen, auch wenn sie es zigmal sagen. Die Leute auf den Transporten wußten ganz genau: Nun sind wir erledigt. Die Juden sind ja groß geworden mit der berühmten Geschichte von der Festung Massada[8], wo ihre Vorfahren sich den Römern

---

[8] Die vorchristliche Felsenfestung Massada westlich des Toten Meeres wurde von den Juden gegen die Römer bis zum letzten Mann verteidigt. Als keine Hoffnung auf Sieg mehr bestand, wählten die Belagerten den Freitod, statt sich zu ergeben. Heute werden auf dem Felsen israelische Soldaten vereidigt.

nicht ergeben haben. Die kennt bei uns jedes Kind. Damit hat man den Juden beigebracht: Man muß seinen Weg zu Ende gehen und dabei den Stolz bewahren. Das ist der tiefere Sinn dieser Geschichte.

Es gab diesen Moment, wo alles Bürgerliche von ihnen abfiel, wenn sie in die Waggons reingestoßen wurden. Ich habe das selber oft genug gesehen. Da haben sie nicht geweint, da haben sich wahrscheinlich viele von ihnen an diesen letzten Kampf um Massada erinnert. Einfach nichts tun, aber sich nicht ergeben, bis zum Tod. Da war noch ein Stückchen Ehre. Gerade diese ruhige Gefaßtheit war nicht die Stille von Lämmern. Lämmer würden schreien und blöken.

Heinz Galinski hat mir später vom Transport erzählt: »Wir waren glücklich.« – »Glücklich?« – »Ja. Wir waren zusammen.« Das war das Allerletzte, woran man sich klammerte: nicht getrennt zu sein. Sie aßen die Suppe, die man ihnen gab, und stiegen in die Züge. Man benahm sich, das war würdevoll. Wenn Menschen merken, der Boden bricht unter ihnen weg ... da verändert sich die gesamte Lebenssicht. Die Koffer stehen schon gepackt in der Wohnung. Es konzentriert sich alles auf das einzig Wesentliche: Nur mit den Kindern zusammenbleiben, oder mit meinem Mann, oder mit meiner Frau! Und in solchen Momenten zeigen die Leute, welcher Kultur sie angehören.

Sollten sie noch einmal aus dem Schlamassel herauskommen, dann haben sie sich wenigstens so verhalten, wie es ihnen innerlich entspricht ... wenigstens das. Ich wehre mich leidenschaftlich gegen die Behauptung, die Juden seien wie die Lämmer zur Schlachtbank gegangen. Geführt wurden sie, das ja. Und wenn du da läufst und geführt wirst, dann bist du sowieso hilflos. Da gibt es keine Alternativen mehr. Du kannst dich hinwerfen oder mit den anderen mitgehen. Nein, ich wehre mich dagegen, und ich sage: So stolz wären nicht alle Deutschen gegangen. Ich habe sie nachher gesehen, die Deutschen. Als ich rauskam aus dem Gefängnis, wurden deutsche Gefangene durch die Straßen geführt: Die waren hilflos ... waren auch nicht würdevoller.

Am zweiten Tag in der Rosenstraße traf ich meinen Vater. Ich erkannte ihn kaum wieder. Er hat fast gar nichts gesagt ... ein Mensch, der sonst so viel sprach und Witze machte! Begegnet bin ich ihm, weil ich als Ordner im Haus rumkam. Also der Vater war am Boden zerstört ... weil er dachte, nun ist es zu Ende mit ihm. Er war überzeugt davon, daß jetzt alles aus war. Was kann ein Mensch noch Schlimmeres denken?

Doch da waren auf einmal Hunderte von Frauen auf der Straße, mitten in Berlin. Und vorher hatte man viele Lastautos mit Menschen darauf gesehen. Daß das bemerkt worden ist, haben die Verwandten erzählt. Und die Menschen auf den Lastautos waren keine polnischen Arbeiter oder ukrainischen Gefangenen, da haben die Leute doch einen Unterschied gemacht. Die zur Zeit der Fabrik-Aktion durch die Straßen gefahren wurden, sahen deutsch aus. Was ich sagen will: Das alles war nicht unbemerkt geblieben. Und das ist furchtbar wichtig, wenn man das Ganze verstehen will, dieses Rätsel Rosenstraße.

Ich gehe in meinen eigenen Erklärungen immer von der Frage aus: Was hat sich Goebbels gedacht? Was hat er mitgekriegt? Oder besser: Was konnte und was mußte man ihm berichten?

Also auf jeden Fall mußte man ihm berichten: »Das Volk ist unterwegs.« Und es kamen die ersten Nachrichten aus der Rosenstraße: »Da stehen die Frauen davor!« Da ist das erste Mal etwas passiert, was vorher undenkbar war: Daß jüdische mit deutschen Interessen zusammentrafen. Das gab es vorher nicht, das war absolut neu. Und er hatte sich das wahrscheinlich auch nicht so vorgestellt, dieser Goebbels.

Die Nazis hatten ja genug mit sich selbst zu tun. Es war kurz nach Stalingrad. Die Leute kamen auf die Idee, daß der Krieg auch verloren werden kann. Und dann die Luftangriffe ... letzten Endes müssen viele schon gewußt haben: Es geht zu Ende.

Und dann waren da auf einmal Hunderte von Frauen auf der Straße. Wo haben sich die Deutschen schon versammelt in diesen Tagen? Im Luftschutzkeller! Das war alles. Sonst hat sich doch keiner mehr »versammelt«! Da stehen diese Frauen Arm in Arm dicht aneinandergedrängt, stehen in der Rosenstraße und werfen immer wieder Päckchen über den Zaun, den man schnell aufgestellt hat, damit sie nicht so dicht ans Haus herankamen.

Und jetzt kommt etwas, was meistens nicht genügend beachtet wird, wenn man über die Rosenstraße spricht: Das Ganze wurde durch deutsche Polizei abgesichert, nicht durch die SS. Aber was waren das für Polizisten? Es waren vor allem alte Polizisten! Solche also, die keinen großen Wert mehr hatten und die wahrscheinlich nicht einmal Nazis waren. Das waren so Wurschttelige, die für die Front nicht in Frage kamen. Und die standen diesen Frauen gegenüber!

Ich habe sie gesehen, denn ich wurde als Ordner immer wieder herausgerufen, um die Päckchen einzusammeln. Ich habe die Verhältnisse gesehen. Die Frauen hätten die paar Polizisten auch erdrücken können! Dann hätten die eben schießen müssen. Ich weiß nicht, ob solche Gedanken den verantwortlichen SS-Leuten drinnen durch die Köpfe gegangen sind. Wahrscheinlich nicht. Aber eigentlich hätten sie sich denken müssen: »Wenn diese Frauen uns nun die Polizisten gegen die Mauer drücken ...«

Denn die Frauen waren gar nicht ruhig. Das hatte man in der Hitlerzeit noch nicht erlebt. Mitten in der Stadt stehen Frauen und rufen: »Gebt uns unsere Männer und unsere Kinder!« Das hatte man doch nie gehört! Und das erstaunliche an all dem ist, daß das alles irgendwie spontan geschah. Es wurde über keine Strategie beraten. Das habe ich später von meinen Verwandten erfahren und auch von anderen gehört. Obwohl da doch ein Treffpunkt war: An der Ecke der Rosenstraße gab es ein Kaffeehaus, und dort sind manche hingegangen.

Meine Mutter hat später erzählt, sie selbst habe nicht reden können, sie sei viel zu aufgeregt gewesen. Sie hat ihre Schwester Martha, die beim Theater war, eine ehemalige Schauspielerin, in dieses Kaffeehaus geschickt. Und da hat man sich besprochen.

Was man besprochen hat? Das Unterhaken der Frauen kam anscheinend nicht spontan. Damals wäre doch keine von selbst darauf gekommen, sich unterzuhaken. Eine Frau eine andere Frau? Das gab's nicht. Das hatte in einem damaligen Frauenleben keinen Platz. Dieses Vorhaben ist in dem Café abgesprochen worden. Und dort ist auch, wie mir die Tante Martha erzählt hat, die Devise ausgegeben worden: »Jeden Tag kommen und andere schicken! Auch wenn es keine Verwandten sind!« So weit sind sie scheinbar gegangen.

Ich habe mir auch über die Zahlen, die immer angegeben werden, viele Gedanken gemacht. Sie schwanken ja ganz gewaltig, von ein paar hundert bis zu zweitausend. Ich selber habe nicht den Überblick gehabt. Aber ich habe, wenn ich aus dem Haus trat, die ersten Reihen gesehen. Das könnten gut hundertfünfzig Menschen gewesen sein am zweiten Tag unserer Haft.

Ich bekam den Auftrag, die Päckchen aufzusammeln. Ich war ein innerer Ordner, hatte also keine Kontakte zu den offiziellen Ordnungsbeamten. Es gab auch jüdische Ordnungsbeamte, die mit der Gestapo im Büro waren. Leider! Ich hatte, wie mehrere andere auch, nur dafür zu sorgen, daß die Hausordnung eingehalten wurde. Und dann bekamen wir den Auftrag: »Holt die Päckchen rein. Das sind eure Pakete.«

Mutter hatte eines für Miriam, eines für den Vater und eines für mich mitgebracht. Und die Tanten haben auch dafür zusammengelegt. Das waren ja alles nicht besonders große Päckchen, aber es waren insgesamt Hunderte, alle in derselben Einheitsgröße. Als ob denen ausdrücklich gesagt worden wäre, wie groß die zu sein haben. Ich hatte den Eindruck, daß diese Päckchengröße von innen her dirigiert worden ist. Etwa in der Form, daß da irgendwo ein jüdischer Ordner, der Zugang zu den SS-Leuten hatte, den Frauen gesagt hat: »Macht kleine Päckchen, die großen wird man euch nicht abnehmen.« Da muß es irgendwo Kontakte gegeben haben, denn es sah aus wie abgestimmt. Warum sollten die sonst alle nur so klein gewesen sein?

Und wahrscheinlich war das denen gar nicht so unwillkommen, daß wir die Pakete bekamen. Zwar war das Essen nicht so schlecht ... Suppe mit Kartoffeln drin oder Weißkraut. Also man hungerte nicht. Und Brot war auch genug da. Aber irgendwie muß sich die Lagerleitung in dem Moment, als die anfingen zu demonstrieren, überlegt haben: »Das ist gar nicht so negativ, wenn wir uns jetzt großzügig zeigen.« Denn ein Stückchen weiter von den Frauen standen ja die anderen, die Unbeteiligten, und kiekten zu!

Und die Deutschen murrten, nach Stalingrad, nach den ersten schweren Fliegerangriffen. Keine Frage, die Unzufriedenheit im Volk wuchs. Es war ja alles nicht mehr so schön, wie es zu Anfang des Krieges ausgesehen hatte. Und nun sehen die, da passiert was. Natürlich trauten sie sich nicht, da auch noch hinzulaufen. Aber sie beobachteten den Vorfall von weitem. Und sie sahen, daß nicht geschossen wurde. Sie ahnten vielleicht das erste Mal die Möglichkeit eines Endes. Das ist doch etwas Wunderbares, was die Frauen dort auf der Straße vielleicht bewirkt haben. So habe ich die Dinge immer gesehen.

Und die Tanten haben das auch so erzählt – so einfach, so undramatisch, wie ich es hier berichtet habe. Ich höre die Töne direkt. Die eine wird gesagt haben: »Ich habe noch etwas Bohnenkaffee aufgehoben, extra. Den trinken wir jetzt.« Dann haben sie den getrunken und beratschlagt. Sie haben das alles hingenommen, wie ... ich weiß nicht: Es gehörte einfach zum Dasein. Und es gab auch keine Uneinigkeit. Alle Tanten sind mitgegangen und auch ein Onkel. Und ein anderer Onkel war an der Front gewesen, und als er auf Urlaub zurückkam, hat er nichts Besseres zu tun gehabt, als seine Frau zur Rosenstraße zu begleiten und sie mit dem Auto auch noch dort hinzubringen. Das war der Mann dieser Tante Martha vom Theater.

Gleich nach dem Krieg wurde er sehr krank. Und ich habe ihn damals gefragt, warum er das getan hat. »Entschuldige, wenn ich das so sage«, hat er mir geantwortet, »aber ihr hättet ja auch hops gehen können bei der ganzen Geschichte. So war es für mich einer der schönsten Momente in meinem Leben. Denn da tat sich was! Und man sah, daß es auch andere Deutsche gab. Und es waren ja nicht nur die paar in der Rosenstraße, die davon wußten. Die hatten ja auch wiederum Schwestern, und die hatten wiederum Männer ...« Das hat mir mein Onkel erzählt. Ich persönlich denke, Goebbels wird gesehen haben, was das nach sich ziehen könnte, was das für Folgen haben könnte, wenn so ein Protest immer weitere Kreise zieht.

Die Menschen, die mit Juden nichts zu tun hatten, allerdings, die haben das alles nicht wahrgenommen. Aber all die Leute, die Juden kannten – ob das der Bäcker unten war oder der Fleischer oder der Gemüsehändler oder wer auch immer –, die haben von der Rosenstraße erfahren.

Man muß dabei bedenken, daß das deutsche Volk in all diesen Jahren des Krieges dazu erzogen worden war, nichts zu unternehmen, sich nicht zu mucksen. Es gab ja auch keine großen Auftritte mehr wie den Reichsparteitag oder die Olympiade. Die schauten ja nur noch dusselig zu und gingen in den Krieg. Und da gibt man ihnen eine Chance! Das war nicht nur Verzweiflung, was die Leute in die Rosenstraße trieb. Ich hatte auch nachher in den Gesprächen mit den Tanten den Eindruck, als fühlten sie nach den Jahren der Hilflosigkeit auch so etwas wie Befreiung: »Endlich können wir etwas tun.« Denn sie hatten vorher ständig gesehen, wie mies es uns ging, und sie konnten immer weniger tun. Dann kam die große Prüfung für sie ... und die haben sie bestanden! Und mit ihnen Hunderte andere.

Von meiner Tante Frieda hat es in der Familie immer geheißen, sie hätte sich bei der Demonstration weit hinten gehalten. Meine Schwester hat das immer erzählt. Da sag ich zu ihr: »Frag sie doch, warum sie das getan hat.« Ich selber hatte dafür nämlich eine total banale Erklärung: Tante Frieda hatte nämlich ein Blasenleiden. Die konnte gar nicht vorne stehen. Die hätte sich in die Hose pissen müssen. Das sind die Nebensächlichkeiten, die auch eine Rolle spielten. Wenn wir das nicht erfragt hätten, wären wir alle mit dem Gedanken alt geworden: »Tante Frieda hat sich absichtlich hinten aufgehalten.« Quatsch! Die war auch mal vorne, das haben wir nur nicht gesehen. Aber sie mußte schauen, daß sie im Notfall schnell wegkam. So ist das mit den historischen Ereignissen, wenn man die Beteiligten kennt.

Da muß ich noch nebenbei von der Gemüsehändlerin erzählen, die uns so viel gegeben hat. Sie hat immer meine Mutter reingerufen und dann die Tür zugemacht. Und dann hat sie ihren Rock hochgehoben und meiner Mutter gezeigt, wie ihr Mann ihr den Arsch blutig geschlagen hat. Nur meiner Mutter konnte sie das erzählen. Für jeden Apfel, den wir gegessen haben, mußte sich meine Mutter ihren Arsch anschauen. Das sind auch so Kleinigkeiten ... aber das waren die Leute, die den Juden geholfen haben. Es waren diejenigen, die selbst irgendwie in der Klemme steckten, die selbst bedroht und verfolgt wurden oder sonstwie zu leiden hatten – und sei es nur, weil der eigene Mann ein Säufer war.

Von diesen Leuten haben die Tanten später immer wieder erzählt: »Dies Stückchen Wurst hatten wir von dem Laden, und dieses Brot von dem.« Denn die Tanten sind von einem zum anderen gegangen und haben ihr Leid geklagt, denn Christen weinen gerne. Einfache Tanten noch dazu! Und wo immer sie hingegangen sind, haben sie etwas bekommen. Was ich damit sagen will: Es gab nicht nur die Bereitschaft der Verwandten, uns zu helfen. Es gab auch viele andere, die kleine Zeichen setzten.

Einmal, als ich die Päckchen aufheben durfte, konnte ich mit Mutter sprechen und mit der Tante, die war die Beherztere. »Kinderchen, Kinderchen«, hat sie gesagt, »es geht vorbei. Wir wissen schon: Die lassen euch morgen oder übermorgen hier raus.« Das war auch nur wieder so ein Gerücht. Das hat sie weitererzählt – vielleicht auch, um uns zu beruhigen.

Und dann sagt sie: »Lies mal die Zeitung!« Da dachte ich: »Was für eine Zeitung? Ich habe keine Zeitung.« Aber sie hatten die Päckchen in eine Zeitung gewickelt, in der etwas über uns stand. Es war ein Bericht von einem jüdischen Altersheim, wo alte Leute sich aufgeregt hätten. So etwas in der Art, ganz und gar harmlos. Aber immerhin, da stand etwas! Wahrscheinlich wollte man prüfen, wie die Leute auf so eine Nachricht reagieren.

Und dann kommt einer in Arbeitskleidung auf den Hof in der Rosenstraße und sagt: »Ich brauche Leute zum Arbeitseinsatz Bombenschäden.« Der steht da und sucht sich die Leute raus. Meinen Vater nahm er, Hans-Oskar Löwenstein nahm er, mich nahm er.

Ich vermute, die waren in der Bredouille wegen der Bombenangriffe. Denn die Häuser sind ja nicht nur einfach wegrasiert worden, sondern sie begruben die Straßen unter sich. Und dann gab es Häuser, denen hast du überhaupt nichts angesehen, aber wenn du einen einzigen Ziegel weggezogen hast, dann ist das Haus zusammengefallen. Es war eine gefährliche Arbeit, und dafür brauchten die uns Juden.

Der Chef war furchtbar nett zu uns. An den Öfen war er stark interessiert. »Jeder Ofen ist unersetzlich!« Die haben sich ja dusselig verdient an diesen Öfen. Aber ich hatte im Grunde schon gar keine Zeit mehr für diese Arbeit.

Denn die »Chug Chaluzi«[9], die zionistische Jugendgruppe, die den Illegalen half, ist gleich nach der Rosenstraße entstanden. Ab diesem Zeitpunkt gab es keine Passivität mehr. Erst jetzt im Alter komme ich langsam hinter die Bedeutung, die diese Ereignisse für mich selbst hatten. Die Rosenstraße dauerte nur vierzehn Tage, aber

---

[9]  Vgl. Fußnote 5 im nächsten Kapitel zu Miriam Rosenberg.

sie hätte auch leicht unser Schicksal werden können. Danach war die Passivität von mir abgefallen.

Das Leben in der Illegalität war für jeden äußerst schwierig. Das hatte zunächst eine ganze Reihe von praktischen Gründen: Sobald ich illegal bin, habe ich weder eine Lebensmittelkarte noch eine Kleiderkarte, noch einen Ausweis, ich bin dann ein Nichts. Manche Leute, die den Schritt versuchten, haben sich vorher überlegt, auf wen sie zählen können. Bei mir fiel die Rechnung zu Ungunsten der Illegalität aus: Ich hatte die Hilfe meiner ganzen Familie, das war viel wert. Auch glaube ich persönlich immer noch, daß meine Homosexualität eine Rolle spielte, auch die habe ich auf der Habenseite dazugerechnet. Denn meine Liebhaber haben die ganze Zeit treu zu mir gehalten. So war ich Mitglied mehrerer Seilschaften.

Die andere Schwierigkeit beim Schritt in die Illegalität war die Identität. Von einem Tag auf den anderen soll der Mensch nicht mehr Gad Beck heißen, sondern Gerd Dietrich oder was weiß ich, und er trägt obendrein noch ein Hakenkreuz am Arm. Damit kann man nicht leicht fertig werden. Damit wäre noch nicht von den äußeren Bedingungen geredet, die unberechenbar waren, und von den Bombenangriffen. Ständig wirst du ausgebombt und mußt dir eine neue Bleibe suchen, immer bei Menschen unterschlüpfen, die bereit sind, Illegalen zu helfen. Um das alles durchzustehen, muß man eine ungeheuer starke Natur haben.

Aber die meisten sind nicht stark, die meisten sind gute, harmlose Menschen. Und in der Illegalität kommen sie damit nicht weit. Man darf nicht vergessen: Wir hatten ein jüdisches Bürgertum, das spießbürgerlicher war als das deutsche. Denn als Jude wollte man ja reinwachsen, sich assimilieren in diesem deutschen Volk. Und nun soll man ein Leben bestehen, das allen bürgerlichen Regeln zuwiderläuft. Ich verstehe vollkommen, daß das nicht geht. Deswegen sind auch nur so wenige in die Illegalität gegangen. Wir hatten Glück, denn für uns bedeutete die Rosenstraße das Überleben. Wir haben auch die Hoffnung gehabt, daß die Beteiligten danach nicht mehr nach Auschwitz kommen. Denn sonst hätte man uns ja gleich dorthin bringen können.

Auch mein Vater hat die Rosenstraße gut überstanden. Denn wichtig ist doch, was folgte. Und es folgte, daß er die nächsten Tage wieder zur Arbeit gehen konnte, er war wieder zu Hause. Und er hatte seine Tochter, hatte seinen Sohn bei sich und schlief in einem Bett mit seiner Frau. Das Haus ist voll mit Lebensmitteln, weil die Verwandten dafür gesorgt haben, und sogar Zigaretten haben sie mitgebracht. Meine Mutter hätte eine ihrer Schwestern beinahe rausgeschmissen, weil die Rosen mitgebracht hat. »Man bringt in solchen Situationen keine Rosen, Anna, was denkst du dir denn!« Gleich danach war Ostern. Mein Vater saß zwischen den Verwandten und trank Kaffee und aß Kuchen. Man hat gefeiert, man hat in irgendeiner Weise das Überleben gefeiert.

Die Verwandten haben nicht nachgelassen in ihrer Hilfsbereitschaft. Denn es stand ja nun ein neues Programm vor denen: Gad und seine illegalen Gruppen. Die eine Tante zum Beispiel bot mir sofort an: »Wenn du am Ende bist, wenn du fertig bist: Bei uns kriegst du immer achtundvierzig Stunden Ruhe. Du kannst kommen, wann du willst.« Das war ein ungeheuer wichtiges Angebot, es stellte sich erst während der Tätigkeit heraus, wie wichtig es tatsächlich war. Ich bin drei oder vier Mal hingegangen, als ich nicht weiterwußte. Es gab solche Momente ... aber du darfst es nicht zeigen, denn für die Illegalen bist du ja die Kraft. Die Tanten haben durchgehalten bis zuletzt, bis wir ins Lager kamen.

Für meine Tanten und Onkel war mit der Rosenstraße dieser Impuls entstanden: »Hauptsache, wir bleiben zusammen!« Das war nicht immer so. Das ist erst langsam gewachsen, vor allem, weil sie meinen Vater so liebten. Das lag in erster Linie an seiner Wiener Herkunft: Er konnte Humor verbreiten, sie nicht. Die Berliner sind einfach diesem Wiener Charme erlegen. Sie selber hatten keinen Funken Humor.

Vater ging zum Beispiel abends auf die Toilette. Wir saßen alle beisammen und waren fröhlich. Vater kam zurück. Mutter sagte: »Heinrich, was ist dir denn?« – »Ach«, sagte er mit tragischer Stimme, »ich habe eben mein Ende gespürt.« Und dabei hat er auf sein allerwertestes Teil hinuntergeschaut. Das war seine Art von Humor. Die saßen da alle ganz traurig und dachten: Was hat der alte Mann wohl erlebt, da auf der Toilette? Und er hat nur einen Witz gemacht: »Ich habe mein Ende gespürt.« Durch diesen verfolgten Juden Heinrich und seine süßen Kinderchen haben sie die Nazi-Zeit innerlich, haben sie sie menschlich gut überstanden.

Bei meiner Mutter war der Grund die Liebe. Sie muß Vater unendlich geliebt haben! Ich benutze mit Absicht diese Worte. Denn einmal ist Vater fremdgegangen, zusammen mit seinem Kompagnon. Wir hatten ja auch mal Geld, zu unserer Zeit. Und meine Mutter hat acht Tage lang nicht mit ihm gesprochen, hat ihm das Essen in die kleine Kammer gestellt. Vater ging zu ihren Schwestern – es blieb ihm nichts anderes übrig – und sagte: »Helft mir! Gott, ich bin nachts einmal nicht nach Hause gekommen, wir waren auf einer Party.« Mit irgendeiner Schauspielerin war das.

So konnte sie sein, meine Mutter. Sie ist dann nie laut geworden, sie hat ihn einfach ignoriert. Sie muß dabei ungeheuer gelitten haben, denn ich habe sie selbst weinen sehen. Sie hat ihn wahnsinnig geliebt ... und er zieht so eine dürre Zicke vor! Da war sie zutiefst empört. Und wie er sie geliebt hat, kann man überhaupt nicht beschreiben. Selbst als wir gar nichts mehr hatten und als wirklich nicht mehr genug Geld zum Leben da war, hat er ihr immer wieder Geschenke gemacht. Nicht einfach nur eine Kleinigkeit, nein, er hat von den Soldaten französisches Parfum gekauft. Sie sollte alles haben wie früher auch. Die beiden waren wirklich eine Einheit. Und wahrscheinlich hat diese enge Verbundenheit, zu der natürlich auch die beiden Kinder gehörten, die gesamte Familie zusammengeschweißt.

Das reichte bis nach Österreich. Denn meine christliche Verwandtschaft hat sich auch um die jüdische Verwandtschaft in Österreich bemüht. Die Christen haben sich nicht geniert, sie haben ihnen ihre Telefonnummern gegeben: »Wenn etwas ist, ruft uns an, ruft den Bobby in der Firma an!« Er war beim Brücken- und Eisenbahnbau Konstrukteur. Und dann sind sie mit dem Auto nach Wien gefahren. Da ist etwas entstanden, das ich von keiner mir bekannten Mischlingsfamilie so kenne. Man kann nicht sagen, daß die Wiener »entfernte« Verwandte gewesen sind. Wären die Zeiten rosiger gewesen, hätte es leicht passieren können, daß eine meiner Tanten nach Wien geheiratet hätte. Das war es, was die deutschen Juden sich immer gewünscht hatten: Daß es ein Symbiose gäbe zwischen diesen beiden Gruppen. Das war ihr Traum ... und dummerweise haben sie daran geglaubt.

Meine Mutter ist damals ja auch zum Judentum übergetreten. Nach österreichischem Gesetz mußte sie das, denn es durften nur Paare der gleichen Religionsgemeinschaft heiraten. Sie kannte sich auch in den Traditionen aus. Sie war eine bessere Jüdin als zwei Drittel der jüdischen Mütter heute, die gar nichts wissen. Meine Mutter hat gewußt, welche Feiertage man feiern muß und welche Gebete zu sprechen sind.

Nach dem Zweiten Weltkrieg waren meine Eltern noch immer ein Liebespaar. Die Liebe hielt bis zum Tod meines Vaters. Damals bat er mich: »Pflege du mich, deine Mutter weint zuviel.« Netterweise sagte er noch: »Du liebst doch sowieso Männer.« Man mußte ihm die Scheiße abwischen und all diese Dinge. Aber meine Mutter war dazu nicht in der Lage. Sie weinte nur noch, es war schrecklich, die Frau ist doch zerbrochen an alldem! Sie ist einfach nicht mehr ins Krankenhaus gefahren, wir mußten ihr berichten.

Das war in Israel, und da begann ein neues Glück, man kann es nicht anders bezeichnen. Wir bekamen dort ein richtiges kleines Häuschen, sehr bescheiden, aber es war ein Häuschen mit Terrasse und mit Garten. Und da saßen wir nun auf einmal in der Sonne und waren frei. Meine Eltern haben ein ganz neues Leben angefangen. Ich bin zuerst nach Israel, die Eltern folgten nach. Es war bereits Krieg. Natürlich kamen sie mit einem Schiff an, und mein Freund und ich holten sie ab. Dann spazierten wir durch die Hauptstraßen von Tel Aviv, wo vieles deutschjüdisch war, und Vater entdeckte ein Wiener Kaffeehaus in der ersten Etage mit Sicht auf die Hauptstraße. Dort bestellte er sich auf deutsch einen »Strudel« und ein »Gespann« ... oder wie die Wiener ihren Kaffee nennen. Er hat geweint, er hat vor Glück geweint. Sie hatten das Ganze durchgemacht, bewußt, ohne es zu verdrängen. Die hatten ja nicht mal mehr davon geträumt, daß es noch einmal ein schönes Leben geben könnte für sie.

Und dann ist er gestorben. Da war sie noch ungeheuer jung, fünfundfünfzig etwa. Aber sie wußte, daß sie noch ihre Tochter mit den Enkeln hat, und wir lebten neben ihr ... sie hat auch später noch ein erfülltes Leben gehabt.

# »Wenn nur der Ofen nicht wäre«

»Die Rosenstraße war meine Rettung. Hätte es die nicht gegeben und den Protest davor, wäre ich nach Auschwitz gekommen. Ich war so gut wie auf dem Transport. Sie war für uns alle die Rettung.«

*Miriam Rosenberg*

Miriam Rosenberg ist eine ziemlich kleine, rundliche Frau. Sie trägt den Kopf hoch, ihr Blick wirkt herausfordernd. Das läßt einen im ersten Moment die nachdenkliche Skepsis, die sich hinter der Fassade verbirgt, übersehen. Miriam Rosenberg gehört nicht zu den Menschen, die sich vor unliebsamen Wahrheiten verstecken. Im Gegenteil, sie wollte und mußte sich mit der Vergangenheit auseinandersetzen, intensiver, als es ihr persönliches Schicksal für sie vorgesehen hatte. Sie ist der Herausforderung nicht ausgewichen. Aber sie ist hinter ihrer zur Schau getragenen Lebensfreude darüber skeptisch geworden. Ihre Worte wählt sie präzise, obwohl das Deutsche seit sehr langer Zeit nicht mehr ihre eigentliche Sprache ist. Seit 1948 lebt sie mit ihrer Familie in Israel, in einem kleinen Ort bei Tel Aviv. Inzwischen ist sie vierundsiebzig und stolze Urgroßmutter, die die Fotos ihrer Urenkel im Portemonnaie mit sich trägt. Als ich sie in einem Berliner Hotel treffe, ist sie nur auf Besuch in ihrer alten Stadt; für längere Zeit mag sie sich in Deutschland nicht mehr aufhalten.

Geboren wurde Miriam Rosenberg als Miriam Beck 1923 in Berlin. Ihr Vater Heinrich Beck, ein aus Wien eingewanderter Jude, betrieb in Berlin einen Versandhandel für Waren en gros. Die Eltern ihrer Mutter Hedwig Kretschmar waren zu Anfang des Jahrhunderts mit ihren fünf kleinen Töchtern aus dem Oderbruch nach Berlin gezo-

gen. Die Familie war protestantisch. Als Hedwig Kretschmar beim Versandgeschäft Heinrich Beck & Co in der
Telefonzentrale zu arbeiten begann, lernte sie den jungen
Chef Heinrich Beck kennen, der später ihr Mann wurde.
Sie heirateten 1920 in seiner Heimat, in Österreich. Dafür
trat Hedwig Kretschmar zum Judentum über. Drei Jahre
später brachte sie Zwillinge zur Welt, Miriam, die Erstge-
borene, und den Sohn Gad.

Dadurch, daß Hedwig Beck zum Judentum übergetreten war, galt ihre Mischehe nicht als privilegiert, ihre Kinder waren im Verwaltungsjargon der Nationalsozialisten
»sterntragende Mischlinge ersten Grades«. Das bedeutete, daß die Familie Beck von den meisten Privilegien ausgeschlossen blieb, die Hitler zumindest zeitweilig einem
Teil der »arisch versippten Juden« und der »Mischlinge«
zugestand.

Obwohl die christliche Verwandtschaft zunächst nicht
sonderlich erbaut war über Hedwigs Heirat und den Kon-
fessionswechsel, griff sie doch der jungen Familie Beck
immer wieder unter die Arme – mit Lebensmitteln, hin und
wieder mit Geld, aber vor allem dadurch, daß sie den jüdischen Ehemann nicht ächtete und schnitt. Die Familie
wuchs zusammen, was in jenen Jahren selten genug vor-
kam. Allmählich aber wurde die Harmonie von der wachsenden Angst überschattet.

Als im Februar 1943 Vater Heinrich Beck und die inzwischen zwanzigjährigen Zwillinge Gad und Miriam im Zuge
der Fabrik-Aktion in die Rosenstraße verschleppt wurden,
protestierte die Mutter bereits am ersten Tag[1] vor dem
Gebäude. Später stießen auch zwei ihrer Schwestern und

---

[1] Die Geschwister Gad Beck und Miriam Rosenberg erinnern sich zum
Teil unterschiedlich an die Ereignisse in der Rosenstraße. Es kommt
daher in den beiden Geschichten manchmal zu widersprüchlichen
Aussagen.

einer der Schwäger dazu. Sie lieferten jeden Tag kleine Lebensmittelpäckchen ab und mischten sich unter die Menge auf der Straße.

Nach ihrer Entlassung aus der Rosenstraße engagierten sich Miriam und Gad noch stärker als vorher für illegal in Berlin lebende Juden. Anfang 1945 wurden sie gefaßt und in das Gefangenenlager in der Schulstraße gebracht. Dort erlebten sie auch das Kriegsen-

Die Zwillinge, 1925

de. In den letzten Kriegstagen war noch ein Erschießungsbefehl gegen die beiden ergangen, der aber nicht mehr ausgeführt wurde. Am 3. Juli 1945 verließen sie Berlin. Gad Beck erreichte Israel nach vielen Umwegen im Herbst 1947, seine Eltern kamen Ostern 1948 nach. Miriam Beck lernte auf ihrer Odyssee in Richtung Israel einen Überlebenden von Auschwitz kennen, den sie heiratete. Nach der Geburt des ersten Kindes übersiedelte die junge Familie im Oktober 1948 auch nach Israel.

\*\*\*\*\*\*\*\*\*\*\*\*\*\*\*\*\*\*\*\*\*\*\*\*\*\*\*\*\*\*\*\*\*\*\*\*\*\*

Ich habe damals zusammen mit meinem Zwillingsbruder Gad bei meinen Eltern gelebt. Wie jeden Tag bin ich

Gad und Miriam, 1937

frühmorgens in die Arbeit gegangen. Diese sogenannte Fabrik-Aktion kam ja völlig überraschend, keiner hatte etwas davon gewußt. Allerdings – zwei, drei Kollegen haben an diesem Morgen gefehlt. Vielleicht haben also doch einige, ganz wenige vorher etwas erfahren. Aber das kann ich nicht mit Bestimmtheit sagen.

Diese Abholung, das war eine schreckliche Situation, ganz schrecklich. Männer und Frauen, alte Leute und Kinder, alle wurden auf die Lastwagen gejagt. Sie haben uns in die Hermann-Göring-Kaserne gebracht, etwas außerhalb von Berlin. Von dort gingen direkt die Transporte in den Osten weg, wir sahen die Schienen und hörten die

Züge. Man hat bei Nacht noch die Kinder zu ihren Müttern geholt, damit sie wenigstens zusammenbleiben konnten. Eine schreckliche Situation.

Das müssen Sie sich so vorstellen: Da saßen soundso viele Leute von der Jüdischen Gemeinde vor ihren Schreibmaschinen, und man mußte noch Fragebogen ausfüllen, die hießen nachher »die letzte Habe«. Alles mußten wir angeben. Sogar die Kleidung, die wir am Leib trugen.

Zur Hermann-Göring-Kaserne sind wir in offenen Lastwagen transportiert worden. Ich war zu der Zeit ja noch flink, und besonders groß war ich nie. Auf jeden Fall: Als die bei Siemens auftauchten, da bin ich noch zur Garderobe gerannt und habe meinen Mantel heruntergerissen. So mußte ich wenigstens auf der Fahrt nicht frieren. Die anderen hatten nur ihre Arbeitskittel an.

Den Deutschen ist das wahrscheinlich gar nicht aufgefallen. Man hat damals schon ständig Gefangene irgendwohin transportiert. Das konnten die nicht unterscheiden, wer das war und wohin die gebracht wurden. Abgesehen davon: Das fanden sie ja auch nur recht und billig, daß die Leute für sie arbeiteten. Wenn es nur dabei geblieben wäre, wäre es ja gut gewesen. Wir hätten ja gerne gearbeitet. Wenn es nur dabei geblieben wäre!

Ich war damals in der Zwangsarbeit bei Siemens in Spandau. Morgens um fünf bin ich von zu Hause weggefahren, und abends um halb sieben war ich wieder zurück. Ein Dreivierteljahr habe ich kein Tageslicht gesehen. Morgens war es noch dunkel, und abends war es schon wieder dunkel.

Bei Siemens war ich in der Dreherei. Ich habe Schrauben gedreht, ganz kleine, feine Schrauben. Ich habe mich gleich auf die kleinen Sachen für Uhren und sowas spezialisiert. Das Betriebsklima war eigentlich ganz in Ordnung, wenn ich mich so erinnere. Die Deutschen bei Siemens, das waren Arbeiter, und Arbeiter waren meistens Kommunisten. Natürlich gab es auch einen Vorarbeiter, der Nazi war. Aber das war genauso wie bei der Eisenbahn: Arbeiter blieben Arbeiter.

Später, bei der Eisenbahn, mußten wir mit dem Stern arbeiten. Wären wir ohne Stern erwischt worden, wäre das sofort ein Grund für die Deportation gewesen. Mit dem Stern sind wir aber dauernd angepöbelt worden, wenn wir auf dem Perron die Züge sauber machten und die Fenster putzten. Dann hat uns der Bahnhofsleiter gesagt, wir sollten bei der Arbeit den Stern nicht mehr tragen. Er übernähme die Verantwortung. Er wollte das nicht mehr, daß wir angepöbelt wurden ... oder was weiß ich. Vielleicht hat es ja auch die Arbeit beeinträchtigt. Auf jeden Fall wollte er es nicht haben. So waren die Arbeiter.

Auf dem Nachhauseweg war das natürlich anders, da mußten wir den Stern tragen. Aber ich hatte mir das ganz patent gerichtet: Ich hatte einen Trenchcoat, und den trägt man ja meistens offen. Den Stern hatte ich oben hinter dem Aufschlag angesteckt, so daß man ihn nicht gesehen hat. Man war jung. Man hat manche Sachen gemacht, die leichtsinnig waren. Man wollte doch auch etwas erleben. Mit Stern durfte man nichts mehr, alles war verboten.

Mein Vater wollte partout nicht weg aus Deutschland, als es noch ging. Er hat immer den Standpunkt vertreten: »Wenn ich nicht mehr das Geschäft führen kann, dann werde ich arbeiten, und dann werden sie mir nichts tun.« Wir hatten vor der Machtergreifung ein Versandgeschäft für alle möglichen Waren en gros.

1938 hat uns einmal der Bruder meines Vaters besucht. Er war aus Wien geflohen, über die Tschechoslowakei, und wollte weiter nach England. »Kommt mit!«

hat er zu meinem Vater gesagt. Aber mein Vater hat gemeint: »Ich werde arbeiten, und darum wird man mir nichts tun.« Meine Mutter hatte im Grunde dieselbe Einstellung. Sie konnte sich überhaupt nicht vorstellen, daß uns etwas passieren würde, wo sie doch so viele christliche Schwestern hatte. Irgendwie hat sie sich in Sicherheit gewiegt. Nachher natürlich nicht mehr. Nachher, nach der Rosenstraße, da hatten wir alle nur noch Angst.

Dieser Onkel hatte es damals schon so eingefädelt, daß wir mit ihm hätten mitkommen können. Ich selber hatte schon eine Fahrkarte. Und da gab es eine Familie in England, die mich aufnehmen wollte. Aber dann ist der Krieg gegen England ausgebrochen, und ich bin nicht mehr rübergekommen. Meine Mutter hatte mir schon Sachen genäht. Nach Birmingham hätte ich sollen.

Daß mein Vater nicht weg wollte, hatte wahrscheinlich auch viel mit meiner Mutter zu tun. Sie hat sehr an ihrer Familie gehangen, besonders an ihren Schwestern. Aber der wirkliche Grund war, daß er sich nicht vorstellen konnte, daß es auch ihn treffen könnte. Nachher, ja, da hat man alles gewußt. Aber da war es ja schon zu spät. Da ist niemand mehr rausgekommen.

1941 fingen die Transporte von Berlin aus an. Da verschwand eine Familie nach der anderen. Nach und nach verloren wir unsere Freunde. Wir waren doch in der zionistischen Jugendgruppe. Einer nach dem anderen war einfach weg.

Es gibt keine schönen Erinnerungen an diese Zeit. Was hätte es da für schöne Erlebnisse geben sollen? Wenn man jemand gern hatte, dann war er am nächsten Tag weg. Und dazu die Alarme und all die Dinge, die auch die Deutschen mitgemacht haben. Und doch, etwas Schönes gab es, ja: Ich meine dieses Gefühl des Zusammenhaltens. Das hat mich gestärkt. Ich hatte einen Freund, und der ist schon 1943 weggebracht worden, noch vor der großen Deportation. Er ist nach Auschwitz gekommen, und das war's dann. Ich habe ihn geliebt.

Ich wußte damals natürlich nicht, was ich später wußte, nämlich was Auschwitz bedeutete. Wahrscheinlich hat einen auch die Hoffnung aufrechtgehalten, daß man sich einmal wiedertreffen könnte. Ich habe bis Kriegsende gehofft. Aber als ich nachher, 1945, bis Juli nichts von ihm gehört hatte, habe ich es endlich begriffen. Obwohl das nüchtern betrachtet natürlich Unsinn ist. Er hätte leicht noch irgendwo leben können. Später hat man ja gehört und selbst erlebt, daß Menschen erst Jahre danach wieder aufgetaucht sind. Aber er ist nicht zurückgekommen ... Nein, er ist nicht zurückgekommen.

Anfang der vierziger Jahre muß es gewesen sein, als ich einen Brief von einer Freundin gekriegt habe, die wegtransportiert worden war. In dem Brief schrieb sie, daß sie krank sei, aber ihrer Mutter gehe es ganz gut, und sie seien im Ghetto. Aber die Augen sind uns erst viel später aufgegangen. Da haben wir von einer anderen Freundin eine Nachricht aus Auschwitz bekommen: »Wir arbeiten, und wir haben zu essen. Wenn nur der Ofen nicht wäre.« Das stand da. Das stand ganz klar drauf auf dieser Karte. Da haben wir überhaupt erst begriffen, daß so etwas möglich ist. Das konnte sich ein menschlicher Verstand nicht vorstellen. Fragen Sie mich nicht wie, aber sie hat überlebt. Sie ist nach Amerika ausgewandert. Sie und ihre Schwester sind damals bei der Fabrik-Aktion mit mir zusammen von Siemens weggeholt worden. Beide Schwestern sind auf den Transport nach Auschwitz gekommen. Und dort haben sie die Karte irgendwie rausschmuggeln können. Danach wußten wir natürlich, wo die Transporte in den Osten endeten. Und wir haben noch

Päckchen geschickt, mit Trockenzwiebeln und solchen Dingen.

Aber als wir in die Rosenstraße kamen, da ahnten wir das alles noch nicht. In unserer Familie wußte man, daß es Transporte gab, das natürlich schon. Aber wir wußten nicht, was im Osten geschah. Wir hatten von Arbeitslagern und Ghettos gehört und auch, daß die Menschen dort umkamen, aber wir wußten nichts vom Vergasen. Das war unvorstellbar. Dabei gab es damals schon Auschwitz. Mein späterer Mann hat Auschwitz überlebt. Ich habe das alles nachher von ihm gehört. Das war schwer. Aber ich habe ihn darum geheiratet.

Um ein Haar hätte auch mir Auschwitz geblüht. Als ich im Februar 1943 von Siemens in die Hermann-Göring-Kaserne abtransportiert wurde, war es nur ein Glück, daß ich eine Nachbarin getroffen habe. Sie hat mit uns im Haus gewohnt, und wir waren eng befreundet. Die sagte zu mir: »Du mußt hier raus, deine Mutter ist doch Christin, du mußt da raus. Melde dich!« Da bin ich also zu dem SS-Mann gegangen, der die Sache leitete. Nachher habe ich erfahren, daß das dieser Österreicher war, der Brunner[2], den sie extra geholt haben, weil die Deutschen ihnen nicht hart genug waren. Dem habe ich gesagt, daß meine Mutter Christin ist. Da sagt der nur: »Du trägst doch einen Stern«, und schickt mich zurück.

Aber diese Nachbarin hat mir keine Ruhe gelassen und gemeint, daß ich es noch einmal versuchen soll: »Sag, dein Vater arbeitet in der Jüdischen Gemeinde.« Also bin

---

[2]  SS-Hauptsturmführer Alois Brunner galt als Experte für Deportationen und wurde als solcher von Ort zu Ort versetzt. Im November 1942 kam er von Wien nach Berlin. Sein Ruf eilte ihm voraus: Man nannte ihn »Schlächter von Wien«.

ich wieder hin. Da sagt der Brunner, wenn er keinen gelben Zettel hat, weiß er davon nichts. Menschen, die in der Jüdischen Gemeinde gearbeitet haben als Elektriker oder sonstwas, bekamen diesen gelben Zettel und hatten Privilegien. Ich hatte keinen. Da hat er mich wieder zurückgeschickt. Aber die Nachbarin hat nicht locker gelassen, sie wollte, daß ich alles probiere. Was ich das dritte Mal vorgebracht habe, weiß ich nicht mehr. Diesmal hat der Brunner mir gedroht: »Wenn das nicht stimmt, dann kommst du nach Sibirien.« Aber ich war dann doch mit auf dem letzten Transporter, der aus dem Lager herausgekommen ist. Der Lastwagen brachte uns wieder in die Stadt, in die Rosenstraße. In der Rosenstraße waren ja nur Extrafälle, sagen wir es einmal so, Leute die irgendwie »arisch versippt« waren, wie man das damals nannte.

Wir sind da in so eine Schulklasse gebracht worden oder in Büros, jedenfalls waren es sehr große Räume, und da wurden ich weiß nicht wieviel Frauen reingepfercht. Man saß immer so versetzt in Reihen, Rücken an Rücken, platzsparend, auf der Erde. Keine Matratzen, nichts. Bloß in eine Ecke hatten sie einen Eimer gestellt, zum Austreten. Ich bin die ganzen zehn Tage nicht auf die Toilette gegangen. Ich habe gemeint, der Bauch platzt mir, als ich endlich herauskam. Das war alles schrecklich. Das haben sie mit Absicht so gemacht. Viele Frauen haben auch ihre Periode bekommen, manche vor lauter Angst. Es kann aber auch passieren, daß sie wegbleibt vor Schreck. Im Lager, da hat man den Frauen Tabletten gegeben, damit sie ihre Periode nicht bekamen. Deswegen hatten viele nach dem Krieg auch solche Schwierigkeiten mit dem Kinderkriegen.

Die Stimmung in der Rosenstraße war nervös. Die Frauen waren alle aufgescheucht durch die verschiedenen Gerüchte. Auch Kinder waren da, die sind natürlich von der Aufregung angesteckt worden. Ausgerechnet damals kam der erste große Bombenangriff auf Berlin[3], von den Engländern. Berlin stand in Flammen. Da mußten wir alle ganz still sitzen, denn natürlich haben die uns nicht in den Luftschutzkeller gelassen. Und auf einmal höre ich die Stimme meines Bruders, der damals schon als Ordner eingeteilt war. Da bin ich aufgestanden und zur Tür gegangen. »Was machst du denn hier?« sagt er. »Papa ist auch da.« Das war meine erste Nacht in der Rosenstraße.

Später, wann genau, daran kann ich mich nicht mehr erinnern, ist die SS reingekommen und hat gesagt, jemand hätte einen Brief aus dem Fenster geschmissen. Und man wollte wahllos fünf oder sechs Frauen in den Bunker stecken. Sie haben dann tatsächlich ein paar Frauen herausgegriffen. Alle waren unglaublich aufgeregt und dachten sich Ausreden aus, um sich zu schützen. Die eine hatte das, die nächste was anderes. Eine hat gesagt: »Ich hab ein Kind.« Das stimmte auch. Da war noch eine dabei, die sollte gerade ein Kind kriegen. Ich mußte mit, aber dann sind wir gar nicht in den Bunker gekommen, sondern in den Keller. Die hatten ja nicht einmal einen Bunker. In der Nacht mußten wir Stullen schmieren. Das

---

3  Nach einer langen Reihe kleinerer und mittlerer Bombenangriffe flog die britische Royal Air Force in der Nacht vom 1. auf den 2. März 1943 den bis dahin schwersten Luftangriff auf Berlin. Joseph Goebbels notierte einen Tag später beunruhigt in seinem Tagebuch: »Unter keinen Umständen darf in der Bevölkerung der Eindruck entstehen, als sei die Partei den Aufgaben, die durch solche schweren Luftangriffe entstehen, nicht gewachsen. Im Berliner Innenviertel sieht es ziemlich wüst aus; die Außenviertel jedoch bieten ein noch trostloseres Bild. Die Schäden müssen als außerordentlich schwer angesehen werden.« In: Die Tagebücher von Joseph Goebbels, a.a.O., S. 460.

war eigentlich ganz angenehm. Sonst ist uns nichts passiert. Es war nur die Panik – sie wollten uns Panik einjagen, das war alles. Es ist ja auch nie ein Zettel rausgeschmuggelt worden. Wir hätten das gar nicht gekonnt. Meiner Erinnerung nach gingen die Fenster in unserem Raum auf den Hof raus. Aber selbst wenn sie auf die Straße rausgegangen wären, hätte da ganz bestimmt keiner was rauswerfen können.

Die Rosenstraße war meine Rettung. Hätte es die nicht gegeben und den Protest davor, wäre ich nach Auschwitz gekommen. Ich war so gut wie auf dem Transport. Sie bedeutete für uns alle, die wir da drinnen waren, die Rettung. Ich bin sicher, die hätten uns alle deportiert. Da hätten die kein großes Federlesens gemacht.

Deswegen verstehe ich auch nicht recht, warum die Ereignisse in der Rosenstraße nach dem Krieg nie wirklich erörtert wurden – oder erst so spät in den letzten paar Jahren.[4] Umgekehrt weiß ich auch nicht, warum sie dann überhaupt noch aufgegriffen wurden. Schon vor Kriegsende war die Rosenstraße irgendwie durch die Häufung schrecklicher Geschehnisse in Vergessenheit geraten. Aber es war doch auch der einzige öffentliche Protest gegen die Judendeportation. Trotzdem: Wie viele Menschen haben diesen Protest mitgekriegt? Wie viele Menschen können schon bemerkt haben, was in der kleinen Rosenstraße passiert ist?

Aber es ist der Rede wert. Natürlich ist das der Rede wert! Es ist nur durch all diese großen, diese viel schreck-

---

[4] 50 Jahre nach den Ereignissen in der Rosenstraße wurde das erste Mal in größerem Ausmaß offiziell an diesen Frauenprotest erinnert. Anlaß war die Enthüllung des Denkmals von Ingeborg Hunzinger im Frühjahr 1993 in der Rosenstraße, zu dem Erich Honecker bereits Jahre vorher den Auftrag gegeben hatte. Enthüllt wurde es erst nach seinem unfreiwilligen Abtreten.

licheren Dinge in den Hintergrund gedrängt worden. Es ist unbedingt der Rede wert! Denn es hat so etwas ja kein zweites Mal gegeben. Nirgends hat sich öffentlich Protest erhoben. Höchstens bei den Menschen, die zu den Partisanen gegangen sind. Aber sonst hat niemand Widerstand geleistet! Auch in den Lagern nicht. Auch da gab es keinen Aufstand. Sie haben sich alle zur Schlachtbank führen lassen.

Meine Mutter und meine Tanten, die waren mit dabei auf der Straße. Was sie dort genau getan haben, weiß ich nicht. Ich war auf der anderen Seite, wie gesagt. Die Fenster gingen zum Hof, nicht auf die Straße. Auf jeden Fall haben sie geschrien. Natürlich haben wir drinnen das gewußt, auch wenn wir sie nicht sehen und hören konnten. Sie sollen gerufen haben: »Gebt uns unsere Männer zurück!« Und: »Gebt uns unsere Frauen zurück!« Das hat man uns erzählt. Es war ja ein Wunder, daß niemand eingeschritten ist.

Aber die Hoffnung, daß wir rausgelassen werden, hatten wir da noch nicht. Solange man drin ist, hat man keine Hoffnung. Erst in dem Moment, als ich auf der Straße stand, konnte ich es glauben: Ich war draußen. Dann bin ich zu Fuß nach Hause gelaufen. War ja nicht so weit bis zum Alexanderplatz. Schmutzig war ich, vollkommen schmutzig. Alles in allem war ich zwei Wochen weg gewesen. Solange hatte ich mich nicht waschen können.

Der Protest dieser Frauen in der Rosenstraße – es waren ja hauptsächlich Frauen – war sehr mutig. Außergewöhnlich mutig. War wohl auch ein bißchen Verzweiflung dabei. Wie es dazu gekommen ist, weiß ich nicht genau. Bis heute ist mir nicht klar, wie meine Mutter etwas davon erfahren hat. Das muß spontan gewesen sein. Ich habe noch mit einer anderen alten Dame gesprochen, die bei uns wohnte. Die war ebenfalls bei der Demonstration in der Rosenstraße dabei gewesen. Und die konnte das auch nicht so richtig erklären.

Die Frage, die ich mir immer wieder gestellt habe, ist die: Sie müssen doch irgendwie davon gehört haben, daß man sich da trifft? Oder sind sie da einfach nur so hin wie meine Mutter? Einfach, weil sie dachten: Meine Leute sind da drin, da muß ich auch sein, da geh ich hin? Wahrscheinlich ist es ungefähr so gewesen. Anders ist es nicht zu erklären. Und als sie sich dort getroffen haben, gab es wohl welche, die die Menschen zusammengehalten und angeführt haben. Es gibt doch immer Leute, die das können. Und es war ja auch gut so.

Ich habe mit meiner Mutter häufig darüber geredet. Aber ich habe nicht mehr darüber rausgekriegt als: »Ja, wir sind da gestanden und haben geschrien.« Aber vielleicht habe ich damals nicht genau genug gefragt, denn es gab so viele andere Schwierigkeiten. Die Rosenstraße war eine Kleinigkeit im Verhältnis zu dem, was danach kam. Im Lager in der Schulstraße, wo ich bis Kriegsende war, war es viel schlimmer.

Zwei Schwestern meiner Mutter waren auch in der Rosenstraße, und ich meine, auch ein Schwager sogar. Der Mann von Tante Frieda, noch in Uniform. Tante Frieda war eher schüchtern. Aber meine Mutter war energisch, die hat die da schon hingeholt. Sie war eine sehr entschlossene, mutige Frau. Selbst meine Enkelkinder sind heute noch ganz begeistert von ihr. Meine Mutter war noch im hohen Alter eine Persönlichkeit. Getan hat sie das alles nur für die Familie. Sie hatte ein gutes Familienleben bei sich zu Hause, und um das zu verteidigen, war sie zu allem bereit. Das war der Grund für ihren Mut. Die Familie war einfach das wichtigste für meine Mutter. Wenn da nur andere, fremde Leute in der Rosenstraße inhaftiert gewesen wären, hätte sie sich nicht für sie eingesetzt. Da hätte sie sich vielleicht gesagt: »Wieso sollte ich? Erst sind wir dran.«

Sie ist für meinen Vater zum jüdischen Glauben übergetreten. Deswegen waren auch wir, Gad und ich, sterntragende Juden. So nannte man das damals. Gad hat sogar Bar-Mizwa gefeiert. Damals, als meine Eltern in Österreich geheiratet haben, gab es noch das Gesetz, daß beide Ehepartner die gleiche Religion haben müssen. Vielleicht hätte meine Mutter es sonst auch nicht gemacht. Dieser Übertritt war für sie mit viel Lernen verbunden. Später war sie es, die dafür gesorgt hat, daß bei uns die jüdischen Feste gehalten wurden. Das war zwar manchmal sehr komisch, aber wir haben sie gehalten.

Da gab es zum Beispiel ein Osterfest, da waren Gad, mein Vater und ich die einzigen Juden. Alle anderen waren Christen: die Tanten, die Schwäger. Aber sie haben die jüdischen Bräuche mitgemacht. Das heißt – direkt mitgemacht, das wäre zuviel gesagt. Aber das war religiös, und das haben sie geachtet. Man hat die Texte in deutsch gelesen, so hatten sie auch etwas davon. Und meine Oma, die Mutter meiner Mutter, hat am Tisch gesessen und hat sich das alles angeschaut.

Dafür waren wir dann Weihnachten bei denen. Aber in den ganzen Kinderjahren bin ich mit meiner Oma nur einmal an Weihnachten in die Kirche. Nur einmal hat sie mich mitgenommen. Sonst nie. Und einmal bei der Einsegnung einer Cousine.

Ich weiß noch die Geschichte mit meiner Cousine. Die hat während des Krieges – ich weiß nicht mehr wann – geheiratet. Und der Bräutigam war bei den Fliegern. Da gab es nun also eine Hochzeit. Und eine Hochzeit wäre ja eigentlich ein wichtiges Familienfest. Aber die Cousine hat meiner Mutter beigebracht, daß wir nicht zur Hochzeitsfeier kommen könnten. Weil ihr Bräutigam beim Militär war, wurden da lauter Soldaten erwartet.

Über diese Ausladung haben sich die anderen Schwestern so furchtbar aufgeregt, daß sie am liebsten auch nicht auf die Hochzeit gegangen wären. Und dann meine Mutter! Das war wieder typisch meine Mutter: Die hat mich dazu gebracht, ein schönes Sofakissen zu sticken. Und zur Hochzeit hat sie dieses Sofakissen überreichen lassen mit den Worten »Von der Tante Hedwig«. Natürlich haben dann die anderen Schwestern geweint, weil die Tante Hedwig nicht dabei sein konnte. Sollten sie es wenigstens zu spüren bekommen, daß sie uns nicht dabeihaben wollten! So war meine Mutter.

Einmal hat sie uns wegen ihres Temperaments beinahe in Schwierigkeiten gebracht. Das zeigt, wie sie war. Da hätte sie uns alle unglücklich machen können. Das war noch vor der Rosenstraße. Da wohnte eine Frau bei uns im Haus, die war wirklich ein Nazi. Und die hat meine Mutter dauernd beschimpft, immer wenn sie sich auf der Straße oder im Treppenhaus begegnet sind. Unser Haus war damals schon bei einem Fliegerangriff getroffen worden, die Treppe war kaputt, und so mußten wir durch das Hinterhaus an dieser Frau vorbei. Wenn die meine Mutter getroffen hat, hat sie sie beschimpft. »Du Judenhure« hat die ihr nachgeschrien. Und meine Mutter hat innerlich gekocht.

Einmal, als meine Mutter gerade vom Milchholen zurückkam, hat diese Frau sie wieder beschimpft. Und da hat sie ihr doch tatsächlich die Milch über den Kopf geschüttet in ihrer Wut! Die ist natürlich gleich zur Polizei. Zwei Stunden später haben sie meine Eltern abgeholt. Aber das ganze Haus, alle Mitbewohner sind zur Polizei gegangen und haben für meine Mutter ausgesagt. Die haben meine Mutter in Schutz genommen und haben bezeugt, daß die Frau verrückt war und ständig so komische Sachen machte. Mein Bruder und ich, wir haben uns in der Zwischenzeit versteckt.

Gott sei Dank haben sie meine Mutter wieder rausgelassen, aber das war sehr leichtsinnig. Sie konnte sich eben nicht mehr beherrschen. Das kann man ja auch verstehen. Die Hausbewohner haben das Schlimmste verhindert, obwohl das keine Juden waren, sondern Christen. Sie kannten unsere Familie seit langem. Gad und ich waren dort geboren, mein Vater hatte ein Geschäft, und jeder kannte uns. Wir sind zwar zwischendurch von unserer Straße im Scheunenviertel nach Weißensee umgezogen, aber als Österreich zum Deutschen Reich kam, mußten wir in Weißensee wieder raus. Und per Zufall haben wir in demselben Haus, in dem wir vorher gelebt hatten, wieder eine Wohnung gefunden. Mein Vater hat die Portiersfrau auf der Straße getroffen und erfahren, daß eine Wohnung frei war. Und wir durften ja nur in ein Haus, das einen jüdischen Hauswirt hatte.

In Weißensee machte ich meine ersten Erfahrungen mit den Nazis. Mein Bruder und ich, wir waren 1933 zehn Jahre alt. Schon da haben wir sehr viel darüber gewußt. Wir wohnten in der Nähe eines Sportpalastes in Weißensee. Und da gab es ständig diese großen Versammlungen der Nazis. Und wenn die da rauskamen, wurden die Fenster der Juden angeschmiert und solche Sachen. Einmal waren auch Bilder von uns im Stürmerkasten, ich weiß nicht mehr, bei welcher Gelegenheit. Wir waren noch Kinder. Aber wir haben doch viel mitgekriegt, auch, daß das Geschäft meines Vaters immer mehr zurückging, weil niemand mehr bei ihm kaufen wollte. Darüber haben wir viel und offen in der Familie geredet. Und da haben uns die Verwandten auch unterstützt. Das fing ja schon gleich 1933 auf der allgemeinen Schule an. Da gab es den sogenannten nationalsozialistischen Unterricht. Wir durften da nicht mitmachen. Natürlich nicht. Und jeden Morgen ist die Klasse aufgestanden zum »Heil Hitler«. Später in der Deutschstunde wurden dann die Aufsätze genau über die Themen geschrieben, die sie im nationalsozialistischen Unterricht behandelt hatten. Wir konnten wieder nicht mitschreiben, weil wir da ja nicht hatten mitmachen dürfen. Also, man hatte schon als Kind seine Schwierigkeiten.

1935 fingen die Schulen an, Sportübungen in Vorbereitung für die Olympiade 1936 einzustudieren. Und ich habe diese Übungen so schön gemacht, daß ich Vorturnerin geworden bin. Damals war ich noch nicht so dick wie heute. Eigentlich hätte ich Vorturnerin im Olympiastadion sein sollen. Aber als es dann soweit war, habe ich natürlich doch nicht mitmachen dürfen, natürlich nicht, als Jüdin.

Es war im Grunde keine besonders große Enttäuschung für mich. Gad und ich hatten damals schon ein sehr waches Bewußtsein für die Ereignisse. Und wir gingen ja auch in die jüdische Jugendgruppe. Uns war klargeworden, daß die Deutschen uns verfolgten. Das ist langsam in einen hineingewachsen, dieses Bewußtsein. Man hat doch täglich die Propaganda gehört. Und man hat die Angst gespürt, die die Leute hatten.

Wenn ich darüber nachdenke: Vielleicht hat es uns auch geholfen, so absurd das klingt, daß meine Familie jüdischer war als andere Mischlingsfamilien – und als viele jüdische Familien auch. Dadurch, daß meine Mutter übergetreten ist, war die Religion bei uns lebendiger. Wir hatten etwas, auf das wir uns stützen konnten.

Ein Grund dafür, daß meine Tanten und der Onkel vor der Rosenstraße protestiert haben, war sicher auch, daß sie meinen Vater einfach sehr gern gehabt haben. Er war ein liebenswürdiger Mensch, der typische Wiener, und hatte sehr viel Humor. Das mochten sie. Im Lauf des Krieges hat sich mein Vater verändert: Er ist zur Arbeit gegangen, und wenn er nach Hause gekommen ist, da war er todmüde. Er hat Gott gedankt, wenn er seine Ruhe hatte. Zu Späßen war er nicht mehr aufgelegt. Aber wenn einmal so ein Verhältnis besteht, verändert sich das nicht von einen Tag auf den anderen. Meine Tanten hatten ihn weiterhin gern.

Aber sie hatten auch Angst. Sie haben uns nicht so sehr unterstützt, wie sie es hätten tun können. Nein. Wir haben zum Beispiel nie bei ihnen schlafen dürfen, später, als wir schon den Illegalen geholfen haben. Sie haben uns, wenn es ging, mit Essen versorgt. Vielleicht auch mit Geld. Aber niemals mit einem Schlafplatz. Die illegalen Juden, um die wir uns kümmerten, brauchten meistens dringend eine Unterkunft. Wir hätten sie in unserer Wohnung unterbringen und selbst bei den Verwandten schlafen können. Aber das kam überhaupt nicht in Frage. Dafür hatten sie zuviel Angst.

Ich habe ihnen das nie vorgeworfen, denn man muß andererseits auch sehen, daß es wirklich gefährlich gewesen wäre. Ihre Nachbarn kannten uns ja von früher her als Verwandte, und wußten, daß wir Juden waren. Dennoch: Meiner Meinung nach hätten sie in diesem Punkt mehr machen können.

Meine Mutter hatte auch Freundinnen, die die ganze Zeit über zu uns standen. Eine Freundin war Bäckerin, die hat uns die ganzen Jahre lang mit Lebensmitteln geholfen. Meine Mutter und mein Vater hatten nicht mit vielen Menschen engen Kontakt. Aber die wenigen Freunde, die sie hatten, die waren ihnen sehr stark verbunden.

Meine Mutter hat es immer ganz selbstverständlich gefunden, daß sie sich am Protest in der Rosenstraße beteiligt hat. Sie hielt sich deswegen nicht für besonders mutig. Genauso selbstverständlich war es für sie, daß sie später zur Schulstraße gekommen ist. Es ging schließlich um ihre Kinder. Jede Mutter würde zu ihren Kindern gehen. Ich weiß von vielen Frauen, die ihre Männer haben fallenlassen. Aber die Kinder ... das ist etwas anderes.

Da gibt es noch eine Geschichte aus der Rosenstraße, die fast komisch ist. War da doch neben mir eine, die hat immer deutsche Soldatenlieder gesungen. Es hat sich herausgestellt, daß sie eine Tochter von General Milch war, da ist sie natürlich bald rausgeholt worden. Aber wie sie überhaupt reingekommen ist, kann ich mir nicht erklären. Da muß doch irgend etwas Jüdisches in der Familie gewesen sein ... Vielleicht war die Mutter jüdisch?

Sie war natürlich durch ihren Vater so erzogen worden, prodeutsch, meine ich. Die sang immer: »Warum muß der Landser denn ...« Ach nein, ich weiß es heute nicht mehr. So ein Soldatenlied eben. Sitzt in so einem Lager und singt noch solche Lieder! Und ich habe immer hebräische Lieder dagegen gesungen oder jiddische. Es gab auch welche mit deutschen Wörtern. So saßen wir da, Rücken an Rücken. Wir, Gad und ich, waren schon damals sehr zionistisch eingestellt. Es gab in unserem Saal nicht viele, die prozionistisch waren. Die meisten waren neutral, es waren so ganz normale Ehefrauen. Die haben an so etwas nicht gedacht. Viele von ihnen werden zuerst gar nicht gewußt haben, daß sie etwas Jüdisches in sich hatten.

Langsam, langsam wurden dann schon einzelne entlassen. Ich kann mich noch erinnern, wie eines Morgens einer reinkam, ein Mann, und rief: »Reni, Reni, wo bist du denn?« Und sie saß irgendwo hinter mir und ist langsam rausgekrochen gekommen. »Du dumme Kuh«, rief der in der Tür, »nun komm schon!« Und heute, das ist das witzige, ist die Reni meine Schwägerin. Das war das erste Mal, daß ich sie gesehen habe, in der Rosenstraße. Der in der Tür, das war ihr Vater.

Er hat als Elektriker in der Jüdischen Gemeinde gearbeitet und hat seine Tochter natürlich gleich rausgeholt. Mein Vater ist auch ziemlich schnell entlassen worden. Auch Gad ist freigekommen. Nur ich war immer noch da. Ich war so ziemlich die letzte. Vielleicht waren meine Papiere nicht zu finden gewesen. Ich weiß es nicht. Die haben uns ja keinen Grund gesagt, als wir entlassen wurden. Sie haben uns Zettel gegeben und uns nach Hause geschickt. Darum ist ja bis heute nicht geklärt, warum sie das eigentlich taten. Zwischendurch hat sich die SS auch mal hübsche Mädels rausgeholt und mit denen gebumst oder so. Die man rausgeholt hat, die sind alle nicht wieder zurückgekommen.

Ich schätze, daß mehr als hundert Frauen in so einem Zimmer saßen mit dem Rücken aneinander. Geschlafen haben wir überhaupt nicht, hin und wieder eingenickt, das ja. Wir waren viel zu aufgeregt, um zu schlafen. Von der Jüdischen Gemeinde ist Brot gekommen. Es wurde auch Essen ausgeteilt, und ich kann mich erinnern, daß sie es in Stahlhelmen gebracht haben. In Stahlhelmen! Da haben sie die Suppe reingetan. Und keine Löffel dazu. Ich habe bis heute in meiner Tasche das Gerät, das ich damals als Löffel benutzt habe, als Erinnerung. Ein Metallspiegel, sehen Sie? Den kann man so herausdrehen aus dem Etui. Das war mein Löffel. Die anderen haben geschlürft, getrunken, jede, wie sie so konnte. Vielleicht waren auch ein paar Löffel da. Das Essen wurde von der Gemeinde geschickt.

Meinen Vater habe ich nicht gesehen, er war in einem anderen Raum. Daß er verhaftet worden war, wußte ich nur von Gad. Der hat mir auch Bescheid gesagt, als Papa freikam. Ich war dann, wie gesagt, fast die letzte. Ich bin zu Fuß nach Hause. War ja nicht weit bis zum Alexanderplatz. Ich habe mich sehr geschämt, weil ich so dreckig war.

Danach kam die Aufforderung, mich beim Arbeitsamt zu melden. Dort habe ich eine andere Frau aus der Rosenstraße wiedergetroffen. Und die hat gesagt, man solle sich für die Eisenbahn melden, weil die Stationsvorsteher immer nur anwesend sind, wenn der Zug weggfährt. Das sei eine leichte Arbeit. Wir haben uns tatsächlich dafür gemeldet. Aber es war natürlich nicht so angenehm, wie wir es uns vorgestellt hatten, sondern wir mußten die Züge putzen. Das habe ich gemacht, bis ich verhaftet wurde.

Gad und ich waren schon seit langem in dieser Jugendgruppe[5] aktiv, die untergetauchten Juden half. Wir suchten Unterkünfte für sie, besorgten Essen. Das Geld dafür kam aus der Schweiz.

Daß unsere Arbeit mit den Illegalen gefährlich war, haben wir zwar gewußt, aber wir haben nie darüber nachgedacht. So etwas kann man nicht machen, wenn man sich ständig die Gefahr vor Augen hält. Meine Eltern waren natürlich nicht so beglückt davon. Die haben auch vieles nicht gewußt, sonst hätten sie es nicht erlaubt. Es war leichtsinnig und riskant. Aber ich würde es wieder tun. Da waren wir beide gleich, Gad und ich. Vielleicht lag das

---

[5]  Aus der zionistischen Jugendgruppe, in der Miriam und Gad Beck seit früher Jugend Mitglieder waren, entwickelte sich 1943 eine neue Gruppe, die sich zum Ziel gesetzt hatte, illegal lebenden Juden zu helfen. Im Februar 1943 gab sie sich einen neuen Namen: »Chug Chaluzi« – zu deutsch: die Pioniergruppe. Sie bestand zeitweise aus bis zu dreißig aktiven Mitgliedern und betreute Hunderte von Juden, die in die Illegalität abgetaucht waren.

an meiner Mutter und an ihrer Erziehung. Mein Vater war auch mutig. Aber es war doch sie, die zu Hause den Ton angab.

Durch einen jungen Mann bin ich dann ins Lager in der Schulstraße hineingeraten. Er war mit einem anderen in unserer Wohnung versteckt. Heute lebt er übrigens in der Schweiz. Der andere war, glaube ich, aus Oranienburg geflüchtet. Dann gab es Fliegeralarm. Die Nachbarn haben in unserer Wohnung Geräusche gehört und wahrscheinlich gemeint, es seien Einbrecher drin. Es ist doch viel gestohlen worden während der Bombenangriffe, wenn alle im Keller waren. Auf jeden Fall haben sie es gemeldet, und die Polizei kam. Und die haben sich auch noch Kämpfe mit der Polizei geliefert! Der aus Oranienburg hatte einen Revolver und hat geschossen. Den jungen Mann hat man dabei gefaßt. Aber was heißt schon junger Mann! Der war sechzehn. Eigentlich noch ein Kind. Und der hatte einen Zettel von mir in der Tasche, auf dem stand, er solle Pferdefleisch besorgen. Und damit hatten die meine Schrift, und so war ich geliefert.

Ich hatte damals schon oft Menschen versteckt, auch auf dem Bahnhof, in den Waggons, die dort abgestellt waren. Aber vorher hatten sie uns noch nicht in Verdacht. Erst durch diesen Jungen sind sie uns auf die Spur gekommen. So haben sie mich verhaftet. Meine Mutter ist mit mir mitgegangen, aber wir sind sofort getrennt worden. Inzwischen hatten sie auch schon meinen Bruder, aber das wußten wir nicht. Auf dem Polizeipräsidium war ein SS-Mann, der hat mich geschlagen, am Anfang. Nachher hat er mich verhört. Und wie das Schicksal so läuft, hatte er schon Notizen von dem Verhör mit dem Jungen, und die hat er so in der Hand gehalten, daß ich den Zettel durch die Rückseite hindurch lesen konnte. Ich habe nicht alles richtig lesen können. Aber

Namen, die man kennt, erkennt man auch rückwärts geschrieben, wenn man sie sieht. Da wußte ich: Die Namen kennt der sowieso schon. Wenn er mich fragt, kann ich diese Namen also sagen. So hat man keinen anderen verraten.

Meine Mutter hat man gleich wieder nach Hause geschickt. Ich war ungefähr eine Woche da. Dann wurde ich ins Lager in der Schulstraße gebracht. In dem Lager war ich, bis die Russen gekommen sind.

Auch von dort sind noch Transporte abgegangen, aber mein Bruder hatte sich für die Verhöre eine sehr gute Phantasiegeschichte zurechtgelegt. Halb Erfindung, halb Wahrheit, so daß die nicht wußten, was da nun dran war und wen sie vielleicht noch packen könnten. Und das Interessante dabei, was auch wieder mit dem Zwillingsein zusammenhängt: Mein Bruder und ich, wir haben fast dasselbe ausgesagt. Wir haben das nachher kontrolliert. Es war fast ein Schock für mich, als ich das bemerkte. Ich habe gesehen, daß es – im Unterbewußtsein – doch Dinge gibt, die mit diesem Zwillingsein zu tun haben. Daß wir uns ähnliche Geschichten ausgedacht haben, konnte ich hinterher kaum glauben. Das war doch phänomenal. Haben wir uns gegenseitig so gut gekannt, daß jeder wußte, was der andere sagen würde? Oder waren wir uns so ähnlich, daß uns sowieso dieselben Ideen gekommen sind? Irgendwie muß es die SS irritiert haben, daß sich unsere Geschichten so glichen, denn sie haben uns nicht deportiert.

Als die Russen kamen, war Gad schon bei einem Angriff verletzt worden und lag im Krankenhaus. Man hörte die Schießerei rundherum, der Krieg kam immer näher. Da hat die Lagerleitung Entlassungsscheine verteilt. Wir mußten antreten, und der Lagerführer Walter Dobberke ist zu mir gekommen und hat gesagt: »Dich muß ich noch erschießen.« Und er hat mir keinen Entlassungszettel gegeben. Am nächsten Morgen war er weg. Aber mein Schein lag auf seinem Tisch. Ob er das nur zum Spaß gesagt hat oder nicht, weiß ich nicht. Er war schlimm, aber nicht so schlimm wie manche andere. Und als dann die Russen gekommen sind, da war es auch nicht so viel schöner, am Anfang. Aber da haben die Jungs und Gad sich gleich gerührt. Die haben mir Hosen gegeben und mir die Haare unter die Mütze gesteckt. Denn bei den Russen hieß es sofort: »Frau, Frau, Frau, Frau!« Obwohl bei uns viele inhaftiert waren, die russisch sprachen und denen erklärt haben, daß das ein Lager war. Nachher hat das aufgehört. Das waren nur die ersten Stunden, als die Truppen direkt hereinkamen.

Aber wir konnten nicht gleich weg. Wir sind noch ein paar Tage dageblieben, weil wir wegen dem Geschieße nicht raus konnten. Es gab direkt Straßenkämpfe rundherum. Ein Freund, der unbedingt raus wollte, ist erschossen worden.

Nach dem Krieg haben wir uns auf den Weg gemacht. Wir wollten nach Israel.  Berlin verließen wir, sobald es ging. Denn das mit den Russen war kein Zustand. Fünf Leute waren wir: meine spätere Schwägerin – die »dumme Kuh« aus der Rosenstraße –, ihr Bruder, Gad und ich und noch ein Freund. Am 3. Juli sind wir weg aus Berlin. Daran erinnere ich mich noch. Allein von Berlin nach Weimar haben wir drei Wochen gebraucht. Manchmal konnte man ein Stück mit dem Zug fahren, dann mußte man wieder zu Fuß weiter, und immer mit dem Rucksack. In Weimar kamen wir zu einem Sanatorium für die, die aus Buchenwald befreit worden waren. Da waren alle Nationalitäten vertreten. Die meisten waren krank. Und den Leiter von diesem Sanatorium habe ich kennengelernt und dann geheiratet.

Wir sind da in Weimar auf dem Bahnhof angekommen. Und die hatten gehört: Es kommen Juden aus Berlin. Das konnten die sich nicht vorstellen. Die haben uns fast in den Himmel gehoben. Außerdem waren Reni und ich die ersten Mädels, die dort hingekommen sind. Sie haben uns verwöhnt nach Strich und Faden. Vor unserem Hotelzimmer haben sie jeden Tag direkt Schlange gestanden, um uns etwas zu bringen. Die waren so nett, die Jungs.

Mein Mann hatte noch zwei Brüder. Dadurch, daß sie immer zusammengehalten haben, haben sie den Krieg überstanden. Der Jüngste ist aber doch noch gestorben, einen Tag, bevor die Amerikaner sein Lager befreiten. Er war schon zu schwach. Er hatte Schläge gekriegt, und das hat er nicht mehr verkraftet. Auch der zweite Bruder war sehr krank. Er hatte keine Wunden, aber er war völlig entkräftet und hat sich lange nicht erholt. Ihn hat später das Mädel aus der Rosenstraße, Reni, geheiratet.

Meine Eltern blieben in Berlin. Wir wollten weiter. Aber so schnell kam man nicht weg aus Deutschland. Das ging immer von einem Lager ins andere. Im Sommer hat es uns nach München verschlagen. Dort blieben wir im August und September. In München lebten viele, die aus Dachau befreit worden waren. Und es hingen dort auch schon die Listen von den Überlebenden aus allen Lagern, so daß sich die Menschen, die Angehörige gesucht haben, irgendwie orientieren konnten. Mein Mann hat dort eine Tante gefunden, die hatte Bergen-Belsen überlebt. Wir haben in Fürstenfeldbruck eine Wohnung bekommen und geheiratet. Dort ist auch mein erster Sohn geboren. Erst 1948 sind wir endlich nach Israel gefahren, da waren Gad und meine Eltern schon dort.

Mein Mann war körperlich nicht krank, aber seelisch. Er war Musiker. Er kam aus einer sehr musikalischen Familie, in der jeder ein Instrument spielte. Der Großvater war Musikprofessor. Mein Mann wollte eigentlich nach Amerika, aber ich wollte zu meinen Eltern, und so sind wir im Oktober 1948 nachgekommen. Da war mein Vater schon krank, und sie hatten mir geschrieben: Wenn ich ihn noch einmal sehen wolle, dann dürfte ich keine Zeit verlieren.

Es gibt Menschen, die nie darüber gesprochen haben, was sie in den Lagern erlebt haben, die bis heute nicht darüber sprechen können und wollen und deren Kinder nichts wissen. Und es gibt Menschen, die darüber gesprochen haben; dazu gehörte mein Mann. Er hat immer wieder vom Lager angefangen. Aber den Kindern haben auch wir nicht soviel erzählt.

Es war wahnsinnig schwer, die ersten Jahre, das Leben mit meinem Mann. Da hat er immer wieder in der Nacht geschrien, sein Magen war so nervös, daß er fast alles erbrochen hat. Sehr schwer war es. Und die Sachen, die ich da zu hören gekriegt habe – unbeschreiblich. Das mag man gar nicht wiedergeben. Aber ich muß ehrlich sagen: Ich habe ihn eigentlich darum geheiratet. Er hatte vorher eine Frau und ein Kind. Beide sind umgekommen. Darunter hat er sehr gelitten. Ich habe ihn aus Mitleid geheiratet, um ihm eine neue Familie zu geben. So ungefähr war mein Gedanke. Sicher hatten wir uns gern, und wir sind im Lauf der Zeit auch zusammengewachsen. Wir haben eine gute Ehe geführt. Aber zuerst war da das Gefühl: Dieser Mann hat soviel verloren. Irgend etwas muß er wiederbekommen. Ja. Jetzt hören Sie mal alles von der Seite einer Frau.

Mein Vater ist bald gestorben: Er hatte oben am Hals immer ein dickes Gewächs. Und durch die schwere Arbeit beim Gleisbau hat sich das irgendwie zersetzt, ist geplatzt und bösartig geworden. Später hat man das dann gewußt. Aber für Krebs hat es keine Entschädigung gegeben. Wäre er an einem Herzleiden gestorben, hätte meine Mutter Rente bekommen. Aber sie hat nie einen Groschen gekriegt. Dreiundsechzig war er, als er starb.

Meine Mutter ist in Israel geblieben, obwohl sie Deutsche war. Sie hat immer gesagt: »Ich fahre ja gerne meine Schwestern besuchen, aber nach drei Monaten habe ich genug, dann muß ich wieder nach Hause.« Israel war ihr Zuhause, ihre Kinder waren ihr Zuhause. Und sie hat sich auch gut eingelebt, nur Hebräisch hat sie nicht mehr gelernt. In ihrer Generation haben noch viele jiddisch gesprochen, und das ist ähnlich wie Deutsch. Meine Mutter hat sich ohne Probleme verständigen können. Sie hat für ihre Familie, sie hat mit ihrer Familie gelebt. Gehaßt hat sie Deutschland nicht.

Mir selber ist es dagegen das erste Mal, als ich wieder hier war, schwergefallen, die Menschen anzuschauen, die in dem Alter waren, daß sie alles miterlebt und mitgemacht haben. Ich sage es Ihnen jetzt ganz ehrlich: Als ich gesehen habe, daß schon viele von ihnen mit Stöcken und Krücken gingen, hat mir das irgendwie eine Befriedigung gegeben. Es ist vielleicht nicht richtig, aber da war mir leichter. Heute ist das was anderes. Die von damals sind schon fast alle tot. Obwohl man auch heute noch ganz böse Bemerkungen hört. Man wird immer wieder eingeholt.

Mein Mann ist krank geworden – Parkinson. Und er sollte in eine Klinik in Deutschland kommen, die auf Parkinson spezialisiert war. Mein Sohn wollte das alles für ihn erledigen. Da haben wir eine Frau getroffen, deren Mann auch an Parkinson gelitten hat. Und die sagte zu uns: »Machen Sie das nicht. Ich habe meinen Mann dort hingebracht, und ich kann ihnen nur raten, tun Sie es nicht! Ich habe meinen Mann kränker wieder zurückbekommen, als wenn er daheimgeblieben wäre. Die Patienten dort, das sind lauter alte Nazis von damals. Es war unmöglich für ihn, dort zu leben, mit diesen Menschen.«

Schöne Erlebnisse gab es wenige. Nur das Zusammenhalten von uns, das war schön. Ich meine nicht nur in der Familie, sondern auch mit den Freunden. Dieses Zusammenhalten, das ist auch heute noch so. Vor drei Jahren habe ich einen Freund aus der Kriegszeit in Berlin wiedergetroffen, und es war, als ob wir keinen Tag getrennt gewesen wären.

# »Goebbels wollte Hitler ein juden-freies Berlin schenken«

»Da gab es diesen wahnsinnigen Fliegerangriff auf Berlin, ganz Berlin stand in Flammen. Nach Mitternacht hörten wir die Entwarnung und gingen alle ins Bett. Wir durften ja nicht in die Keller gehen und saßen immer oben in der Wohnung. Und wenn ganz Berlin gezittert hat, waren wir irgendwie glücklich, denn es war die einzige Zeit, wo wir wußten, daß die Nazis soviel Angst um ihr eigenes Leben hatten, daß sie sich nicht um die Juden kümmerten. Das waren für uns zwei Stunden Freiheit.«

*Hans-Oskar Löwenstein*

Hans-Oskar Baron Löwenstein de Witt mit seiner Mutter im Garten, 1934.

Mit vollem Geburtsnamen heißt Hans-Oskar Löwenstein eigentlich Hans-Oskar Baron Löwenstein de Witt. »Löwenstein« steuerte sein jüdischer Vater bei, der Baron de Witt kommt von dem holländischen Adelsgeschlecht, aus dem seine Mutter stammt.

Es hat ihn nach Jahren im Nachkriegsexil in Israel wieder zurückgetrieben an den Ort seiner Kindheit. Heute lebt Hans-Oskar Baron Löwenstein de Witt in einer kleinen Wohnung nahe dem Berliner Kurfür-

Hans-Oskar Baron Löwenstein de Witt vor seiner Ahnengalerie, 1997.

stendamm. Früher bewohnte seine Familie dort eine Vierzehn-Zimmer-Wohnung mit beinahe sechshundert Qua-
dratmetern Wohnfläche, mit drei Bädern und drei Toiletten. Sein Vater war bis 1933 Börsenvertreter und Proku-
rist bei der Commerzbank in Berlin. Seine Mutter stammte
aus hochangesehenem Hause.

Ihre Schwester Elisabeth hatte den letzten demokratisch gewählten Regierenden Bürgermeister von Potsdam
geheiratet. Mit ihm lebte sie in einem Schloß, dem Palais
Lichtenau, das Friedrich Wilhelm II., Nachfolger von Friedrich dem Großen, seiner Staatsmätresse in Potsdam
hatte erbauen lassen und das später vierzig Jahre lang
Sitz der Stasi sein sollte.

Heute ist von den großen Zeiten nichts geblieben außer einer umfangreichen Sammlung von Silber; Teller, Schalen, Vasen, Bestecke, die Hans-Oskar Löwenstein de Witt an den Wänden seiner kleinen Wohnung arrangiert hat. Dazwischen hängen Fotos aus besseren Tagen: Vater Fritz Löwenstein in Uniform (er hatte es unter Kaiser Wilhelm im Ersten Weltkrieg trotz seiner jüdischen Abstammung bis zum Hauptmann gebracht); Mutter Hanna Löwenstein de Witt, die Nacktheit nur von ihren langen Haaren und ein wenig Schilf bedeckt, in jungen Jahren an einem See; dieselbe Frau Jahrzehnte später als noch immer sehr schöne, energische Dame mit streng zurückgekämmtem Haar.

Dieses kleine Domizil in der Nähe des Ku'damms ist eine Enklave der Erinnerung. Jedes Stück an den Wänden erzählt eine Geschichte; und ein Raum voller Reiseandenken gleicht eher einem Beduinenzelt als einer Berliner Mietwohnung. Es ist eine bis unter die Decke mit Vergangenheit angefüllte Reminiszenz an schönere, fast glorreiche Zeiten, in der Gesamtfläche jedoch gerade mal so groß wie die Küche in der Vierzehn-Zimmer-Wohnung, die die Löwenstein de Witts einst am Kurfürstendamm zu dritt bewohnten. Heute passen auf diese Fläche zweieinhalb Zimmer, eine Küche, ein Flur und ein Bad.

Dabei hat der Sohn Hans-Oskar die guten Zeiten selbst kaum miterlebt. Sie waren bereits wenige Jahre nach Hitlers Machtübernahme nur noch Erinnerung. Da war Hans-Oskar Löwenstein, 1926 geboren, gerade erst in der Pubertät.

So haftet der Welt, die er sich heute in seiner Wohnung inszeniert hat, auch ein Hauch von Irrealität an, etwas Traumhaftes fast. Es hat eine solche Welt tatsächlich einmal gegeben, aber Hans-Oskar selbst kennt sie eigentlich nur noch aus den Erzählungen der Eltern. In seiner Kinder- und Jugendzeit war sie schon von allen Seiten her bedroht, ja in Zerstörung begriffen. Binnen weniger Jahre stürzte die Familie aus ihrer großbürgerlichen Sphäre so tief hinab, daß ihr nichts mehr blieb als das nackte Leben. Die Traumzeit des Hans-Oskar Baron Löwenstein de Witt, seine Kindheit also, war wie eine Sandburg am Strand. Die Wellen haben sie hinweggespült. Dessen ist sich auch der ältere Herr, der mir die Tür zu seiner Wohnung öffnet, bewußt.

Mit Noblesse und Selbstironie präsentiert er sein kleines, überfülltes Reich und beginnt bei Tee, Kaffee und Kuchen seine Geschichte zu erzählen. Die Kaffeetafel ist – natürlich – üppig gedeckt. Zum Tee gibt es Zitrone oder Milch, je nach Wunsch. Heißes Wasser steht bereit, wenn Kaffee oder Tee für den Geschmack des Besuchers zu stark geraten sein sollten. Diese Tafel ist ein Symbol: für den Versuch, die großbürgerlichen Zeiten wiederzuerwecken, für das Beharren auf vergangenen Lebensformen, zu denen selbstverständlicher Reichtum ebenso gehörte wie Toleranz und Aufgeschlossenheit gegenüber Minderheiten und anderen Rassen. Diese Grundeinstellung war in der Familie Löwenstein de Witt immer wichtiger als politische Positionen.

Denn überlebt haben der »Volljude« Fritz Löwenstein und sein Sohn, der »Geltungsjude« Hans-Oskar Löwenstein, nur, weil ihnen eines der sehr frühen Miglieder der NSDAP immer wieder aus der Not geholfen hat: Hans-Oskars Tante Elisabeth, von ihm meistens »Tante Lie« oder auch nur respektlos »meine Nazi-Tante« genannt, unterstützte die »arisch-jüdische« Familie während der gesamten Zeit des Krieges.

Als Vater und Sohn in die Rosenstraße kamen, fuhr sie ihre Schwester mit dem Auto zu den Demonstrierenden. Als die gesamte Familie Löwenstein de Witt 1944 in den

Untergrund abtauchen mußte, weil sie aktiv eine zionistische Jugendorgansisation unterstützt hatte, die illegal in Berlin lebende Juden mit Lebensmitteln und Unterkunft versorgte[1], quartierte die Christin mit dem goldenen Parteiabzeichen der NSDAP ihre jüdischen Verwandten auf ihrem Schloß ein. Als die drei schließlich doch noch in einem Berliner Lager inhaftiert wurden, versuchte sie, sie dort wieder herauszuholen; das mißlang. Aber alle drei überlebten die Lagerhaft, teils in der Schulstraße, teils in der Großen Hamburger Straße, bis Kriegsende.

Fritz Löwenstein, als Verfolgter nach dem Krieg sofort im Wiederaufbau eingesetzt und bis zum Vizeminister für Sozial- und Arbeitswesen im Land Brandenburg aufgestiegen, wollte sich 1950 nicht zwingen lassen, in die SED einzutreten. Hans-Oskar holte an der Humboldt-Universität noch sein Abitur nach. Dann emigrierten die Löwenstein de Witts nach Israel, wo sie fast zwanzig Jahre lang lebten, bevor sie nach Berlin zurückkehrten.

\*\*\*\*\*\*\*\*\*\*\*\*\*\*\*\*\*\*\*\*\*\*\*\*\*\*\*

Sie wundern sich bestimmt, warum meine kleine Wohnung so vollgestopft ist mit Silber. Auf jedem Stück ist das Familienwappen drauf, selbst auf dem Salzlöffelchen. Das war früher in den alten Familien so üblich. Wieso haben wir das über den Krieg retten können? Ganz einfach: Das haben wir meiner Nazi-Tante zu verdanken.

Juden mußten damals ja alles abgeben. Das ging so

---

[1]   Es handelt sich dabei um dieselbe zionistische Jugendgruppe, in der auch das Geschwisterpaar Miriam und Gad Beck aktiv war und die sich seit Februar 1943 »Chug Chaluzi« – zu deutsch: die Pioniergruppe – nannte.

peu à peu bei Kriegsbeginn los, daß Juden nichts mehr haben durften, kein Grammophon, keinen Gasherd, keinen Elektroherd, keine wertvollen Gemälde, keine Bücher, keine Fahrräder ... Man durfte im Grunde nur noch ein Bettgestell haben. Und da kam eines Tages auch die Abgabe von Edelmetall. Da sagt sich doch jeder normale Mensch: Warum sind die Juden so blöd und geben ihre Wertgegenstände ab? Das hätten sie doch noch schnell verkaufen können!

Nein, konnten wir nicht! 1937 kam von der Gestapo eine Umfrage, bei der die Juden ihr gesamtes Vermögen in Listen eintragen sollten. All diese Dinge, so hieß es damals, könnten sie später bei der Auswanderung zollfrei mit ins Aus-land nehmen. Was haben kluge Juden also gemacht? Sie haben sich einen zweiten elektrischen Kühlschrank gekauft. Damals war ein elektrischer Kühlschrank noch etwas Besonderes. Mein Vater hat sich, wie andere Juden auch, gesagt: »Wenn wir einen zweiten Kühlschrank haben, dann können wir bei der Auswanderung einen im Ausland verkaufen und einen für uns behalten. Dann haben wir gleich ein bißchen Anfangskapital.« Also haben sie mindestens zwei elektrische Kühlschränke aufgelistet und so weiter.

Drei Wochen später kam eine neue Verfügung: Alles, was auf den Listen steht, darf nur verschenkt oder verkauft werden mit Genehmigung der Gestapo und bei genauer Adressenangabe des Käufers oder des Beschenkten.

Daran haben wir uns auch tatsächlich gehalten, denn die Gestapo wußte ja nun ganz genau, was man besaß. Als der Krieg anfing, kamen die Verordnungen Schlag auf Schlag. Alle paar Wochen war was Neues. Radio abgeben, Grammophon abgeben, Schallplatten, Fahrräder, Silber ... bis man nichts mehr hatte. Eines Tages kam also

Hans-Oskar Baron Löwenstein de Witt mit einem Teil des ehemals vergrabenen Tafelsilbers, 1997.

auch diese Edelmetallabgabe. Meine Eltern packten alles zusammen in große Kisten. Wir wohnten damals am Kurfürstendamm. Unser Polizeirevier war in der Grolmanstraße 28, das steht heute noch da. Und dann war da ja noch so eine Gemeinheit: Man durfte sich keinen Fuhrunternehmer bestellen. Man mußte das selber hinbringen. Da sah man hier am Ku'damm, wo so viele Juden lebten, Tausende von Männlein und Weiblein mit kleinen Handwagen oder Kinderwagen. Da waren die großen Kisten drauf. Wir brachten also auch alles hin. Am selben Nachmittag fährt meine Mutter zu ihrer Schwester nach Potsdam, zu dieser Nazi-Tante.

Die hatte übrigens, nebenbei gesagt, ein wunderbares Schloß, und zwar das Palais der Gräfin Lichtenau, die sozusagen die Pompadour von Preußen gewesen ist. Das Schloß hatte Friedrich Wilhelm II. seiner Staatsmätresse gebaut. Es gehörte meiner Tante, der Schwester meiner Mutter; sie war die Witwe des letzten demokratisch gewählten Regierenden Bürgermeisters von Potsdam, Geheimrat Dr. Vosberg. Der war von 1906 bis 1926 im Amt, und die beiden haben ganz großartig gelebt. Meine Großmutter wohnte übrigens auch in diesem Palais Lichtenau.

Mutti fährt also rüber zu ihrer Schwester und erzählt ihr: »So, Lilo, jetzt ist auch noch unser ganzes Silber weg! Jetzt können wir von Blechtellern essen.« Da wird meine Tante wütend: »Was? Wie konntet ihr das abgeben? Ist ja unglaublich! Unser altes Familiensilber!« Sie macht sich ihren goldenen Bonbon an – so nannten wir das goldene Parteiabzeichen immer – und schleift meine Mutter zum Polizeirevier. Und wie das in Deutschland immer war: Vor einer höhergestellten Person hat alles gezittert wie beim Militär. Da wagte keiner zu widersprechen. So war das auch an diesem Tag.

Als meine Tante in die Grolmanstraße ins Polizeirevier kommt, sagt sie sofort: »Heil Hitler! Ich will den Reviervorsteher sprechen.« – »Jawohl! Einen Moment.« Einen Augenblick später waren meine Mutter und die Tante im Dienstzimmer des Reviervorstehers, und bevor der Mann den Mund aufmachen konnte, hat sie ihn schon angeschrien: »Heil Hitler! Sagen Sie mal, was fällt Ihnen denn ein? Ich werde mich persönlich beim Reichsführer SS beschweren! Unser ganzes Silber haben Sie bei meiner Schwester beschlagnahmt! Was denken Sie sich eigentlich?«

Der hatte die schreiende Frau mit dem goldenen Parteiabzeichen nur gesehen, da hat er schon innerlich gezittert und herumgestottert: »Wieso? Ist denn Ihre Schwester Jüdin?« Sagt meine Tante: »Nein, natürlich nicht! Sie ist doch meine Schwester! Aber sie ist mit einem Juden verheiratet. Das Silber allerdings gehört der Familie!« – »Aber Genossin, warum hat Ihre Frau Schwester denn das nicht ge-

Die Mutter von Hans-Oskar Baron Löwenstein de Witt auf dem Kurfürstendamm, 1946.

sagt?« So klein war der schon vor lauter Angst. Nach zehn Minuten hatte meine Tante alle Kisten zurück. Der hat ihr auch noch ein Fuhrwerk beschafft, das die Sachen nach Potsdam brachte, und da blieben sie bis 1944. Als die Russen näher kamen, hat meine Tante alles verbuddelt. Das lag dann bis 1950 in dem Park. Als meine Eltern und ich 1950 nach Israel ausgewandert sind, hatte die Tante Angst, alleine in Potsdam bei den Russen zu bleiben. Sie hat nachts heimlich alles wieder ausgegraben und ist nach Hamburg geflüchtet. Jetzt hängt das hier an meinen vier Wänden, das ganze ausgebuddelte Silber.

Als meine Eltern heirateten, waren beide Familien völlig einverstanden damit. Sowohl die christlichen als auch die jüdischen Schwiegereltern waren sehr liberale Menschen. Der Vater meiner Mutter war Kapitän bei der preußischen Marine. Der war ein Kosmopolit und Weltreisender, der überhaupt keine Rassenvorurteile hatte. Er ist vierzehn- oder fünfzehnmal um die Welt gefahren. Meine Mutter ist in diesem Haus mit einer humanistischen Erziehung aufgewachsen. Die Großeltern christlicherseits waren keine Nazis. Eine Ausnahme war nur diese eine Tante! Die hat sich als Großagrarierin wahrscheinlich gedacht, Hitler sei gut fürs deutsche Bauerntum, ich weiß es nicht. Wir wissen es alle nicht, warum sie 1921 in die Nazi-Partei eingetreten ist. Man hat darüber natürlich auch wenig gesprochen. Wenn es hin und wieder mal politische Diskussionen gab, sagte sie nur: »Naja. Ihr müßt ja dagegen sein.« Daraufhin haben wir solche Gespräche abgebrochen, schließlich wollte man keinen unnötigen Ärger in der Familie. Obendrein waren wir ja später von ihr abhängig; ohne ihre Hilfe hätten wir nicht überlebt. Bei meinen jüdischen Großeltern wiederum existierte das Wort »Jude« überhaupt nicht. Sie waren assimiliert. Mein Vater zum Beispiel hatte keine Ahnung von Synagogen. Eigentlich war er deutschnational.

Er ist für Kaiser, Gott und Vaterland von der Schule weg in den Ersten Weltkrieg gezogen. Er war einer der wenigen Offiziere, die es als Juden, also ungetauft, zum Hauptmann gebracht haben. Bis zum Unteroffizier ging es auch bei Kaiser Wilhelm ganz einfach, wenn man ein guter Soldat war, aber der Sprung zum Leutnant oder Oberleutnant und zum Hauptmann war eigentlich nur möglich, wenn man getauft war. 1917 hat der Generalstab meinen Vater rufen lassen: »Hören Sie mal zu, Löwenstein! Das ist eine Pro-forma-Sache: Unser Feldgeistlicher nimmt Sie in die evangelische Kirche auf, und wir befördern Sie sofort in den aktiven Generalstab.« Da hat mein Vater gesagt: »Herr General! Ich habe keine Ahnung vom Judentum, kann nicht einmal das Alphabet, bin nie in die Synagoge gegangen. Bei uns wird seit hundert Jahren Weihnachten und Ostern gefeiert. Aber direkt austreten aus der jüdischen Gemeinschaft möchte ich auch nicht. Das sieht mir nach Flucht aus.« Das hat mein Vater nicht gemacht. Daraufhin hat sein General mit der Achsel gezuckt und gemeint: »Ja, dann tut's mir leid. Dann bleiben Sie halt Hauptmann.« Und so ist mein Vater 1918 schwer verwundet und hoch dekoriert entlassen worden.

Das Verhältnis zwischen den beiden Schwestern war sehr gut. Ich muß allerdings sagen, daß sie insgesamt drei waren, meine Mutter hatte zwei Schwestern. Wie in vielen anderen Famillien auch ging bei uns der politische Riß mitten durch die Familie. Meine Nazi-Tante mit dem goldenen Parteiabzeichen war immer reizend zu uns, und zum Schluß hat sie wirklich ihr Leben für uns riskiert. Die andere Schwester aber hat eine erstaunliche Wandlung mitgemacht. Zuerst hat sie meinen Vater angehimmelt und immer wieder zu meiner Mutter gesagt: »Hannachen, wenn ich so einen Mann finden könnte wie deinen Fritz, dann wäre ich die glücklichste Frau der Welt ...« Bis 1933. Danach hat sie uns von einem Tag zum anderen fallenlassen und ist nie mehr gekommen.

1938 oder 39, als wir gerade im Palais Lichtenau bei der Tante und der Großmutter waren, machte mein Vater ihr einmal zufälligerweise die Tür auf. Da steht sie, erschrickt – und befiehlt: »Lassen Sie mich sofort durch! Ich will zu meiner Mutter!« Das sagt sie zu meinem Vater, zu ihrem eigenen Schwager, den sie jahrelang geliebt und angehimmelt hat! Den siezt sie plötzlich!

Meine Großmutter hat sie oft ermahnt: »Lena, den Löwensteins geht es so schlecht. Gib doch mal ein bißchen was ab von deinen Lebensmittelkarten.« – »Nein! Für einen Juden gebe ich nichts.« So ging der Riß durch die Familie. Die besten Freunde haben einen von einem Tag zum anderen fallenlassen wie eine heiße Kartoffel.

Ein ganz typisches Beispiel: Es gab damals einen berühmten Filmschauspieler, Willi Fritsch hieß der, mit Lilian Harvey zusammen das Traumpaar des deutschen Filmes. Er und seine Frau wohnten im gleichen Haus wie wir, Kurfürstendamm 73. Und eines Tages – das war kurz nach der Pogromnacht – trifft er meine Mutter, meine arische, christliche Mutter zufällig im Fahrstuhl und sagt zu ihr: »Ach, gnädige Frau, ich darf Sie doch bitten: Seien Sie uns nicht böse, wenn wir Sie in Zukunft auf der Straße nicht mehr grüßen werden. Wir sind doch Personen des öffentlichen Lebens, und das könnte uns übelgenommen werden.« Das war drei Jahre vor dem Judenstern! Meine Mutter war so perplex! Aber Gott sei Dank auch schlagfertig. Sie antwortete ihm: »Ja, Herr Fritsch, das kann ich selbstverständlich verstehen. Wo ich doch so besonders jüdisch aussehe, nicht wahr.«

Hans-Oskar Baron Löwenstein de Witt mit den Stoffbahnen, aus denen die Juden im Dritten Reich die sogenannten Judensterne anfertigen mußten. Das vorgefertigte Schnittmuster mußte genau eingehalten werden. War ein Judenstern bei den sogenannten Bleistiftkontrollen nicht exakt angenäht, bedeutete dies möglicherweise den Abtransport in ein KZ, 1997.

Meine Mutter sah ganz und gar nicht jüdisch aus! Sie war ja auch die Arierin. Auch mein Vater sah nicht jüdisch aus. Der normale Durchschnittsjude sah überhaupt nicht jüdisch aus! Deshalb fanden wir das so schlagfertig von meinem Muttchen. Das war der vorauseilende deutsche Gehorsam. Es war doch überhaupt nicht verboten, mit Juden befreundet zu sein! Lebensgefährlich war Sexualverkehr, die Rassenschande, da stand Todesstrafe drauf. Aber mit Juden befreundet zu sein oder mit ihnen auf der Straße zu gehen oder sie zu besuchen, das war nicht verboten.

Am ersten Tag, als der Judenstern aufkam, hatten wir natürlich alle furchtbare Angst. Weil man ja nicht wußte: Was wird die Bevölkerung jetzt tun? Aber die erste Überraschung war etwas ganz anderes: Man selber hat plötzlich Hunderte von Judensternen gesehen! Die Nachbarin war Jüdin und der Mann von gegenüber, Hunderte, Tausende. Das hatte man selber ja auch nicht gewußt! Im September 1941[2] gab es noch Zehntausende von Juden hier in Berlin. Das war die erste Überraschung.

Die zweite war: In den ersten zwei, drei Tagen haben uns die Leute, die keinen Judenstern trugen, also die

---

[2] Mit dem 15. September 1941 mußten alle Juden den Stern an ihrer Kleidung tragen, gut sichtbar auf der Herzseite angebracht und auch neben der Wohnungstür einen befestigen. Darunter fielen auch alle »Geltungsjuden«, also »Mischlinge 1. Grades«, die durch Zugehörigkeit zur Jüdischen Gemeinde als »Volljuden« galten und behandelt wurden, und alle »Mischehen« mit jüdischem Haushaltsvorstand. War hingegen der Mann »deutschblütig« und die Frau Jüdin, so mußten sie und die Kinder den Stern nur dann tragen, wenn die Kinder Mitglieder der Jüdischen Gemeinde waren. War die Ehe kinderlos oder die gemeinsamen Kinder christlich erzogen, waren die jüdische Mutter wie die Kinder von der Sternpflicht befreit; auch die Sternpflicht neben der Wohnungstür galt für diese Familien nicht.

»Arier« oder wie man sie nennen soll, angestarrt. Am dritten Tag war das vorbei. Da hat sich das Verhalten der Leute geändert: Entweder haben sie sich weggedreht, um einen nicht anschauen zu müssen, oder sie haben wie durch Glas durch einen hindurchgeschaut, ohne jede Regung, ohne jedes Erkennen. Sie waren weder höflich noch unfreundlich. Sie waren so wie später auch die DDR-Grenzposten: absolut steril.

Dahinter steht eine Eigenschaft, die ich inzwischen als typisch deutschen Charakterzug ansehe: der Untertanengeist. Es ist kein Wunder, daß der »Untertan« in Deutschland geschrieben wurde und nicht in England oder in Frankreich. Vor jedem Hoheitszeichen, vor jeder Uniform, auch wenn es nur die vom Briefträger war, hat der Deutsche strammgestanden. So wie bei meiner Tante: In dem Moment, wo sie mit dem Parteiabzeichen kam, da erstarrte alles. Und diese Tante und auch die Großmutter, die christliche Mutter meiner Mutter, die haben uns sehr viel geholfen.

Ich als sterntragender »Geltungsjude« und mein Vater als sterntragender »Volljude« in einer Mischehe hätten in Berlin dem Gesetz nach bis zum Kriegsende ganz legal leben können. Das war nur in den fünf deutschen Großstädten möglich: Berlin, Hamburg, München, Düsseldorf und Frankfurt. In diesen Städten sind die sterntragenden Juden in Mischehen nicht sofort deportiert worden, vorausgesetzt, sie haben sich hundertprozentig an die Gesetze gehalten. Das hieß: nicht zum Friseur gehen, nicht vor einem Zeitungskiosk stehenbleiben, keine Blumen im Haus, keine Grünpflanze, keine arischen Goldfische, keine arischen Wellensittiche ...

Und das Essen! Später wurde genau festgelegt, was Juden noch essen durften: Kohlrüben, Weißkohl, Rotkohl, sogenanntes Grobgemüse, Spinat, rote Rüben und Rettich. Rettich nannten wir »Judenspeck«, denn das war der Belag auf unseren Stullen. Einmal im Jahr konnten wir in die sogenannte Jüdische Kleiderkammer kommen und uns ein Paar Schuhe holen, oder wir bekamen mal einen Wintermantel. Das waren abgelegte Sachen oder auch schon Sachen von Deportierten. Zum Friseur durfte man nicht gehen! Tausende solcher Schikanen.

Das kann man sich heute gar nicht vorstellen. Was müssen das für perverse, ausgeruhte Gehirne gewesen sein, die sich das ausgedacht haben! Die Perfidität der Naziherrschaft zeigte sich, als die Rundfunkapparate abgegeben werden mußten, persönlich, ohne Hilfe eines Spediteurs, wie gesagt. Als Abgabetag hat man sich ausgerechnet Jom Kippur ausgesucht, den höchsten jüdischen Feiertag. Das ist der einzige Feiertag, den selbst völlig assimilierte Juden feiern. So wie ein Christ, auch wenn er gar nichts mit dem Christentum zu tun hat, immer Weihnachten feiert. Und an Jom Kippur wird nicht gearbeitet, das ist ein absoluter Ruhetag. Da geht man eben in die Synagoge. Und selbst wenn man nicht in die Synagoge geht: arbeiten tut man auf keinen Fall. Und ausgerechnet an diesem Tag mußten die schweren Geräte abgegeben werden. Viele Juden waren damals ja noch wohlhabend, die hatten nicht so eine kleine »Goebbels-Schnauze«, wie man diesen Rundfunkempfänger nannte, der nur zwei Kilo wog. Die hatten riesige, schwere Apparate! Das waren so die Schikanen.

Wenn man sich ganz genau an all diese Vorschriften gehalten hätte, hätten wir im Prinzip überleben können. Natürlich gab es immer auch Ausnahmen.

Aber dann kam im Februar 1943 die »Fabrik-Aktion«. Da wurden sämtliche noch in Berlin lebenden Juden mit einem Schlag verhaftet, und alle diese Menschen wurden nach Osten deportiert. An diesem Tag, dem 27. Februar, war ich auf der Zwangsarbeit. Frühmorgens um acht gingen plötzlich die Werkssirenen, und die Vorarbeiter kamen angerannt: »Maschinen abstellen, schnell, schnell! Raus auf den Hof mit euch Juden!« Wir wurden auf den Hof gejagt, wo bereits Lastwagen standen und Leute in Uniform, mit Schlagstöcken und Peitschen in der Hand. In der Deutschen Waffenmunition[3], wo ich war, standen vier, fünf Lastwagen.

Die Männer haben nicht weiter groß geschlagen, sie haben nur geschrien: »Rauf auf die Lastautos!« Und wir wurden alle auf die Lastautos getrieben. Wir wußten nicht, was los war, und haben gedacht: »Oh, kommen wir jetzt auf irgendeinen anderen Arbeitsplatz?« Das ganze war draußen in Borsigwalde, bei Wittenau. Und dann kam das Eigenartige: Diese Autos fuhren hinein in die Stadt! Was machen wir mitten in der Stadt? Ich kam in die Levetzowstraße im Bezirk Tiergarten. Da war eine ganz große Synagoge. Ich glaube, die faßte dreitausend Menschen, sie war groß wie ein griechischer Tempel und sah mit ihren vielen Säulen auch so aus.

Am nächsten und übernächsten Tag wurden immer wieder Leute aufgerufen. Die mußten sich dann irgendwo melden. Und plötzlich wurde mein Name auch aufgerufen. Ich ging in die Wachstube. Dort sagte man mir: »Geh raus an den Ausgang.« Ich geh an den Ausgang. Da standen wieder Uniformierte, da war wieder ein offener Lastwagen ... wieder rauf! Es waren vielleicht schon zehn, zwölf Männer oben. Wir wußten immer noch nicht, was passieren sollte. Und komischerweise fuhr das Auto noch

---

[3] Deutsche Waffen- und Munitionsfabriken AG. Hans-Oskar Baron Löwenstein de Witt war im Werk Berlin-Borsigwalde, Eichborndamm 103-137, zur Zwangsarbeit eingeteilt.

weiter in die Stadt hinein, in Richtung Alexanderplatz, also wirklich ins Zentrum von Berlin. Und wir haben uns unterhalten und uns gegenseitig befragt, und dabei hat sich allmählich herausgestellt, daß wir alle irgendwie »arisch versippt« waren. Und wir dachten: »O Gott! Wenn wir ausgesondert werden, haben die was Besonderes mit uns vor.«

Wir wurden mitten ins Stadtzentrum gebracht, in die Rosenstraße, in ein großes Bürohaus der Jüdischen Gemeinde. Die Büros waren ausgeräumt. Wir lagen auf dem Fußboden, auf Decken oder auf Strohmatten. Wir wurden irgendwie verpflegt, aber es war mehr zum Sterben als zum Lebendigbleiben. Jede Stunde ging ein neues Gerücht um. Einmal war die Rede davon, daß wir alle nach Theresienstadt deportiert würden, in der nächsten Stunde hieß es, die Jüngeren würden alle sterilisiert, dann wieder sagte man, Göring halte seine schützende Hand über uns. Von dem Mann hat man gedacht, er sei künstlerisch bewandert und schütze die Mischehen. Die wildesten Gerüchte gingen da um, man wußte einfach nicht, was los war.

Währenddessen hat sich draußen folgendes abgespielt: Als meine Mutter nach Hause kam – auch sie war im »kriegswichtigen Arbeitseinsatz« bei einer Pharmafabrik – hatte es sich wie ein Lauffeuer durch die ganze Stadt verbreitet, daß alle Juden verhaftet worden waren. Das hatte ja die ganze Viermillionenstadt gesehen. Nebenbei hatte sich auch rumgesprochen, daß die »arisch Versippten« in der Rosenstraße saßen.

Was hat meine Mutter also gemacht? Sie ist sofort in die Rosenstraße gefahren, doch da war nichts zu sehen als dieses riesige Bürohaus. Aber davor standen wohl SS-Leute mit Gewehr. Sie also hin zu dieser Wache und: »Hören Sie, ich habe erfahren, daß mein Mann hier drin ist. Das ist unerhört! Ich stehe im kriegswichtigen Einsatz für Führer und Vaterland, und ich habe meinen Wohnungsschlüssel nicht dabei. Ich komme ermüdet von der Arbeit nach Hause und kann nicht in meine Wohnung. Mein Mann hat den Schlüssel. Fragen Sie bitte mal nach.«

Das haben ja viele andere Frauen auch gemacht. Die Wache war dann sehr okay und hat meinen Vater ausrufen lassen. Der kam auch tatsächlich runter, und ehe er ein Wort sagen konnte, hat sie ihn angefahren: »Fritz, du hast die Schlüssel mit! Du hättest doch schon längst zu Hause sein müssen!« Da hat er ihr den Schlüssel gegeben. So haben mir die beiden die Szene nachher geschildert. Ziemlich blöd von der Gestapo! Die hätten sich doch denken müssen, daß meine Mutter einen eigenen Schlüssel hatte. Immerhin wußte meine Mutter so, daß mein Vater in der Rosenstraße war.

Ich selber habe meinen Vater erst zwei oder drei Tage später durch einen reinen Zufall auf dem Korridor getroffen, als ich zur Toilette wollte. Das schrecklichste in der Rosenstraße waren die Toilettenverhältnisse, denn es war ein ganz normales Bürogebäude. Da gab es auf jedem Gang eine oder zwei Toiletten für die paar Angestellten. Aber plötzlich waren da Tausende von Menschen drin.

Mutti ist natürlich gleich zu ihrer Schwester nach Potsdam gefahren, die hat sich wieder ihren »Bonbon« angemacht, und die beiden Frauen haben Päckchen gepackt mit Unterwäsche, Strümpfen und Stullen. Dann gingen sie wieder zu dieser SS-Wache, und meine Tante sagte zu dem: »Hören Sie mal, mein Schwager sitzt hier drin, dem müssen Sie das Päckchen abgeben.« Das hat der angenommen, ohne weiteres, und wir haben auch alles richtig erhalten. Die meisten Insassen haben von ihren Verwandten Päckchen bekommen. Das wurde mit Namen ausgerufen: »Herr Meier, Herr Schulze ... oder Herr Löwenstein, hier ist ein Paket für Sie.« Das hat die Gestapo wohl gemacht, damit wir dort nicht verhungerten. Denn das Essen war minimal. Das kam in solchen Thermosdingern vom Jüdischen Krankenhaus, dünne Wassersuppe und ein Scheibchen Brot.

Tja, und dann gingen weiterhin die wildesten Gerüchte um, wir saßen etwa eine Woche. Und fast jeden Tag kam ein Päckchen von meiner Großmutter. Und plötzlich wurden wieder Namen aufgerufen, aber die, die diesmal dran waren, kamen nicht wieder. Und dann wurde auch ich aufgerufen, und ich ging hin und bekam zu meinem Erstaunen einen Entlassungsschein.

Das eigenartige an diesem Entlassungsschein war: das waren vorgedruckte Dinger, da stand drauf: »Der Jude/die Jüdin«. Aber da ich weder Jude noch Jüdin war, haben die Nazis ganz korrekt mit der Schreibmaschine »der Geltungsjude« darübergeschrieben. Der Lagerleiter, der das unterschrieben hat, der hieß Unterscharführer der SS Schmidt.

So akribisch genau waren die Deutschen, und sie sind es noch heute. Mein Fall ist dafür das beste Beispiel: 1941 wurde die jüdische Schule hier geschlossen, die Josef-Lehmann-Schule, und wir Kinder kamen alle zum Zwangsarbeitseinsatz, vom zwölften Lebensjahr an. Bis der Jude an die Gaskammertür kam, hat die Gestapo für ihn Krankengeld und Unfallversicherung gezahlt. Das ist paradoxerweiser der Grund, daß ich heute eine zwar winzige, aber immerhin eine Altersrente bekomme. Denn in der Zwangsarbeitszeit wurde für uns eingezahlt. Wir bekamen einen jüdischen Kinderlohn von siebenundzwanzig Pfennig die Stunde, und wenn in diesen grauenvollen Waffenfabriken ein Kind bei der Arbeit tot umgefallen wäre, hätten die Angehörigen die Versicherungssumme bekommen. Genauso haben sie die Totenlisten von Auschwitz geführt. Diese Art von Genauigkeit ist bis heute den Deutschen vorbehalten geblieben. Auf meiner »jüdischen Kennkarte« sieht man das auch: ein Kinderbild, daneben mein Fingerabdruck. Da war ich elf oder zwölf Jahre alt. Stellen Sie sich vor: Die haben von Kindern die Fingerabdrücke genommen! Da mußte ich auch schon den Namen ändern, da hieß ich schon Israel.[4]

Und dann war da noch etwas Merkwürdiges: Als wir in der Levetzowstraße waren, bekamen wir von einem gewissen Obergerichtsvollzieher Wagner die Benachrichtigung über die Beschlagnahme des gesamten Vermögens nach Hunderten von Paragraphen zugestellt. Demnach wurde unser gesamtes Vermögen zugunsten des deutschen Volkes eingezogen. Die Mitteilung wurde uns am 27. Februar ausgestellt und übergeben. Aber wann war das alles vorbereitet worden? Am 1. Februar bereits, wie man auf dem Schrieb nachlesen kann! Das bedeutet, daß die Gestapo alles in einer generalstabsmäßigen Arbeit bereits vier Wochen vorher, einen ganzen Monat also, vorbereitet hat, um dann schlagartig alle noch lebenden Juden in einer Aktion zusammenzufassen!

Meine Mutter hat damals in der Rosenstraße demonstriert, jeden Tag. Sie ist nicht einmal zur Zwangsarbeit gegangen, sie hat sich entschuldigt. Das hat man sie dort auch tun lassen. Die Großmutter war auch fast jeden Tag da. Und sogar die Tante! So 'ne olle »Nazisse«[5] hatte damals ja sogar noch ein Auto und Benzin.

---

[4] Am 17. August 1938 wurden alle Juden, die keinen typisch jüdischen Namen hatten, verpflichtet, sich ab 1. Januar 1939 zusätzlich »Israel« oder »Sarah« zu nennen. Vgl. auch Ursula Büttner: Die Not der Juden teilen, a.a.O., S. 38.

[5] In den Kriegsjahren übliches Schimpfwort für weibliche Angehörige der NSDAP.

Das ganze Volk hat gehungert, und sie hat Benzin gehabt, um von Potsdam nach Berlin zu fahren. Meine Mutter erzählte uns später, daß sich sogar vereinzelt Soldaten in Uniform unter den Demonstranten befanden. Die waren wohl gerade auf Fronturlaub und hatten eine jüdische Frau.

Die ersten zwei Tage standen zwei SS-Leute mit aufgepflanztem Maschinengewehr hinter Sandsäcken für den Fliegerschutz dort, erinnerte sich meine Mutter. Das Maschinengewehr war auf die Menschenmenge gerichtet. Es war ja wirklich eine große Menschenmenge! Und am zweiten oder dritten Tag ist eine Frau – der typisch nordisch-germanische Mensch – mit zwei Kindern an der Hand auf die SS-Leute zugegangen. Sie war die »arische« Ehefrau, Israel hieß sie. Und diese Frau hat die beiden SS-Leute angemacht: »Ihr Schweine, schämt ihr euch nicht? Auf deutsche Frauen und deutsche Kinder wollt ihr schießen, statt an die russische Front zu gehen und uns zu verteidigen!« Die waren zu verdattert, um zu antworten. Drei Stunden später wurden die Maschinengewehre abgebaut und eingepackt. Dann waren nur noch die Sandsäcke da, und es stand ein normaler Posten dahinter.

Da muß ich noch etwas ganz anderes erzählen: Ich bin ja geboren als Hans-Oskar Baron Löwenstein de Witt. Auf meinem Nazi-Ausweis stand aber nur Hans-Oskar Israel Löwenstein. Das hatte einen Grund. Nachdem meine Familie 1936 Stralsund wegen des schlimmen Antisemitismus verlassen hatte und nach Berlin gekommen war, wurde meine Mutter 1937 zu Heinrich Müller bestellt. Heinrich Müller war der damalige Gestapochef von Berlin, er war sehr nett und sehr freundlich, wenn man ihm gegenübersaß. So erzählte das meine Mutter. Der wußte natürlich über meine Tante Bescheid. Es gab nicht so viele Träger des goldenen Parteiabzeichens. Außerdem lebte ihr Mann, der ehemalige Regierende Bürgermeister von Potsdam, noch. Der ist erst 1941 gestorben. Er war sehr angesehen; Potsdam war in der Kaiserzeit ja Residenzstadt und der geistige und kulturelle Mittelpunkt Preußens gewesen.

Jedenfalls wurde meine Mutter zu Heinrich Müller bestellt. Der hat gesagt: »Hören Sie zu, gnädige Frau, wir kennen Ihre Familienverhältnisse und machen Ihnen einen Vorschlag: Wir gründen jetzt in Potsdam eine Napola.«[6] Das waren Eliteschulen. Die in Potsdam war die erste, die eingerichtet wurde. Und dort wurde die gesamte geistige Nazi-Elite erzogen. Dieser Heinrich Müller machte meiner Mutter folgenden Vorschlag: »Sie lassen sich von Ihrem Juden scheiden, und wir versprechen Ihnen, daß Ihr Sohn einer der ersten Schüler dieser Schule sein wird. Es steht ihm eine herrliche Karriere unter Ihrem Mädchennamen als Freiherr Oskar de Witt offen.« Meine Mutter sagte ihm: »Das will ich nicht!« Damit war für sie die Sache erledigt.

Kurz darauf bekam ich eine Aufforderung vom Hauptamt für Sippe, Blut und Familie am Schiffbauerdamm zu einer »rassengenealogischen« Untersuchung. Dagegen konnte man sich nicht wehren. Ich wurde also da hingebracht und von Leuten in weißen Kitteln untersucht und abgemessen, nach heutigem Wissen totaler Unsinn. Man hat den Ohrenabstand genommen und die Nasenlänge und die Lippenlänge ... Es ging so weit, daß man die Penisgröße gemessen hat. Da war ich zwölf Jahre alt! Urin habe ich auch abgeben müssen. Ich weiß heute

---

[6] »Napola« ist die gebräuchliche Abkürzung für »Nationalpolitische Erziehungsanstalten«, amtlich N.P.E.A. abgekürzt. Es waren Internatsoberschulen, die zur Hochschulreife führten.

noch, wie schwer mir das fiel. Da stand ich in einer kleinen Toilette und mußte irgendwo reinpinkeln.

Drei Monate später erhielt meine Mutter ihre zweite Vorladung von der Gestapo. Da eröffnet ihr der Müller folgendes: »Hören Sie zu, wir sind jetzt ganz hundertprozentig sicher, daß Ihr Sohn der rein nordisch-arische Typ ist. Es besteht keine Schwierigkeit, er wird sofort in die Napola aufgenommen. Es wäre nur noch die Einwilligung zu unterschreiben, daß Sie geschieden werden. Ihr Mann kann nach England auswandern und alles mitnehmen, was er will.«

Ausreisen konnte man noch. Man mußte nur erst die Einreiseerlaubnis nach England haben. Die allerdings bekam man nur ganz schwer. Da hat meine Mutter gesagt: »Warum sollte ich denn? Ich will das nicht!« – »Na, das werden Sie sicher noch bereuen!«

Meine Eltern haben sich damals sehr gründlich überlegt, ob sie sich scheiden lassen sollen und ob Vater wirklich nach England gehen soll, um dort abzuwarten, bis das Naziregime am Ende ist. Aber dann schien es meinen Eltern doch zu gefährlich. Man wußte nicht, ob der Vater nicht sofort verhaftet und umgebracht würde, wenn er erst geschieden war. Es waren bis dahin ja schon genug Juden ums Leben gekommen. Auschwitz war zwar erst viel später. Aber die Gefahr war auch schon 1938 bekannt.

Meine Eltern haben beschlossen, eine Scheidung überhaupt nicht in Betracht zu ziehen. Ungeschickterweise bin ich ja nun 1937 in Berlin auch noch Jude geworden, das heißt, ich wurde jüdisch eingesegnet und danach Mitglied der Jüdischen Reformgemeinde zu Berlin, denn sonst hätten sie mich auf der jüdischen Josef-Lehmann-Schule nicht mehr aufgenommen. Die Sache war für uns damit erledigt.

Ungefähr drei Monate vor der Pogromnacht kam noch einmal eine Aufforderung an meine Mutter und an mich. Wir beide sind also wieder zu Heinrich Müller. Ein Vetter von meiner Mutter, Wolfgang Graf Helldorf, war damals Polizeipräsident von Berlin. Mit dem haben wir in unserer Angst auch gesprochen. Der hat uns gesagt: »Ach Gott, die wollen wegen deiner Schwester nicht, daß in der Familie Juden sind. Was macht das für einen Eindruck! Und ich bin Polizeipräsident von Berlin und habe eine verjudete Cousine! Aber das wird nicht so heiß gegessen, macht euch nicht zu viel daraus.« Das hat man 38 noch geglaubt!

So kamen wir also das dritte Mal hin. Das war ein Riesenraum. Ganz hinten saß der Heinrich Müller, und wir wurden von der Ordonnanz zu ihm geführt. »Setz dich da hin«, sagt Müller zu mir, da stand an der Seite so ein Stühlchen. Und noch ganz freundlich zu meiner Mutter: »Na also, jetzt haben wir ja alles erledigt. Sie haben sich die Sache überlegt. Es ist ja ganz klar: Sie lassen sich scheiden.« Da sagt meine Mutter: »Nein. Ich sagte doch: Ich lasse mich nicht scheiden!« Da springt er auf, kriegt einen hochroten Kopf ... ich seh noch, wie mein Muttchen wachsbleich wird ... und schreit sie an: »Und Sie wollen eine deutsche Frau mit Ehre sein? Und halten zu diesem Judenschwein! Das ist eine Schande!« Und da ist meine Mutter auch aufgesprungen und hat gesagt: »Ja! Gerade weil ich eine aufrechte, deutsche Frau bin, weil ich Treue und Ehre im Leibe habe, halte ich zu dem Mann, den ich liebe und der der Vater meines Kindes ist.« Und dreht sich um und sagt zu mir: »Hans-Oskar, komm, wir gehen!« Und sie nimmt mich bei der Hand.

Ich war vielleicht dreizehn. Da nimmt man ein Kind normalerweise nicht mehr an der Hand. Aber ich weiß noch, wie ich die Hand hingehalten habe. Und dann gingen wir beide raus. Und ich habe gedacht: »Jetzt ist es aus, jetzt werden wir erschossen.«

Aber damit war die Sache ausgestanden. Der große Haken kam später nach der Pogromnacht. Da gab es plötzlich eine Verordnung zur sogenannten Arisierung, nach der alle Geltungsjuden sich arisieren lassen konnten. Man mußte bei demselben Amt, in dem sie mich untersucht hatten, einen Antrag stellen, dann ist man aus der jüdischen Gemeinschaft ausgetreten und war sozusagen arisiert. Man wußte allerdings noch nicht, welche Vor- oder Nachteile das hatte.

Das hat sich alles erst 1941 herausgestellt, mit dem Judenstern. Denn diese Arisierten waren dann sogenannte privilegierte Mischlinge und brauchten keinen Judenstern zu tragen. Wir versuchten das also und sprachen wieder mit Onkelchen, also Graf Helldorf.[7] Er füllte uns den Fragebogen aus und reichte ihn ein. Nach zwei Monaten kommt von diesem Amt ein Brief: »Abgelehnt.« Und dann stand noch drunter, daß wir innerhalb eines Vierteljahres den Antrag neu stellen könnten, was wir auch taten. Um es kurz zu machen: Der Antrag ist endgültig abgelehnt worden, Unterschrift im Faksimile: Reichsführer SS Heinrich Himmler.

Er muß es also zumindest selber angeordnet haben. Da ist meine Mutter natürlich hingerast zu ihrem Vetter. Aber der hat gesagt: »Nein, Hanna. Das tut mir leid. Jetzt kann ich euch nicht mehr helfen.«

Das war also die Folge davon, daß sich Mutter nicht hat scheiden lassen wollen.

Meine Mutter hatte damals tatsächlich Hoffnung, daß

---

[7]  Wolfgang Graf Helldorf wurde 1944 als Mitglied der Widerstandsgruppe um Claus Graf Schenk von Stauffenberg hingerichtet, nachdem das Attentat auf Adolf Hitler am 20. Juli 1944 fehlgeschlagen war.

ihr Protest in der Rosenstraße etwas nützen würde. Das ist das eigenartige an der ganzen Sache: Bis zum heutigen Tage hat kein Mensch wissenschaftlich-historisch erforschen können, warum man uns freigelassen hat.

In meinen Augen gibt es nur eine halbwegs logische Erklärung. Die Ereignisse in der Rosenstraße passierten nach Stalingrad. Hunderttausende deutscher Soldaten waren elend umgekommen oder in russische Kriegsgefangenschaft geraten. Es gab fürchterliche Fliegerangriffe auf Berlin, die Stimmung unter der Bevölkerung war auf dem Nullpunkt. Kälte, schlechte Ernährung, die Angst vor den Bomben ... es wurde allen zuviel. Wenn man nun folgendes annimmt: Wir waren etwa zweitausend Leute in der Rosenstraße. Wenn jeder von uns auch nur fünf christliche, arische Verwandte hat – das ist knapp gerechnet, normalerweise hat man ja mehr Verwandtschaft –, dann wären das bei zweitausend Menschen zehntausend Arier gewesen, die dadurch betroffen gewesen wären, daß man ihre Frau oder ihren Mann, ihren Onkel oder ihren Neffen umgebracht hat. Und da haben sich die Verantwortlichen wahrscheinlich gedacht: Wir warten bis zum Endsieg. Dann werden wir auch diese Leute noch wegkriegen. Das schreibt Goebbels ja auch in seinem Tagebuch.[8]

Er wollte Hitler im April 1943 ja gerne ein judenfreies Berlin schenken. Deswegen auch die Fabrik-Aktion im Februar. Und er schreibt, die Aktion sei leider verraten worden, deshalb seien mehrere tausend Juden der Gestapo durch die Lappen gegangen[9], und es habe auch

---

[8] Vgl. Fußnote 7 im Kapitel zu Ursula und Gerhard Braun.

[9] Am 11. März 1943 notierte Joseph Goebbels: »Die Evakuierung der Juden aus Berlin hat doch zu manchen Mißhelligkeiten geführt. Leider sind dabei auch die Juden und Jüdinnen aus privilegierten Ehen zuerst mit verhaftet worden, was zu großer Angst und Verwirrung

eine höchst unangenehme Demonstration gegeben. Damit meinte er die Rosenstraße. Aber mehr steht darüber nicht in seinen Tagebüchern. Und niemand hat bis heute ein Dokument finden können, in dem niedergelegt ist, warum man uns rausgelassen hat ... und warum man sogar noch diese sechsundzwanzig Leute[10] aus Auschwitz zurückgeholt hat.

Aber eines ist sicher: Alle Leute, die auf der Rosenstraße standen, hatten die Vorstellung, daß es helfen würde. Hoffnung hat man immer. Das erstaunliche ist: Wenn auch nur ein Polizist mit dem Megaphon auf die Straße gekommen wäre und gesagt hätte: »Meine Damen und Herren, bitte verlassen Sie die Straße. Gehen Sie sofort nach Hause. Wenn nicht, werden alle ihre

---

geführt hat. Daß die Juden an einem Tage verhaftet werden sollten, hat sich infolge des kurzsichtigen Verhaltens von Industriellen, die die Juden rechtzeitig warnten, als Schlag ins Wasser herausgestellt. Im Ganzen sind wir 4000 Juden dabei nicht habhaft geworden. Sie treiben sich jetzt wohnungs- und anmeldungslos in Berlin herum und bilden natürlich für die Öffentlichkeit eine große Gefahr. Ich ordne an, daß Polizei, Wehrmacht und Partei alles daransetzen, diese Juden möglichst schnell dingfest zu machen. Die Verhaftung von Juden und Jüdinnen aus privilegierten Ehen hat besonders in Künstlerkreisen sensationell gewirkt. Denn gerade unter Schauspielern sind ja diese privilegierten Ehen noch in einer gewissen Anzahl vorhanden. Aber darauf kann ich im Augenblick nicht übermäßig viel Rücksicht nehmen. Wenn ein deutscher Mann es jetzt noch fertigbringt, mit einer Jüdin in einer legalen Ehe zu leben, dann spricht das absolut gegen ihn, und es ist im Kriege nicht mehr an der Zeit, diese Frage allzu sentimental zu beurteilen.« In: Die Tagebücher von Joseph Goebbels, a.a.O., S. 528.

[10] Die Zahl von 26 Menschen ist nicht gesichert, aber mehrere Zeitzeugen berichten von 25 oder 26 Juden, die von der Rosenstraße nach Auschwitz deportiert und nach wenigen Tagen von dort wieder nach Berlin zurückgebracht wurden. Vgl. Interview mit Elsa Herzberg in dem Film »Befreiung aus der Rosenstraße« von Michael Muschner. Ihr Mann Erich Herzberg gehörte zu jenen Menschen, die aus Auschwitz zurückkehrten. Vgl. auch Nathan Stoltzfus: Resistance of the Heart, a.a.O., insbesondere S. 241 f und S. 252 ff.

Angehörigen erschossen oder deportiert.« Ja, dann wären doch die Leute weggerannt! Da wär doch kein einziger stehengeblieben!

Aber das haben die Nazis eben nicht getan. Sie haben die Demonstration geschehen lassen. Da fuhr, soweit ich mich erinnere, sogar noch eine Straßenbahn oder ein Autobus. Und meine Mutter sagte: »Es waren manchmal so viele Menschen da, daß der Verkehr umgeleitet werden mußte.« Manchmal waren es nur wenige hundert, am Morgen oder auch nachts. Aber tagsüber oder nachmittags, wenn die Leute nicht mehr arbeiten mußten, dann waren schon mal an die tausend Menschen da.

Wenn da fremde Leute drinnen gewesen wären, dann wäre meine Mutter ganz bestimmt nicht dort hingegangen. Das war eine Art »Selbsterhaltungswiderstand«. Ein bewußter, politischer Widerstand, wie die »Weiße Rose« zum Beispiel, war das nicht. Es war einfach nur der Versuch, die eigene Familie zu retten. Aber es zeigt, daß so etwas unter gewissen Umständen Erfolg haben kann.

Als mein Vater und ich aus der Rosenstraße zurückkamen, saßen wir und meine Mutter ganz allein in unserer Riesenwohnung am Ku'damm. Es war niemand mehr da außer uns. Sie müssen sich das so vorstellen: Das Haus gehörte der Firma Wertheim und wurde peu à peu als Judenhaus belegt. Das heißt, der Willi Fritsch und alle Arier, die dort wohnten, wurden nach und nach rausgeekelt, und es wurden nur noch Juden reingesetzt. Später wurde das Haus immer leerer, weil ja die Juden nach und nach deportiert wurden. In der Hochphase waren wir sieben Familien, das waren einundzwanzig Personen, in einer Wohnung. Man muß allerdings dabei wissen, daß die beinahe sechshundert Quadratmeter Wohnfläche hatte. Das war eine Vierzehn-Zimmer-Wohnung mit drei Bädern und drei Toiletten. Wie diese großen Ku'damm-Häuser eben damals so waren.

So war es an sich nicht so schlimm, mit einundzwanzig Menschen dort zu wohnen. Schlimm war es nur in der Küche, denn es gab nur eine. Es war zwar eine Riesenküche, sie war fast so groß wie meine ganze Wohnung hier. Aber man hatte ja keinen richtigen Kochherd mehr. Man durfte nur einen Gaskocher mit maximal zwei Flammen haben. Wenn ein anderer Herd in die Wohnung eingebaut war, wurde er versiegelt. Man wollte die Menschen zwingen, primitiv zu leben. Jetzt stellen Sie sich einundzwanzig Personen vor, die alle in der Zwangsarbeit sind, die alle ihr kleines bißchen Essen angstvoll behüten wollen. Manchmal haben wir gedacht, wir machen einen Eintopf für alle. Aber das ging dann auch wieder nicht, denn dann fühlte sich derjenige übervorteilt, der ein klein wenig mehr hatte. Also hat jeder sein Essen selbst zubereitet. Das wurde dann folgendermaßen eingeteilt: Von sechs bis sieben durfte die Familie Schön kochen, von sieben bis acht die Familie Löwenstein und so weiter.

Das ging so bis zum 27. Februar 1943. Als wir danach in die Wohnung zurückkamen, war sie leer, die ganzen vierzehn Zimmer. Und wir waren wieder allein, ganz allein. Es gab auch keine Möbel mehr, denn man besaß ja immer nur ein Bett, einen Stuhl, einen Tisch. Halb Berlin war zerstört. Bei den deutschen »Ariern« saßen zehn Leute in einem Zimmer, weil alles kaputt war. Aber in diesem Judenhaus waren wir wieder ganz allein, Vater, Mutter und ich, in diesen vierzehn Zimmern, wie vor vier Jahren. Aber damals waren sie mit den herrlichsten Sachen möbliert gewesen, und jetzt konnte man durch alle Zimmer gehen, und nichts und niemand war mehr da. Es war alles verplombt, es gab Fahrstuhlverbot,

Balkonverbot, sofern die Balkone auf den Kurfürstendamm raus gingen, Verbot, den Ku'damm entlang zu gehen. Nur überqueren war erlaubt. Wir durften keine Grünanlagen mehr betreten. Wenn mehr als drei Bäume und drei Blümchen auf einem Platz wuchsen, war er für uns verboten. Wir durften nicht in den Wald, nicht in Schwimmbäder, keine Konzerte, kein Kino, kein Theater ... Ich kann mir nicht mehr vorstellen, wie man damals gelebt hat.

Soweit wir das heute von Erzählungen wissen können, waren in der Rosenstraße weniger als dreitausend, aber wohl mehr als zweitausend Menschen. Die Rosenstraße haben sie alle überlebt, aber später ist doch noch ein Großteil von ihnen deportiert worden und ums Leben gekommen. Es genügte ja, daß ein Blumenstrauß bei jemandem zu Hause gefunden wurde. Das war das Schreckliche.

Hausdurchsuchungen bei Juden hatte es auch schon vorher gegeben. Aber nach der Rosenstraßenaktion ist bei den wenigen verbliebenen Mischehen fast alle drei, vier Wochen nachts die Wohnung durchsucht worden, denn die Gestapo hat sich nicht ganz zu Unrecht gedacht, daß nur dort die illegalen Juden leben können. Eine dieser Hausdurchsuchungen habe ich erlebt. Sie hätte auch unseren Tod bedeuten können.

Die Leute kamen nach einem ziemlich schweren Fliegerangriff. Sie rissen alle Schränke auf und suchten unter den Betten ... und einer ging in die Küche. Elektrische Eisschränke waren den Juden nicht erlaubt. Aber man durfte einen Holzkasten haben, in den ein Eisstück hineingelegt wurde. Das nannte man damals auch Eisschrank. Alle zwei Tage kam ein Wagen vorbeigefahren, der große Stangen Eis verkaufte. So einen Eisschrank hatten wir noch.

Dieser Mann macht das Ding auf und sieht da eine Flunder drin liegen, einen geräucherten Fisch. Das war für Juden natürlich auch verboten! Bis heute habe ich nicht vergessen, wie der Gestapo-Beamte diesen Fisch anfaßte, als wäre er verseucht, mit zwei Fingern. Der schreit meine Mutter an: »Was ist denn das hier für eine verfluchte Schweinerei!« und schmeißt diese Flunder durch die ganze Küche, und die rutscht über die Fliesen. Wir standen rund herum und hatten Nachthemden an. Und der schreit weiter: »Wissen Sie denn nicht, daß das verboten ist? Ich werde Sie sofort abholen lassen!« Da hat meine Mutter ganz klar gesagt: »Aber entschuldigen Sie bitte! Sie wissen doch, daß ich Arierin bin. Das hat mir meine arische Mutter gestern gegeben. Ich stehe doch im kriegswichtigen Arbeitseinsatz. Ohne Essen kann ich nicht arbeiten.« Da hat der meine Mutter einen Moment lang angeguckt. Irgendwie wurde ihm die Sache unangenehm. Dann hat er geschrien: »Aber wehe, wenn Sie den Juden davon etwas abgeben!« Wäre meine Mutter nicht sofort auf diese Idee gekommen, wäre es mit uns vielleicht aus gewesen. Wegen einer geräucherten Flunder.

Naja ... und jetzt kommt das, warum wir leider doch noch in die Illegalität gehen mußten und ins Lager kamen. Denn wir haben illegal lebenden Juden geholfen. Damals bekam die zionistische Jugendgruppe, die die Illegalen versteckte, plötzlich viel Geld aus der Schweiz.

Nun war das schon das erste Problem: Was macht man mit dem Geld? Man kann doch in einer Mischehe-Wohnung, in der mindestens einmal im Monat eine Haus-durchsuchung veranstaltet wird, nicht eine solche Summe – zwischen fünfzigtausend und hunderttausend Mark – aufbewahren! Da hat die Mutter gesagt: »Wir werden das Geld in die Höhle des Löwen bringen, also zu meiner

Schwester nach Potsdam. Bei einem goldenen Parteiabzeichen macht man keine Hausdurchsuchungen.« Sie hat so ein großes Bündel genommen und die Schwester gefragt; »Kann ich das bei dir lassen?« – »Ja, Hannachen, tu das da oben ins Zimmer.« Und da lag das nun. Das war unser Schatz.

Und eines Tages im Frühling 1944 sollten wir einen siebzehnjährigen Jungen verstecken. Wir haben gesagt: »Nun gut, wenn es gar nicht anders geht, dann muß er hier schlafen.« Wenn nun eine Hausdurchsuchung stattgefunden hätte, wären wir alle tot gewesen, aber man hat darüber nicht wirklich nachgedacht. So hat dieser Junge ungefähr eine Woche bei uns gewohnt. Und dann wurde er Gott sei Dank in der Nähe vom Alex[11] bei einer Prostituierten untergebracht. Die hat sich gesagt: »Bei mir gehen so viele junge Männer ein und aus, da fällt einer mehr nicht auf.«

Etwa zwei Monate hat er dort gewohnt. Da gab es diesen wahnsinnigen Fliegerangriff auf Berlin, die ganze Stadt stand in Flammen. Nach Mitternacht hörten wir die Entwarnung und gingen alle ins Bett. Wir durften ja nicht in die Keller gehen und saßen immer oben. Und wenn ganz Berlin gezittert hat, waren wir irgendwie glücklich, denn es war die einzige Zeit, wo wir wußten, daß die Nazis so viel Angst um ihr eigenes Leben hatten, daß sie sich nicht um die Juden kümmerten. Das waren für uns zwei Stunden Freiheit.

Der Fliegeralarm war also vorbei, und wir gingen schlafen. Nachts um vier klingelt es wie verrückt an der Tür. Da hör ich, wie mein Vater sagt: »Das ist doch nicht zu fassen! Berlin steht in Flammen, und die Gestapo macht Hausdurchsuchungen!« Aber vor der Tür stand eine jun-

---

[11] In Berlin gebräuchliche Kurzform von »Alexanderplatz«.

# Zustellungs-Urkunde

Ausfertigung umstehenden Schriftstück nebst einer beglaubigten Abschrift
dieser Zustellungsurkunde habe ich heute im Auftrage der Geheimen Staatspolizei — Staatspolizeileitstelle Berlin — zum Zwecke der Zustellung an

d     *Hans Oscar F Lowenstein*

dem Empfänger selbst

übergeben

Berlin, den    *27 Juli*    1943

*W. Wagner*

**Obergerichtsvollzieher in Berlin**

D.R. Nr. *1646*

Beglaubigt:

Obergerichtsvollzieher

Geheime Staatspolizei
Staatspolizeistelle Berlin

# Verfügung

Auf Grund des § 1 des Gesetzes über die Einziehung kommunistischen Vermögens vom 26. Mai 1933 — RGBl. I S. 293 — in Verbindung mit dem Gesetz über die Einziehung volks- und staatsfeindlichen Vermögens vom 14. Juli 1933 — RGBl. I S. 479 —, der Verordnung über die Einziehung volks- und staatsfeindlichen Vermögens im Land Österreich vom 18. 11. 1938 — RGBl. I S. 1620 —, der Verordnung über die Einziehung volks- und staatsfeindlichen Vermögens in den sudetendeutschen Gebieten vom 12. 5. 1939 — RGBl. I S. 911 — und der Verordnung über die Einziehung von Vermögen im Protektorat Böhmen und Mähren vom 4. Oktober 1939 — RGBl. I S. 1998 — wird in Verbindung mit dem Erlaß des Führers und Reichskanzlers über die Verwertung des eingezogenen Vermögens von Reichsfeinden vom 29. Mai 1941 — RGBl. I S. 303 —

das gesamte Vermögen des — der ____ Hans Israel Löwenstein

geborene _____          geboren am ____ 22.6.26

in ____ Stralsund

zuletzt wohnhaft in ____ Charlottenburg

____ Waitzstr, 25 v.I _____ Straße/Platz Nr.

zugunsten des Deutschen Reiches eingezogen.

Im Auftrage

Wenden!

# Reichsarbeitsdienst

## Beſtimmungen

1. Der vom Reichsarbeitsdienſt Ausgeſchloſſene hat dieſen Ausſchließungsſchein bis zur Vollendung ſeines 25. Lebensjahres ſorgfältig zu verwahren und auf Verlangen den Dienſtſtellen des Reichsarbeitsdienſtes, der Wehrmacht, den Behörden der allgemeinen und inneren Verwaltung und im Ausland den Auslandsvertretungen des Deutſchen Reiches vorzulegen.

2. Der Ausgeſchloſſene hat bei jeder polizeilichen Ab- oder Anmeldung anläßlich des Wechſels ſeines Wohnortes oder ſeiner Unterkunft innerhalb des Ortes dieſen Ausſchließungsſchein der polizeilichen Meldebehörde vorzuweiſen.

3. Der Verluſt des Ausſchließungsſcheines vor dem Zeitpunkt gemäß 1. iſt unverzüglich dem zuſtändigen RAD - Meldeamt (ſiehe Stempel) anzuzeigen.

Fälſchung und mißbräuchliche Benutzung dieſes Scheines wird als Urkundenfälſchung geſetzlich verfolgt.

## Ausſchließungsſchein

Jahrgang:

1926

| Der Dienſtpflichtige | wird hiermit vom Reichsarbeitsdienſt |
|---|---|

Wehrnummer:

Familienname:

*Löwenſtein*

Vornamen:

*Hans - Oskar - Israel*

Geburtsdatum:

*12. 6. 1926*

Geburtsort:

*Stralſund*

Eigenhändige Unterſchrift des vom RAD Ausgeſchloſſenen:

mit RAD - Einheits - Nummer:

**ausgeſchloſſen**

Grund:

*Jude*

Berlin, den 5. Juni 1943

Die Kreispolizeibehörde

Das RAD - Meldeamt

Arbeitsführer

# Deutsches Reich

# J

## Kennkarte

A102 (36.39)

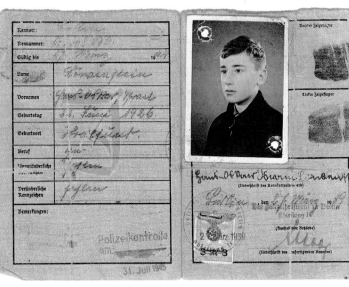

| Kennort: | |
| Kennnummer: | |
| Gültig bis | 19.. |
| Name | |
| Vornamen | |
| Geburtstag | |
| Geburtsort | |
| Beruf | |
| Unveränderliche Kennzeichen | |
| Veränderliche Kennzeichen | |
| Bemerkungen: | |

Rechter Zeigefinger

Linker Zeigefinger

(Unterschrift des Kennkarteninhabers)

den 19..

(Ausstellende Behörde)

(Unterschrift des ausfertigenden Beamten)

Dienststelle

_____, den _____

B. Nr. _____

**Nur gültig innerhalb von**

_____
Wohngemeinde

# Polizeiliche Erlaubnis

Dem Juden — Der Jüdin _____
Vornamen, Rufnamen unterstreichen

_____, _____
Zuname, bei Frauen auch Mädchenname          Beruf

geb. am _____ in _____

wohnhaft in _____, _____
Gemeinde                          Straße, Platz, Nr.

_____, _____, wird hiermit die polizeiliche
Staatsangehörigkeit   amtlicher Lichtbildausweis

Erlaubnis zur _____maligen Benutzung des/der _____
                                              Verkehrsmittel

von _____

nach _____ — und zurück —
Stadtteil, Straße, Platz

vom _____ bis _____ erteilt.
Zeitangabe

Dienststempel                          _____
                                       Unterschrift

**Diese polizeiliche Erlaubnis
gilt nicht als Fahrausweis**

Nichtzutreffendes durchstreichen

Deutsches Reich

**Arbeitsbuch**

Arbeitsbuch

**Eintragungen der Unternehmer**  Nummernfolge (unten) beachten

| 1 Name und Sitz des Betriebs (Unternehmers) (Firmenstempel) | 2 Art des Betriebes oder der Betriebsabteilung | 3 Tag des Beginns der Beschäftigung | 4 Art der Beschäftigung (möglichst genau angeben) | 5 Tag der Beendigung der Beschäftigung | 6 Unterschrift des Unternehmers |
|---|---|---|---|---|---|
| Deutsche Woll- u. Kunstfaserfabrik Aktiengesellschaft Werk: Berlin-Borsigwalde Eichborndamm 103/127 | Malermeister Hausmeister | 28.4. 44. | *(signature)* | 22.2.4 Werk Berlin-Borsigwalde Eichborndamm 103/127 | Deutsche Woll- u. Kunstfaserfabrik Aktiengesellschaft |
| RICHARD WÄHLISCH Berlin-Plötzensee Saatwinkler Damm 65/67 Fernruf: 30 01 11 | | 25.3.43 | *(signature)* | *(signature)* RICHARD WÄHLISCH Berlin-Plötzensee Saatwinkler Damm 65/67 Fernruf: 30 01 11 | |
| 3 Rat der Stadt Potsdam Sozialamt | | 1.10. 48 | *(signature)* | 20.10.48 | |
| 4 | | | | | |
| 5 | | | | | |

Der ~~Jude~~ Geltungsjude
~~Blexxjudin~~

Löwenstein, Hans Oskar, Israel

geboren am 22.6.26, ~~Berlin~~
Stralsund

wohnhaft Ch'burg, Waitzstr. 25

wurde am 7.3.43

aus dem Sammellager Rosenstraße 2-4
Anruf: 41 67 11

entlassen.

Es wurden ihm/ihr keine Lebensmittelkarten ausgefolgt
--------------------------------------------------------------

Der Jude     L o e w e n s t e i n   Fritz Israel
~~XXxxxxxxxx~~

geboren am 9.5.93
Neuhaldensleben

wohnhaft Charlottenburg,
Waitzstrasse 25

wurde am 7.3.43

aus dem Sammellager Rosenstraße 2-4
Anruf: 41 67 11

entlassen.

Es wurden ihm/~~ihr~~ keine Lebensmittelkarten ausgefolgt

ungel. Arbeiter-

ge Frau, die wir gar nicht kannten. Es war diese Prostituierte. Und die sagte nur: »Hören Sie zu: Verschwinden Sie um Gottes willen aus der Wohnung. Der Kurt ist bei dem Fliegerangriff geschnappt und halb tot geschlagen worden. Der wird jede Adresse sagen! Das ist Ihr Tod.«

Diese Frau kannte uns gar nicht und ist doch durch das brennende Berlin vom Alexanderplatz bis zum Kurfürstendamm heraufgelaufen, um uns zu warnen! Sie war eine wirkliche Humanistin, eine Heldin, würde ich sagen.

Meine Eltern haben sofort das Wichtigste zusammengepackt an Papieren und Kleidung. Wir haben gedacht: Jetzt gibt es nur eine Möglichkeit. Wir laufen die dreißig Kilometer zu Fuß bis zur Tante nach Potsdam und stellen sie vor die Alternative: »Entweder du hilfst uns, Tante Lie, oder wir gehen ab nach Auschwitz.« Etwas anderes gab es nicht.

Wir kamen am nächsten Vormittag bei meiner Tante an, verdreckt und erschöpft, und sie kommt auf uns zu und sagt: «Gott, was ist denn mit euch passiert?« Und wir haben ihr alles erklärt und ihr die Alternative gesagt. Da hat sie eine Sekunde lang überlegt. Man hat direkt gesehen, wie es hinter ihrer Stirn gearbeitet hat. Und dann hat sie gesagt: »Das ist doch selbstverständlich. Jetzt müssen wir zusammenhalten. Das wird schon irgendwie gehen.«

Und nun kommt das Irrwitzige. Sie hat 1944 allein dieses große Schloß bewohnt, während Millionen Deutsche ausgebombt waren. So haben 1944 die wichtigen Nazis gelebt.

Außerdem hatte sie Personal, sieben Leute: einen Chauffeur, eine Köchin, einen Haushofmeister, eine Putzfrau und so weiter. Sieben Leute, die uns alle kannten, sowohl meinen Vater als auch mich. Ich war »dat kleene Hänschen«. Da ruft meine Tante ihr ganzes Personal zusammen, und ohne die Miene zu verziehen sagt sie zu den Leuten: »Hören Sie: Hier sind zwei deutsche Volksgenossen, die heute nacht in Berlin total ausgebombt wurden. Sie haben alles verloren. Aber das sind gute Bekannte von mir, und ich muß denen helfen. Wir haben Platz genug.« Mich hat sie unter dem Namen eines Vetters als Wolfgang von Seckendorf-Gudent vorgestellt, und mein Vater bekam auch einen neuen Namen. Dabei war sie klug genug und hat gleich dazu gesagt: »Aber geben Sie dem Jungen nicht die Hand, der hat offene TBC.« Denn ich hätte doch in der Uniform der Hitlerjugend sein müssen! Wenn nicht gar schon Soldat! Und meinen Vater, der ja Soldat hätte sein müssen, hat sie als schwerst kriegsverletzt aus dem Ersten Weltkrieg vorgestellt.

Von den sieben Angestellten, die uns alle kannten, hat nicht einer auch nur mit der Wimper gezuckt. Es wäre ein leichtes gewesen, ans nächste Telefon zu gehen und die Polizei anzurufen. Da hätte meiner Tante auch ihr goldenes Parteiabzeichen nichts mehr geholfen. Aber niemand vom Personal hat uns verraten. Nach dem Krieg haben wir gehört, daß zwei der Leute früher Kommunisten waren. Das wußte meine Tante nicht. Und wir wissen bis heute nicht, ob meine Tante uns aus verwandtschaftlicher Zuneigung geholfen hat, oder ob sie sich 1944 nicht doch gesagt hat: »Jetzt geht es mit meinem geliebten Führer zu Ende. Jetzt muß ich Vorsorge treffen.« Es ist ja auch egal. Sie hat es getan und so unser Leben gerettet.

Was uns bei einer Deportation in den Osten tatsächlich geblüht hätte, wußten wir damals noch nicht wirklich. Ich erinnere mich noch genau an eine Szene bei Tante Lie in Potsdam, 1943, nach der Rosenstraßen-Aktion. Sie hatte so einen großen Radioapparat. Mein Vater holte wie häufig eine rote Wolldecke, und Tante Lie ging aus dem Zimmer raus. Sie wußte genau, daß er BBC hörte, aber sie wollte sich damit nicht belasten. So ging sie raus, wir tranken Kaffee, und Vater hörte BBC. Das gefährliche an BBC war das Pausenzeichen, dieses »Bum bum bum bum« aus der Fünften Symphonie von Beethoven, denn das hat man sehr leicht durch die Wände gehört. Wie oft las man in der Zeitung: »Der Volksgenosse soundso ist hingerichtet worden. Er hat Feindsender gehört.«

Vater kriecht also unter diese rote Decke und kommt nach zwanzig Minuten ganz erhitzt wieder raus und sagt zu uns: »Also nein, Kinder, ihr könnt euch gar nicht vorstellen, was diese Engländer für eine dumme Kriegspropaganda machen. Wißt ihr, was ich eben gehört habe? Die sagen, es soll irgendwo in Polen ein Lager geben, wo die Juden vorsätzlich umgebracht werden. So was kann doch keiner glauben! Die Juden sind doch die billigsten Arbeitssklaven. Die kriegen kein Geld, die kriegen kein Essen, keine Kleidung! Die wird man doch nicht vorsätzlich vergasen! Welcher dämliche Engländer ist bloß auf den Gedanken gekommen, so eine Propaganda zu machen?« So war das 1943. Wir haben immer gedacht: Arbeitslager, schwer arbeiten, halb verhungern, ja ... aber doch nicht vorsätzlich umgebracht werden!

Bei Tante Lie konnten wir bleiben, bis in die Seitenflügel des Palais Lichtenau ein Regiment der Waffen-SS einquartiert wurde. Das bedeutete, daß im ganzen Haus an die hundert hohe SS-Offiziere und SS-Soldaten herumliefen, die natürlich auch von meiner Tante eingeladen wurden. Das war zu gefährlich für sie und für uns.

Wir sind nach Berlin zurückgegangen und für drei Tage bei Freunden untergekommen. Dann mußten mein Vater und ich Lebensmittel schwarz kaufen. Und da kamen plötzlich ein Soldat und ein SA-Mann auf uns zu, und der eine sagte ganz freundlich: »Ach, meine Herren, kommen Sie doch bitte mal mit.« Die haben uns über den Wittenbergplatz geführt bis zur ersten Straße dahinter, rechts rein zur Kriminalpolizei. Da ist heute noch die Polizei. Wir kommen oben in den Wachraum. Sitzt da so ein oller Polizist, schon weit über das kriegsdienstfähige Alter hinaus.

Nun standen wir beiden da, und dieser olle Berliner Wachtmeister sagt ganz freundlich: »Wat soll ick Ihnen? Die Papiere prüfen? Wieso denn dette?« Aber was blieb meinem Vater übrig? Er hat gesagt: »Ja, wir sind zwei illegal lebende Juden.« – »Ach Gott«, hat der Wachtmeister gesagt und sich am Kopf gekratzt. »Det is ja jar nischt für mir. Det tut ma leid. Setzen Se sich da mal hin. Ick muß die Gestapo anrufen.« Da hat der eine Nummer gewählt, und wir haben durch den Telefonhörer gehört, wie es am anderen Ende geschrien hat: »Was? Löwenstein? Festhalten! Suchen wir dringend! Wir kommen!«

Da hat sich also herausgestellt, daß wir die letzten aus der zionistischen Gruppe waren, die noch nicht in das Sammellager Schulstraße eingeliefert worden waren. Alle anderen saßen schon dort. Und wir hatten die ganzen Hosentaschen voller Geld aus der Schweiz, blaue, druckfrische Hundert-Mark-Scheine mit fortlaufenden Nummern! Ein Stück Wurst hat ja damals tausend Mark gekostet!

Ich sag zu dem Mann: »Herr Wachtmeister, darf ich mal auf die Toilette?« – «Ja, Kleener, da um die Ecke.« Ich geh also auf die Toilette und schmeiße das Geld weg und auch noch das kleine Paßfoto von der Schwester von Gad Beck. Die war so niedlich! Das war eine Freundin von mir. Wir waren alle verknallt in sie. Werfe also alles in die Toilette. Komme zurück und flüstere meinem Vater zu: »Vater, schmeiß das Geld weg!« Mein Vater geht also auch. Und wie er zurückkommt, fällt mir ein, daß ich vergessen habe, den Schlüssel von der Wohnung wegzuwerfen, in der wir seit ein paar Tagen illegal wohnten. Wenn die Gestapo den jetzt bei mir findet und mich foltert! Unter der Folter sagt jeder alles. Da sag ich also wieder: »Herr Wachtmeister, kann ich noch mal auf die Toilette?« – »Piepelchen, is da woll der Schreck uff'n Magen jeschlagen? Na, denn jeh mal.« Der war sehr nett.

Ich also wieder raus. Und was seh ich? In der Aufregung und in der Angst hat mein Vater entweder nicht genug gespült, oder es war zuviel Geld: Das ganze Toilettenbecken war voll mit diesen blauen Hundert-Mark-Scheinen. Ein Glück! Da hab ich meinen Schlüssel genommen, reingeworfen, Ärmel hochgekrempelt und das ganze Geld unter den Knick weggeschoben. Ich hab mich fast erbrochen dabei, weiß ich noch. Dann hab ich gespült, und das Wasser ist auch Gott sei Dank abgelaufen. So kamen wir in die Schulstraße.

Muttchen hat am Abend erfahren, wo wir sind. Sie ist sofort wieder nach Potsdam, hat ihre Schwester genommen, die hat den »goldenen Bonbon« angemacht, und beide sind in das Sammellager. In der Hoffnung, als arische Frauen könnten sie sich einen Rechtsanwalt nehmen und irgendwie eine Klage gegen die Gestapo machen, um unsere Deportation zu verhindern! Wie naiv man war!

Die beiden kommen also dort an und verlangen, zum Lagerleiter vorgelassen zu werden. Beide werden dann auch raufgeführt. Sie kommen rein in das Zimmer, das war wie immer bei den Nazis ein Riesenraum. Ganz hinten ein Schreibtisch. Man kam sich schon so klein und verloren vor, wenn man da am Eingang stand. Und hinten saß dieser Halbgott. Und ehe meine Tante überhaupt nur ein Wort sagen konnte, hat er sie angeschrien: »Genossin, Sie wagen es, hierher zu kommen! Wenn Sie nicht sofort den Raum verlassen, lasse ich Sie verhaften!« Meine Tante konnte nichts sagen und meine Mutter auch nicht. Er hat sofort eine Wache geholt, meine Mutter verhaften und in das Lager in der Großen Hamburger Straße überführen lassen. Das diente Anfang 1945 als Gefängnis für die Sippenhäftlinge vom 20. Juli, also die Stauffenbergkinder und alle Verwandten der Hingerichteten. Das wußten mein Vater und ich allerdings nicht.

Bis zum Kriegsende erfuhren wir nicht, ob meine Mutter noch lebte, und sie wußte nicht, ob wir noch am Leben waren. Dann war der Krieg aus. Und wir versuchten, uns zu unserer alten Wohnug am Ku'damm durchzuschlagen, denn wir haben uns gedacht: Wenn Mutter noch lebt, kommt sie auch dorthin. Und so war es ... dort sind wir uns in die Arme gefallen. Und Mutti hat gesagt: »Die Oma lebt und Tante Lie wahrscheinlich auch.« Wir sind dann zu Fuß nach Potsdam. Das hat wieder einen Tag gedauert. Wir waren völlig entkräftet. Es hatte ja kaum zu essen gegeben in dem Lager. In Potsdam waren bereits die Russen. Und meine Großmutter kommt uns entgegen in dem Portal von dem schönen Haus und sagt: »Gott sei Dank, ihr lebt! Dafür ist die Lie weg!« Der KGB hatte Tante Lie abgeholt, wahrscheinlich, weil irgend jemand sie als Schloßherrin denunziert hatte bei den Russen.

Daraufhin ist mein Vater sofort mit seinem Entlassungsschein zum russischen Stadtkommandanten gegangen. Der sprach sogar etwas deutsch. Mein Vater hat zu ihm gesagt: »Sie haben da eine Frau verhaftet, die Frau Geheimrat Vosberg. Dieser Frau haben wir unser Leben zu verdanken. Wenn die nicht gewesen wäre, wären wir in Auschwitz umgekommen.« Die Tante muß sofort freigelassen worden sein. Denn als er wieder ins Palais gekommen ist, ist sie ihm schon glückstrahlend entgegengerannt.

# »1943 war die Reichweite eines Lebens klein«

»Danach haben wir, ohne groß darüber zu beschließen, die Vergangenheit nicht mehr erwähnt. Das, worüber man sprach, war die Zukunft ... nicht einmal die Gegenwart. Nach dem Krieg begann das Leben. Vorher war man nur am Leben.«

*Lilo Merten*

Die heute neunundsechzigjährige Lilo Merten ist eine sehr agile und attraktive Frau, obwohl sie die Grenze zum Rentenalter schon überschritten hat. Nach wie vor übt sie ihren Beruf als Übersetzerin aus, nach wie vor stellt sie sich ihrer Verantwortung als »Zeitzeugin« – ein Begriff, den sie im Grunde verabscheut und immer wieder von neuem in Frage stellt.

Seit 1973, als sie aus Israel zurückkehrte, lebt sie wieder in Berlin, ihrer Geburtsstadt. Ein Vierteljahrhundert ihres Lebens hat sie in Israel verbracht. Überzeugt, daß Juden nirgends auf der Welt gern gelitten sind, wollte sie nach dem Krieg dabei sein, wenn der neue Staat Israel entsteht. Sie sah es als ihre Pflicht, dieses Land zu bewohnen und mitaufzubauen. »Was gewesen ist, ist vorbei«, lautete das Credo vieler ihrer Generation. »Jetzt gilt, was kommt.« Erst Jahrzehnte später zwang sie ein unvorhergesehener Bruch in ihrer Lebenslinie zu einem Innehalten und zu einem In-sich-Gehen. Er brachte sie zurück nach Berlin.

Dort war sie nach Jahren des Verdrängens plötzlich wieder mit ihrer Vergangenheit konfrontiert. Aus dieser Konfrontation wurde für sie ein intensiver und manchmal sehr schmerzlicher Prozeß der Auseinandersetzung mit sich selbst. Ohne es selbst auszusprechen, ist Lilo Merten eine engagierte Vertreterin der These, daß das Private immer auch politisch ist. Was als Auseinandersetzung mit den eigenen Mängeln begann, mündete in der lange verdrängten Erkenntnis, daß auch sie, trotz ihres Überlebens, ein Opfer des Nazi-Regimes ist, und daß das Überleben allein noch kein Leben ausmacht.

Geboren wurde Lilo Merten in Berlin als einzige Tochter einer Buchhalterin und eines Journalisten, Rezitators und Schriftstellers. Hätte er seinen Lebensplan so verwirklichen können, wie er es vorhatte, wäre er zum seriösen Kulturschaffenden aufgestiegen. So aber erstickten die Rassengesetze der Nationalsozialisten seine Ambitionen bereits im Keim. Nach der offiziellen Regelung galt er als Jude, obgleich er der Gesinnung nach dem Judentum – und jeder anderen Glaubensrichtung – völlig fern stand. Seine Abneigung gegen Religion schlechthin ging so weit, daß er sich selber als »antireligiösen Atheisten« beschrieb.

Ihre Mutter kam aus einer einfachen christlichen Kleinbürgerfamilie, die die Verbindung mit dem Juden zwar nicht gerade freudig guthieß, aber auch nicht direkt mißbilligte. Anfang der zwanziger Jahre heirateten die beiden, 1928 kam nach sechsjähriger Wartezeit ihre einzige Tochter Liselotte zur Welt. Im Februar 1943 wurde der Vater im Zuge der »Fabrik-Aktion« in der Rosenstraße interniert. Das Mädchen, inzwischen fünfzehnjährig, entging wie durch ein Wunder der Abholung. Ihre Mutter gehörte vom ersten Tag an zu den Frauen, die auf der Straße demonstrierten.

Alle drei überlebten den Krieg. Die Ehe der Eltern wurde gleich nach dem Krieg geschieden. Sobald es möglich war, wanderten Liselotte, Lilo genannt, und ihre Mutter nach Israel aus. Ihr Vater blieb in Deutschland und mach-

Lilo Merten, 1997

te in der DDR in bescheidenem Ausmaß endlich jene Karriere als Kulturverantwortlicher und Journalist, die ihm so lange verwehrt geblieben war.

Als ich Lilo Merten in ihrer kleinen Neubauwohnung in der Berliner Innenstadt besuche, muß ich durch ganze Scharen von Kindern und Jugendlichen, die im Eingangsbereich des Mietshauses toben, spielen und herumlungern. Es sind Kinder der unterschiedlichsten Nationalitäten, manche sprechen kaum Deutsch. Dreizehn-, vierzehnjährige Mädchen lehnen lasziv an der Hauswand und erproben in ersten, tastenden Schritten die Wirkung ihrer Geschlechtlichkeit. Dazu Fahrräder, Gummi-Twist, Fußball. Größere Kinder schleifen mit betont zur Schau getragenem Desinteresse ihre kleineren Geschwister hinter sich her. Von ihnen allen geht eine ungebrochene Lebendigkeit aus und eine Lautstärke, die das Erträgliche häufig überschreitet. Lilo Merten, deren Fenster im Erdgeschoß den Blick auf diese Arena freigeben, sind sie ein Dorn im Auge. Der Lärm, der Übermut, die Aggressivität, die hin und wieder zum Ausbruch kommt, sind für sie nur schwer zu ertragen. Und das ist leicht nachzuvollziehen, wenn man die Geschichte ihrer eigenen Kindheit kennt. Denn die Freiheit der Kinder und Jugendlichen vor ihren Fenstern steht in genauem Gegensatz zu dem, was Lilo Merten selbst erlebt hat.

Als Einzelkind aufgewachsen und durch die ständige Furcht vor Verfolgung noch tiefer in die Isolation getrieben, fand sie das einzige Glück ihrer Kindheit und Jugend im Grün eines Gartens und eines Friedhofs. Dort war sie allein mit sich selbst. Dort fand sie zurück zu sich selbst oder besser zu dem, was davon geblieben war, was ein jähzorniger Vater und die dauernde Angst übrig gelassen hatten.

Diese kaum gebändigten Kinder und Jugendlichen tun

letztlich genau das, was ihr unter der ständigen Todesdrohung nicht möglich gewesen war: Sie leben ihr eigenes Leben ungeachtet ihrer Herkunft, Nationalität oder Religionszugehörigkeit.

**********************************************

Komischerweise ist die Rosenstraße erst zu ihrem fünfzigsten Jahrestag ans Licht der Öffentlichkeit gelangt. Vorher hat kein Mensch darüber gesprochen. Wir, die es erlebt haben, auch nicht.

Die Rosenstraße gehörte zu einer langen Kette von Ereignissen. Die meisten davon waren schrecklicher. Sicher war uns allen bewußt, was für eine einmalige Sache diese Demonstration in der Rosenstraße für die Nazi-Zeit war. Es war ein Protest, der nicht bekämpft wurde, der nicht unterdrückt wurde. Keine Polizei, keine Gestapo, kein Vertreter der Staatsgewalt wurde da hingeschickt. Man ließ die Frauen dort stehen und unbehelligt demonstrieren.

Ich weiß nicht genau, ob sie tatsächlich Protest zum Ausdruck gebracht haben, oder ob sie nur dort gestanden sind. Heute sagt man, sie hätten »demonstriert«. Ich persönlich bezweifle das. Ich bin der Ansicht, die Frauen sind dort gestanden, mehr oder weniger unauffällig, sind hin- und hergegangen und haben miteinander gesprochen. Natürlich war die Sache an sich eine Demonstration, aber nicht in unserem heutigen Sinn, nicht von der Art, wie wir sie heute kennen. Das wäre zuviel hineingelegt. Wir alle, die damit zu tun hatten, haben uns immer wieder gesagt: Wenn wir nur wüßten, was sich in diesen paar Tagen hinter den Kulissen abgespielt hat! Denn es muß sich eine Menge abgespielt haben, bis beschlossen wurde, diese letzten Juden Berlins nicht zu deportieren, sondern sie nach Hause zurückkehren zu lassen. Von wem auch immer dies beschlossen wurde.

Vielleicht hatten es hohe Chargen der SS, der SA, der Wehrmacht oder was es sonst noch gab, verstanden, ihre Mischlingskinder, vielleicht sogar ihre jüdischen Frauen, zu verschweigen, mit durch diese Zeit durchzuziehen, sich nicht von ihnen zu trennen. Vielleicht waren gerade diese Männer, die das bis zum Februar 1943 geschafft hatten, immer noch so stark, daß sie den erklärten Willen von Goebbels, Berlin »judenfrei« zu machen, unterlaufen haben. Mir bleibt das bis heute im Grunde schleierhaft.

Die Rosenstraße war für mich persönlich nur eine Episode in einer verworrenen Jugend. Natürlich eine wichtige Episode! Aber was war meine Angst gegen die Angst der Leute, die jahrelang in den Todeslagern, in den Arbeitslagern, unter weitaus schlimmeren Bedingungen gelebt haben? Alles muß immer in Relation gesehen werden, sonst verschieben sich die Maßstäbe.

Mir haben die schrecklichen Jugendjahre das ganze Leben zerstört. Vielleicht nicht sie allein; später ist man an dem, was schiefläuft, ja auch selber schuld. Aber es läßt sich nicht leugnen, daß einen das, was man in der Kindheit miterleben mußte oder was man eben nicht erlebt hat, von einem normalen Leben, von Kindheit und Jugend und dann vom Erwachsensein, abgedrängt hat. Das merkt man erst, wenn das halbe Leben vorbei ist. Ich war schon in den Vierzigern, als ich endlich begriffen habe, daß es nicht so war, wie wir nach dem Krieg dachten: »Dem Himmel sei Dank, der Krieg ist vorbei! Wir haben überlebt! Wider alles Erwarten haben wir überlebt! Alles weg, alles vergessen, nicht mehr dran denken, nicht mehr darüber sprechen. Jetzt fängt das Leben an!« So waren wir zu dieser Zeit. So dachten wir. Und ich glaube nicht, daß ich allein damit dastehe. Aber wir haben uns geirrt.

Und darum wissen wir auch so vieles nicht mehr, wonach wir heute gefragt werden. Wir haben uns nie näher erkundigt, auch nicht bei unseren Eltern. Wir wollten nichts mehr davon hören. Wir hatten es überlebt, es war vorbei. Wir haben nicht damit gerechnet, daß man sich nach zwanzig, dreißig, ja nach fünfzig Jahren auf einmal wieder für unsere Erinnerungen interessieren würde. Und daß wir uns dann erst selber fragen würden: Wie konnte das sein? Wie sind die Zusammenhänge gewesen? Deswegen – weil wir keine Fragen gestellt haben, als es noch Zeit war – ist die Erinnerung an diese Zeit wie ein Netz, das mehr Löcher hat als Fäden.

In den siebziger Jahren, als ich von Israel wieder hierher nach Berlin zurückkam, da hatte ich auch im persönlichen Leben einen Bruch. Damals bin ich das erste Mal auf mich selber eingegangen und habe mir Fragen gestellt: Warum hast du das gemacht, warum diesen Fehler, warum ist das bei dir so gelaufen? Dabei fing ich an, meine Eltern zu verstehen, auch die Entwicklung meines Vaters im Krieg. Er war Künstler, Schriftsteller und Journalist, er war Rezitator, was früher einmal ein Beruf war. Und er ist, nachdem man ihm alle diese Möglichkeiten der Berufausübung genommen hatte, zum Misanthropen geworden. Zu einem unleidlichen, ewig schlechtgelaunten Menschen, der all seinen Frust, den er ja draußen nicht abreagieren konnte, an meiner Mutter ausließ. Die sich natürlich nicht wehren konnte und wollte, die ihn ja liebte und immer große Dinge von ihm erwartet hatte. Sie hat das alles einfach nicht verstanden. Und ich war ein Kind. Ich konnte es erst recht nicht verstehen, habe mich aber aus Gerechtigkeitssinn immer, oft auch physisch, vor meine Mutter gestellt. Wenn mein Vater anfing zu toben, dann stand ich ihr bei und ließ sie gar nicht erst antworten, denn das hat sowieso nichts gebracht. Ich habe das als Kind besser auffangen können. Aber dadurch hatte ich keinen Vater. Ich wollte ihn nicht, ich habe ihn gehaßt. Heute hasse ich ihn nicht mehr. Ich habe ihn nach dem Krieg sogar wiedergetroffen.

Mutti und ich sind nach dem Krieg nach Israel gegangen, mein Vater ist hiergeblieben. Das traurige ist, daß ich damals entdeckte, wieviel ich als junger Mensch von ihm hätte haben können, von seinem Wissen über

Der Vater von Lilo Merten, Leo Merten, zu Anfang der Verfolgung.

die Literatur, über die Kunst. Doch das ist mir entgangen, und das vermisse ich heute schmerzlich. Es fehlt mir die Basis. Denn in dieser Zeit habe ich natürlich keine Möglichkeit gehabt zu studieren, und jetzt in meinen älteren Jahren sind zwar das Interesse und die Neugier vorhanden, aber das Gedächtnis läßt mich im Stich.

Ein sehr guter Arzt, der mich vor meiner Ausreise nach Israel behandelt hat und der mich nach meiner Rückkehr wieder behandelte, hat mir gesagt – und ich glaube diesem Mann –, daß das eine Folge der Not meiner Jugendjahre ist. Wenn man als Kind immer unter Entbehrungen gelitten hat, unter Furcht und Hunger, dann altert später das Gehirn schneller. Er hat mir damals – ich war etwa fünfzig – gesagt: »Lilo, du hast das Gedächtnis einer Siebzigjährigen.« Seitdem kämpfe ich dagegen an.

Als »Zeitzeugin« – ich hasse das Wort »Zeitzeuge«, aber es gibt kein besseres – ist mir das oft schmerzlich bewußt geworden. Aber nicht nur das schlechte Gedächtnis ist ein Problem, sondern vor allem die Unmöglichkeit,

Menschen eine Zeit verständlich zu machen, die so ganz anders war als die, die sie selber jetzt erleben. Manchmal bin ich als Zeitzeugin in Schulen oder Geschichtswerkstätten eingeladen. Wenn ich dann anfange, über meine Kindheit und meine nicht gelebte Jugend zu erzählen, werde ich häufig durch Fragen der Jugendlichen daran erinnert, wie schwierig es ist, eine Zeit zu beschreiben, die nur aus Angst bestand. Und das war nicht nur die Angst des verfolgten Judenmädchens, sondern auch die vor den Fliegerangriffen. Da ist man gerade erst aus dem Keller heraus und weiß: Es kommt heute nacht noch ein Alarm. Man lebt in Zeitabschnitten, die ungeheuer kurz sind. Man lebt von einem dieser Zeitabschnitte zum anderen, sie dauern vielleicht eine Stunde, zwei Stunden, vielleicht einen halben Tag. Und das jahrelang. Und die Leute verschwinden, und alles, das ganze Leben, wird immer enger und bedrängter. Diese Atmosphäre der Angst! Wir dürfen nicht auf die Straße am Abend, wir dürfen nicht mit den Verkehrsmitteln fahren, vom Auf-

Der Vater, Leo Merten, in Rezitationspose.

Bänken-Sitzen rede ich gar nicht. Wer hat sich damals schon noch auf Bänke setzen wollen? Das normale Leben war ausgeschaltet: Nicht ins Kino, nicht ins Theater, nicht ins Konzert – nicht, nicht, nicht, immer nicht! Nichts darf man mehr.

Mit welcher Selbstverständlichkeit wir durch diese Zeit marschiert sind, wundert mich heute noch. Schon wenn mich nur jemand fragt: »Ja, wo haben Sie denn Ihre Freunde, Ihre Klassenkameraden getroffen?«, kann ich darauf nicht antworten. Man hat damals nicht einfach »Freunde getroffen«. In solchen Situationen fühle ich, wie unmöglich es ist, mit Erzählungen die Atmosphäre der damaligen Zeit aufleben zu lassen.

Und andererseits bin ich froh, daß es so ist. Denn ich wünsche keinem diese dauernde Angst, diese Atmosphäre des vollkommenen Abgeschnittenseins von einem normalen Leben.

Wir kannten dieses »Normale« gar nicht. Ich weiß nicht, wie man das alles durchstehen und ohne größere Schäden daraus hervorgehen konnte. Obwohl wir alle irgendwie mindestens eine kleine Macke davongetragen haben ... jetzt, im vorgerückten Alter, zeigt sich das immer deutlicher.

Meine Eltern haben sich bei der Arbeit kennengelernt. Meine Mutter war Buchhalterin, mein Vater damals noch Vertreter in einer Tapeten-, Teppich- und Dekorationsfirma. Einzelheiten darüber weiß ich nicht. Sie haben es mir nicht erzählt. Das war Anfang der zwanziger Jahre. Meine Mutter ist 1896 geboren. 1920 war sie vierundzwanzig, bei meiner Geburt 1928 zweiunddreißig Jahre alt. Fünf oder sechs Jahre haben sie auf mich gewartet, ich war das einzige Kind. Mein Vater übte die Arbeit als Vertreter neben seiner künstlerischen Tätigkeit aus, von der er nie vollständig und nie sehr gut hatte leben können. Für meinen Vater war nur wichtig, was mit seinem Schreiben, mit seinem Schreibtisch, mit seinen Büchern zu tun hatte. Er rezitierte mit Leidenschaft. Es gibt noch Bilder, die ihn in großer Pose beim Deklamieren zeigen. Man könnte meinen, er wäre der erste jugendliche Liebhaber auf dem

Theater. Das war ihm wichtig. Alles andere hatte keine Bedeutung.

Meine Mutter war ein völlig anderer Mensch. Sie kam aus einem sehr einfachen deutsch-protestantischen Haus. Auch sie war Einzelkind, wie ich. Später hat sie sich zur Buchhalterin ausbilden lassen. Einmal hat sie mir erzählt, wie das für sie war, als mein Vater ihr nähergekommen ist. Da

Jugendbild der Mutter von Lilo Merten

hat sie sich solche Hoffnungen gemacht, er war doch Künstler! Und sie hat geglaubt, daß er sie ein bißchen hochheben werde in die Gefilde des Geistigen, denn sie konnte ja nicht studieren, hatte nichts Richtiges gelernt. Sie hat es nicht mit genau diesen Worten gesagt, aber das war der Sinn, der dahintersteckte.

Sie war bestimmt kein Dummchen. Aber wenn sie ein bißchen mehr das Weibchen gespielt hätte, wäre es für sie besser gewesen, wenn Sie verstehen, was ich meine. Sie hätte ihren eigenen Status bei ihm eingeklagen sollen. Aber das konnte sie nicht. Sie wäre mit ihm bis ans Ende der Welt und bis nach Sibirien gegangen, unter jeder Voraussetzung. Auch wenn er weiter getobt hätte. Was er im übrigen ja erst später getan hat.

Ich kann mich erinnern, daß wir, als ich ein kleines Kind war, noch gemeinsame Spaziergänge gemacht haben. Damals hatten wir auch ein Auto, und wir sind rausgefahren zum Garten meiner Großeltern, zu Muttis Eltern also. Vater war nicht sehr oft dabei, denn Schwiegervater und

Lilo Merten mit ihrem Vater in Opas Garten, 1938.

Schwiegersohn waren sich nicht besonders grün. Und alle anderen Verwandten meiner Mutter, die christliche Familie also, waren, soviel ich weiß, nie sehr eng miteinander. Sie blieben zu uns immer auf Distanz.

Ich weiß nicht, ob es eine allgemeine Skepsis war oder die Einstellung: »Der gehört nicht zu uns« – oder doch schon von Anfang an: »Mit dem Juden wollen wir nichts zu tun haben«. Auf jeden Fall hatten wir überhaupt keine

Unterstützung vom christlichen Teil der Familie. Das einzige, was wir hatten, waren die Großeltern. Da konnte zumindest ich als Kind hin. Der Großvater sah das nicht besonders gerne. Er akzeptierte mich als Stadtkind erst, als ich ihm bewies, daß ich zwischen Gemüse oder Blumen und Unkraut unterscheiden konnte. Immerhin war ich sein einziges Enkelkind.

Meine Großeltern waren keine Gefühlsmenschen, sie waren eher praktisch veranlagt. Er war Postbeamter in Pension, machte noch seinen Garten und half allen möglichen Nachbarn. Verwöhnt bin ich von meinen Großeltern nicht worden.

Für mich war der Garten ein Paradies. Daß ich in den Schulferien dort hinkonnte, war etwas Wunderbares. Da hat mich alles andere nicht gestört, auch nicht, daß ich keine anderen Kinder zum Spielen hatte. Wenn ich bei Großvater im Garten war ... mehr brauchte ich nicht. Und das hatte ich, Gott sei Dank. Meine Großmutter ist dann irgendwann später an Magenkrebs gestorben, und der Großvater war danach allein. Aber bis Ende 1944 sind wir immer noch zu ihm in den Garten gefahren.

Mein Vater war in seinem Beruf nie das, was man eine Koryphäe nennen würde. Berlin war groß, und es gab so viele Journalisten. Er ist im Radio aufgetreten und hat rezitiert, er hat Heine-Lesungen gemacht, er hat im Jüdischen Kulturbund gearbeitet, auch später noch. Bis ihm im Grunde jede Tätigkeit verboten wurde, hatten wir das Einkommen des normalen Mittelstandes, würde ich sagen. Ich kann mich zumindest erinnern, daß meine Mutter zu Hause war und nicht gearbeitet hat, als ich ein kleines Kind war, und daß sie nur im Zuge der Verfolgung wieder anfangen mußte zu arbeiten. Denn was Vater als Reichsbahnzwangsarbeiter verdiente, das hat natürlich nicht ausgereicht.

Ich bin 1934 sechs Jahre alt gewesen, da bin ich eingeschult worden. Bei Ausbruch des Krieges war ich elf, am Ende war ich siebzehn Jahre alt. Ich persönlich habe von dieser gesamten Zeit nur das mitgekriegt, was sich auf das tägliche Leben ausgewirkt hat. Meine Eltern haben alles von mir ferngehalten, darüber waren sie sich anscheinend einig, soweit ich das heute rekonstruieren kann. Ich muß hinzufügen, daß ich heute nur schwer auseinanderhalten kann, was ich damals als Kind schon

Kennkartenbild von Lilo Merten im Dritten Reich: Die Haare mußten hinter das linke Ohr gestrichen sein.

wußte und was ich damals noch nicht verstanden und mir erst sehr viel später zusammengereimt habe. Auf jeden Fall habe ich das Gefühl, daß meine Eltern sich darin einig waren, mir nichts zu erzählen. Mit wenigen Ausnahmen. Wenn zum Beispiel ein neues Gesetz herauskam oder ein neues Verbot in Kraft trat.

Als Gold und Silber abgegeben werden mußten, hat mein Vater alles zusammengesammelt. Und als meine Mutter sagte: »Ach laß doch dem Kind wenigstens das goldene Kettchen!«, wurde er fürchterlich wütend und schimpfte: »Wie kannst du das sagen? Du bringst mich als Juden in die Situation, daß ich nicht das tue, was mir aufgetragen wird! Nur wenn wir genau das tun, was uns gesagt wird, nur dann kann uns auch nichts passieren, dann wird uns nichts weiter passieren!« – Ein deutscher Jude! In Israel sagt man: Ein Jekke, wie er im Buche steht. Kein Deutscher konnte pingeliger sein als dieser jüdische Frontkämpfer: Erster Weltkrieg, Sanitätssoldat.

In der Schule habe ich als Kind nicht so sehr viel mitbekommen. Ich war ja nur ein Jahr in der christlichen Schule, dann hat man mich mehr oder weniger höflich rausexpediert. Meine Mutter wurde dort hinbestellt, ihr wurde geraten, das Kind doch in die jüdische Schule zu schicken, da den Lehrern anbefohlen worden wäre, den jüdischen Schülern das Leben schwerzumachen. Das hat dieser Klassenlehrer meiner Mutter erzählt. Erstaunlicherweise, bei meinem schlechten Gedächtnis, erinnere ich mich noch, daß er Herr Knopf hieß und das rote Abzeichen der Nazis am Aufschlag trug. Danach kam ich auf die jüdische Josef-Lehmann-Schule. Das ist die einzige, erst Anfang der dreißiger Jahre gegründete jüdische Reform-Volksschule gewesen. Denn es durften damals ja schon keine höheren Schulen mehr gegründet werden.

Wir hatten in dieser Volksschule das Glück, unwahrscheinlich gute Lehrer zu haben. Sie kamen wegen der Berufsverbote von den höheren Schulen und Universitäten. Auch unser Lehrplan kam eher dem einer Mittelschule gleich, was draußen natürlich kein Mensch wissen durfte. So hatten wir noch viel von der Schule. Mir hat das Lernen Spaß gemacht. Ich brauchte nicht zu büffeln, es fiel mir leicht.

Diese Schulzeit war eigentlich eine herrliche Zeit. Wir waren Schulkinder wie andere auch, frech, vorlaut ... und die Lehrer sahen uns viel nach. Da bekam ich noch nicht viel mit von den Nazis. Meine erste Erinnerung an die Nazis ist die einer marschierenden SA-Truppe. Wir wohnten in Alt-Moabit gegenüber der Heilandskirche, nach wie vor in jener Dreizimmer-Wohnung meines Vaters. Die Straße macht dort einen Knick, einen Bogen. Um diesen Bogen kamen die anmarschiert. Und in dem zweiten Haus der nächsten Querstraße wohnten wir. Ich war damals gerade auf dem Weg nach Hause. Ich kann nicht genau sagen, wie alt ich war, ob ich überhaupt schon zur Schule ging.

Ich bog um die Ecke, und die marschierten in meine Richtung. Und es war damals so: Wenn irgend etwas marschierte, dann stellten sich die Passanten an die Bordsteinkante und schrien: »Heil, Heil, Heil!« Und wer das nicht tat, fiel auf. Und in dem Kopf von diesem kleinen Mädchen, das ich war, wirbelte es herum: Was machst du jetzt? Stellst du dich da hin, und es sieht dich jemand aus dem Haus, dann sagen die: »Die Jüd'sche! Traut die sich doch tatsächlich, ›Heil Hitler‹ zu rufen.« Gehst du da aber nicht hin an die Straße, dann könnten die sagen: »Nicht einmal das kann diese Jüd'sche. Warum ruft die nicht: 'Heil Hitler!'«

Dieses Dilemma eines Kindes sitzt seit sechzig Jahren in meinem Kopf fest. Ich sehe mich noch heute an der Hauswand entlangschleichen, sehe mich unsere Haustür aufmachen: nichts wie rein! Gar nicht weit aufmachen, die Tür. Nur schnell rein und dann den Kopf einziehen, damit er durch die Glasscheibe nicht zu sehen ist. Keiner was gesehen?

Diese paar Minuten der Angst sind in mir lebendig geblieben. Niemand hat mir was getan, nein. Man hat mich überhaupt nicht beachtet. Gar nichts ist passiert! Aber diese Angst ist geblieben. Und es ist komisch: Wenn ich auch versuche, mich an etwas anderes zu erinnern, es ist immer dieses Erlebnis, diese Angst, zu der meine Gedanken zurückkehren.

Wahrscheinlich kam ich damals, als die SA vorbeimarschierte, aus dem Eckhaus. Da wohnte nämlich meine Freundin, die Tochter einer Schneiderfamilie, nur zwei Häuser von unserer Wohnung entfernt. Ich glaube, damals war ich noch mit ihr befreundet. Mit der war ich wirklich eng befreundet, wir sahen uns jeden Tag, fast immer bei ihr, denn die Wohnung ihrer Eltern war groß und voll von Dingen, mit denen man wunderbar spielen konnte. Ich war oft dort. Bis das dann langsam aufhörte. Man hat mir nie ein schlechtes Wort gesagt, das nicht. Man hat auch nicht gesagt: »Du brauchst nicht mehr zu kommen.«

Aber irgendwie hat sich die Atmosphäre ganz allmählich abgekühlt. Und Kinder sind ja wie Seismographen. Kinder merken, ohne daß man ihnen was erzählt, viel mehr, als die Erwachsenen glauben. So bin ich also dann doch nicht mehr zu dieser Freundin hin. Und da hat keiner gefragt: »Warum kommst du denn nicht mehr?« Tja, so ist das auseinandergegangen.

Das sind die Dinge, die ich im nachhinein meinen Eltern vorwerfe. Man hat mir nicht erklärt, warum diese Freundschaft ein Ende genommen hat. Ich selbst konnte keinen Grund erkennen. Also war es mein Fehler. Also war es mein Nicht-mehr-den-Anforderungen-Entsprechen. Ich war nicht mehr gewünscht. Ich, Liselotte, war aus irgendeinem für mich unbegreiflichen Grund nicht mehr gut. Ich habe das auf meine Kappe genommen. Ich habe mich selbst minderbewertet, und niemand hat mir damals geholfen. Niemand hat mir gesagt: »Hör mal zu, wenn die Gisela jetzt nicht mehr mit dir spielen mag, mußt du ihr das nicht nachtragen. Das hat vielleicht mit den Eltern zu tun. Vermutlich wollen die Eltern nicht mehr, daß sie mit einem jüdischen Kind spielt.« Dergleichen wurde verschwiegen, eben aus diesem Wunsch heraus, nach Möglichkeit alles von mir fern zu halten.

Natürlich wußte ich, was »typisch jüdisch« ist. So sehr konnten mich meine Eltern nicht behüten. Zum Beispiel gab es in unserer Klasse andere jüdische Mädchen, darunter eine, die sah – bitte, nach damaligen Kriterien! –

»typisch jüdisch« aus: dunkle Haut und glatte, dunkle Haare, eine häßliche Brille. Es gibt doch immer hübsche und weniger hübsche Kinder. Sie war nicht hübsch. Das wußte ich auch, was mit »typisch jüdisch« gemeint war. Aber ich habe nie gefragt: »Was ist denn eigentlich jüdisch?« Ich habe das tatsächlich nicht gefragt. Ich wußte nur, daß das nicht gut ist. Daß das verfolgt wird.

Vielleicht kommt ja auch ein Teil meines Unwertgefühls daher, daß ich wußte, daß Jüdischsein nichts Gutes ist. Und das habe ich absolut auf mich selbst bezogen. Obwohl ich in vielen Punkten die Ablehnung, die meiner Freundin zum Beispiel, nicht einmal auf das Jüdischsein zurückgeführt habe. Das ist das Blöde. Und das ist es, was ich eigentlich nie richtig begreife. Aber ich weiß, daß ich mich selbst als »nicht mehr gut« angesehen habe, daß ich glaubte, daß man mich nicht mehr mochte.

Ich hatte sehr viel später ein Schlüsselerlebnis mit dem Stern. Danach habe ich den Stern nie wieder angemacht. Es muß nach 1942 gewesen sein, denn ich habe bereits auf dem Friedhof gearbeitet. Vielleicht Anfang 1943. Es war ein schwerer Bombenangriff gewesen, ein Tagesangriff. Die Verkehrsmittel sind nur teilweise gefahren, und es ist natürlich eine ganz schöne Strecke zu laufen von Weißensee, wo ich arbeitete, bis nach Hause in Moabit. Das müssen ungefähr acht Kilometer sein. Merkwürdigerweise hat man das damals mit  Gleichmut hingenommen – und das unterernährt, wie man war. Wenn was fuhr, war's gut, wenn nicht, dann liefen wir eben.

Ich jedenfalls war auf dem Weg nach Hause und kam über den Lustgarten. Da lag damals alles mögliche an Gerümpel, Trümmern und Steinen. Ich habe in der Erinnerung das Bild eines großen, weiten und kahlen Platzes mit großen Schutthaufen. Und plötzlich stand vor mir eine Horde junger Burschen, vielleicht schon Männer, so genau konnte ich sie mir nicht ansehen. Sie kamen drohend in meine Richtung. Ich hatte an dem Tag ein Plastik-Regencape an. Das gab es damals. Das gehörte zu den Bekleidungsdingen, die wir noch bekamen. Und darauf hatte ich schön ordentlich mit Druckknöpfen den Stern angebracht. Das Cape war lila, der Stern war gelb. Er leuchtete wahrscheinlich sehr gut und sehr weit. »Da is so eene. Die Juden sind an allem schuld«, haben die geschrien. Denn sie haben ja jeden Morgen in der Zeitung gelesen, daß die Juden an den Bombardierungen schuld waren; an allem und jedem, was fehlte, waren die Juden schuld. Und plötzlich fingen die Steine an zu fliegen. Ich weiß nicht woher, ich weiß nicht wohin. Und ich weiß auch nicht, wie ich aus der Situation herausgekommen bin. Es ist schwer verständlich, aber ich kann mich nicht erinnern. Ob da andere Leute dazugekommen sind oder ob ich das Cape heruntergerissen habe und die mich nun nicht mehr von den anderen unterscheiden konnten ... da war und ist ein blinder Fleck in meinem Gedächtnis.

Das passierte ungefähr auf der Hälfte des Heimwegs. Die letzte Strecke muß ich ziemlich schnell gelaufen sein, denn ich habe mich selber in Erinnerung, wie ich völlig außer Atem die Treppen bei uns zu Hause rauf bin, Tür auf, mein Vater war schon von der Arbeit zurück. »Hier ist der Stern«, habe ich zu ihm gesagt, »ich gehe nie wieder mit dem Stern! Da kannst du mit mir machen, was du willst! Sollen sie mich ins KZ bringen, mit dem Stern gehe ich nicht noch einmal.« Und siehe da – es war wohl schon nach der Rosenstraße –, auch meinen Vater, der seit langem schon nicht mehr seine großen Reden schwang, habe ich dann mehrmals ohne Stern gesehen. Oder er hielt seine Tasche vor die Brust. Auch ihm schien es wohl weniger gefährlich, in eine eventuelle Razzia zu geraten, als bei dieser aufgeheizten Stimmung mit dem Stern herumzulaufen. Denn auch den Deutschen ging es ja immer schlechter, auch sie spürten den Krieg.

Die Jahre davor hat mein Vater immer ein Riesentheater gemacht, wenn meine Mutter oder ich es wagten, die Regeln der Nazis nicht aufs genaueste zu befolgen. Mein Vater war der Typus des assimilierten deutschen Juden, was sich dadurch zeigte, daß er eine Christin geheiratet und von ihr nicht verlangt hat, sie solle übertreten. Das kam gar nicht aufs Tapet. Meine Mutter ihrerseits war auch nicht religiös, aber mein Vater noch viel weniger. Er nannte sich selbst einen »antireligiösen Atheisten«. Da kann man sich vorstellen, wieviel ich von Religion wußte. Und als sich dann herausstellte, daß ich in die jüdische Schule gehen mußte, sagte meine Mutter eines Tages zu meinem Vater: »Hör mal zu! Das Kind kommt in die jüdische Schule, jetzt mußt du ihr ein bißchen von den jüdischen Feiertagen beibringen. Damit sie in dieser Schule nicht aneckt.« Und von Stund an

Lilo Merten mit ihrer Mutter im Kleinen Tiergarten in Alt-Moabit.

gingen wir zu den hohen Feiertagen in die Synagoge. Natürlich in die Reformsynagoge, was heute noch bei den Orthodoxen nicht als Judentum gilt und worüber heute noch genauso gestritten wird wie damals.

Wenn man mich fragt: »Als was haben Sie sich denn gefühlt? Als jüdisches Kind? Als nichtjüdisches Kind?«, muß ich sagen, als keines von beiden. In der christlichen Religion stand ich immer am Rand. Denn immer, wenn in der christlichen Schule Religionsunterricht war, durfte ich ja nicht mitmachen. Da mußte ich in eine jüdisch-orthodoxe Schule zum Religionsunterricht gehen. Das war mir sehr lästig, denn es war weit zu laufen dorthin – und was ich da gelernt habe, weiß ich nicht mehr.

Noch später, in der Josef-Lehmann-Schule, haben wir die Geschichten aus der Bibel durchgenommen und die hebräischen Buchstaben. Aber davon habe ich nicht viel behalten. Wir waren nicht religiös in der Familie, ebensowenig wie damals in Berlin die ganze Schicht des Mittelstandes und der Akademiker. Mein Vater hatte einen einzigen Bruder, und dessen Frau war von ihrer Familie her wohl orthodox. Die hielt noch die Feiertage ein. Aber der Kontakt war nicht stark, weil da vielleicht meine Mutter gestört hat.

Ich meine ... daß möglicherweise die Schwägerin, meine Tante, die Nichtjüdin ablehnte. Obwohl: Meine Mutter konnte eigentlich niemanden stören, denn sie war ein so netter und freundlicher Mensch. Ich glaube auch nicht, daß es da irgendwelche direkten Konfrontationen gegeben hat. Aber man merkt ja auch, ob man gern gesehen ist oder nicht. Gesprochen wurde darüber nie.

Die sind übrigens später, 1938, nach Australien gegangen. Die Frau hat bei der US-Agency in der Meinekestraße gearbeitet und hat noch sehr spät ein Affidavit für Australien ergattern können. Das war einer der Konfrontationspunkte mit meinem Vater: »Kommt doch mit«, hat sie gesagt, »ich kann für euch auch ein Affidavit besorgen. Warum willst du denn hier bleiben? Es wird doch immer schlimmer. Das kann doch nicht gutgehen!« Und dann kam mein Vater wieder mit seiner berühmten Szene: »Ihr sollt nicht immer so schwarzsehen! Was soll man uns jetzt noch tun, was kann man uns denn jetzt noch tun?«

An sich hatte er ja recht. Denn welcher Mensch im aufgeklärten Westeuropa konnte sich vorstellen, was wirklich geschehen sollte. Das war doch ganz undenkbar! Und doch gab es genügend Leute, die nichts Gutes voraussahen und die sich gesagt haben: Nein, wir lassen es nicht zu, was auch immer sie noch mit uns vorhaben.

Mein Vater hingegen tönte: »Wenn ich alles tue, was man mir aufträgt, und wenn ich all das bis aufs i-Tüpfelchen ausführe, dann können sie mir nichts anhaben. Schließlich bin ich im Ersten Weltkrieg gewesen, und ich bin nichts anderes als ein guter Deutscher, und ich will auch gar nichts anderes sein, das hier ist mein Land und mein Vaterland und meine Sprache – und überhaupt, was soll ich als Künstler ohne die deutsche Sprache?« Rums! Aus! Das war das letzte Mal, daß vom Auswandern geredet wurde.

Ich kann heute nicht mehr sagen, wann ich erkannte, daß mein Vater unrecht hatte. Ob ich das von den Kollegen auf dem Friedhof hörte? Vielleicht. Sicher ist: Ich habe nie etwas von diesem Wissen mit nach Hause gebracht. Wahrscheinlich ist auch, daß man sich mir gegenüber zurückgehalten hat. Manche von den jungen Leuten auf dem Friedhof, mit denen ich zusammen gearbeitet habe, kamen hin und wieder zu uns nach Hause, und sie kannten meinen Vater und seine Ansichten ... man erzählte mir nicht viel. Und ich habe mich auch nicht sehr dafür interessiert. Ich habe von mir aus nicht angefangen zu fragen.

Man hörte natürlich, daß da Postkarten gekommen sind. Aber auf den ersten Rote-Kreuz-Postkarten stand ja: »Uns geht es gut.« Und in die Kreise, die illegalen Kreise, die genau wußten: Es gibt Auschwitz, wir haben Nachricht, daß ... – in diese Kreise bin ich damals nicht gekommen. Aber daß die Dinge nicht so harmlos waren, wie mein Vater es darstellte, als seine letzte Cousine deportiert wurde, das ahnte ich.

Sie war sehr wohlhabend und lebte am Olivaer Platz. Bis zu ihrer Deportation lebte sie dort mit Haushälterin und Dackel und allem Drum und Dran. Und sie hatte ihrer Haushälterin noch die ganze Wohnung übergeben und gesagt: »Passen Sie gut darauf auf, bis ich wiederkomme.« Das war noch zu der Zeit, als die Aufforderungen mit Postkarten verschickt wurden: »Halten Sie sich bereit. Sie dürfen einen Koffer mitnehmen ... «, und so weiter. Als meine Mutter damals zu meinem Vater sagte, daß man doch vielleicht das eine oder andere aus dem Haus der Mizzi mitnehmen sollte, damit es bei uns sicher wäre bis nach dem Krieg – sie wollte sich weiß Gott nicht bereichern! –, da gab es wieder so eine Szene meines Vaters: »Habe ich nicht gesagt, daß ich in meinem Haus keine von diesen Schwarzsehereien will! Ich will das nie wieder sagen müssen! In meinem Haus werden solche Gerüchte von Lagern und KZs nicht weitergegeben. Ewig diese Greuelpropaganda, ich will das nicht hören! Das liegt doch alles auf der Hand: Die großen Firmen sind aus Berlin ausgelagert worden, und die haben da draußen keine Arbeitskräfte, und da holen sie sich eben die Arbeitskräfte aus Berlin!« Punktum.

Das war mein Vater. Das war seine Ansicht über die Lager. Ich habe meinen Vater gehaßt, weil er sich so aufgeführt hat meiner Mutter gegenüber und so rechthaberisch war und sie nicht anerkannt hat. Sie hat schließlich für uns gesorgt. Und sie hätte sich diesem Druck, sich scheiden zu lassen, der auf die christlichen Partner in Mischehen ausgeübt wurde, nie gebeugt. Man hätte ihr jedes Glied einzeln ausreißen können, sie hätte nie Mann und Kind verlassen, weil sie genau wußte, was dann passiert wäre. Mein Vater wußte es vielleicht insgeheim auch, aber er wollte es nicht zugeben. Hätte er es sich eingestanden, wäre er vielleicht total zusammengebrochen. So etwas darf man nicht in Worte fassen! Nein, ich habe mit niemandem über diese Dinge reden können. Meine Mutter hat nicht darüber gesprochen, mein Vater nicht – und ich schon gar nicht. Ich kann mir nicht vorstellen, daß ich ihm alles geglaubt habe, was er gesagt hat, aber immerhin war er der Vater, der »Haushaltsvorstand«. Und er ließ es nicht zu, daß das Thema auf den Tisch kam.

In anderen jüdischen Familien ist sicher darüber gesprochen worden, und man hat sich innerhalb der Familie Mut und Zuspruch geholt. Das gab's eben bei uns nicht.

Meine Mutter hat zu uns gestanden. Zu Anfang sicher aus Liebe, und dann aus Pflichtbewußtsein. Nicht aus Treue, so in der Art: Wem man einmal das Ja-Wort gegeben hat ... und so weiter. Nein, das war es nicht. Sondern sie wußte: Wenn sie ginge, stünde das Leben zweier Menschen auf dem Spiel. Das war ihr völlig klar. Ich weiß, daß man von ihr verlangt hat, sich scheiden zu lassen, weil das von allen »Arischen« verlangt worden ist, die mit Juden verheiratet waren. Aber sie hat kein Wort darüber verloren. Ob man ihr Briefe geschrieben oder sie vorgeladen hat, das hat sie mir nie gesagt.

Immerhin war meine Mutter von den Sanktionen, die für Juden galten, mitbetroffen. Zuerst konnte sie noch ziemlich lange als Buchhalterin arbeiten. Später mußte sie Uniformen nähen. Mein Vater arbeitete auf der Reichsbahn körperlich schwer mit der Picke, und ich selber kam, nachdem die jüdischen Schulen geschlossen worden waren, im Juni 1942 zur Arbeit auf den Friedhof Weißensee. Das war mein Glück, denn ich mußte nicht wie andere in die Fabrik. Gott sei Dank! Es war ein Friedhof, es war grün. Als wir dort hinkamen, gab es noch die Gärtnerei. Ich war glücklich dort. Es grünte, wir haben zuerst sogar noch Blumen angepflanzt. Ich lernte, in den Gewächshäusern zu arbeiten, Kränze zu binden. Wir sind auf dem Friedhof herumgefahren und haben die Hecken beschnitten, im Frühjahr blühte der Flieder, ich war glücklich. Es war eine Enklave, ein Riesengelände, ich glaube, vierundachtzig Hektar. Man kann sagen: ein Park. Und es kam niemand von den Nazis auf diesen Friedhof, wir waren völlig ungestört. Vor dem Krieg hatten dort ungefähr zweihundert Menschen gearbeitet. Ich glaube kaum, daß ich die schreckliche Zeit überstanden hätte, wenn nicht diese Stunden auf dem Friedhof gewesen wären. Später habe ich dann einige Monate bei Osram gearbeitet, und Ende 1944 mußte ich zum Straßenbau. Da habe ich Steine geklopft auf dem Alexanderplatz. Womit die deutschen Frauen als Trümmerfrauen nach dem Krieg weltberühmt geworden sind und wofür sie ihre Rente kriegten, das haben auch wir gemacht – und wir bekommen keine Rente dafür. Zweiunddreißig Pfennig Stundenlohn!

1943, während dieser sogenannten Fabrik-Aktion, war ich schon auf dem Friedhof. Aber an dem Tag gerade nicht, denn ich war erkältet. Ich blieb zu Hause, und meine Mutter wollte beim Friedhof davon Mitteilung machen. Wir hatten natürlich kein Telefon mehr. Also ging sie vor das Haus zur Telefonzelle, die schräg gegenüber stand. Von dort aus hatte sie sowohl unser Nebenhaus als auch unseren Hauseingang im Blick. Das ist wichtig für das, was danach geschah. Sie versuchte, den Friedhof zu erreichen. Schließlich hatte sie den Leiter am anderen Ende: »Wo sind Sie?« fragte der sofort. »Gehen Sie ja nicht aus dem Haus! Gehen Sie sofort wieder hoch und lassen Sie ja keinen rein!« Das hat sie mir erzählt. Ob sie von ihm noch mehr erfahren hat, hat sie nicht gesagt. Aber im nachhinein nehme ich das beinahe an, denn ich wüßte nicht, woher meine Mutter sonst die Information gehabt haben sollte, daß alle Verhafteten in die Rosenstraße verbracht worden waren. Sie ist noch am selben Tag dorthin gegangen und hat Stullen und Wäsche mitgenommen und ist erst spät am Abend wiedergekommen.

Ich kann mir das immer noch nicht wirklich erklären, denn es gab keine jüdischen Nachbarn, die ihr etwas hätten erzählen können, in der ganzen Straße nicht. Wir hatten auch keine Freunde mehr. Höchstens ... da war noch eine Nachbarin, die im ersten Stock wohnte. Die war mit meiner Mutter eng befreundet. Und die ließ sich auch von niemandem etwas sagen. Sie wurde zweimal wegen uns zur Gestapo bestellt, wie sie meiner Mutter erzählte. Und die hat denen gesagt: »Mit wem ick verkehre, det laß ick mir von niemandem vorschreiben. Mir sacht keener, wen ick bei mir zu Hause habe!« Diese Frau arbeitete in einem Zeitungsgeschäft am S-Bahnhof Bellevue und wußte dadurch immer alles, sämtliche Gerüchte. Es kann natürlich sein, daß die am S-Bahnhof schon etwas gehört hatte: »Ham se schon jehört, wat se mit de Juden jemacht haben?« Vielleicht wußte meine Mutter von ihr von der Rosenstraße. Gesagt hat sie es nie.

Mein Vater war schon abgeholt worden, in die Rosenstraße. Ich lag zu Hause im Bett. Und dann hatte ich unglaubliches Glück: Meine Mutter hat die Gestapo-Leute schon von der Telefonzelle aus gesehen, als sie rüberblickte auf die Eingangstür des Nebenhauses. Dort hielt einer dieser berüchtigten Möbelwagen. Damals wußte jeder Jude, was die Aufschrift »Zieh aus zieh ein mit Silberstein!« bedeutete. Früher waren diese Möbelwagen berühmt – jetzt jagte ihr Anblick Schrecken ein. Die Firma war wie alle jüdischen Betriebe enteignet worden, und die Wagen wurden als »Abholwagen« der zur Deportation bestimmten Juden berühmt-berüchtigt.

Auf jeden Fall hielt dieses Auto vor der Tür des Neben-hauses, und zwei Leute sind ausgestiegen, mit Uniform und Stiefeln und so weiter, und die gingen ins Haus. Mei-ne Mutter stand wie versteinert da, wie sie später schil-derte. Als sie von der Telefonzelle in die Wohnung zurückkam, war sie wie gelähmt. Sie konnte sich nicht bewegen, hat sie gesagt, auch wenn sie es gewollt hätte. Und nach ein paar Minuten kamen die zwei Männer wie-der aus dem Nachbarhaus raus und stiegen in diesen großen Laster ein. Und das Auto fährt an, auf unser Haus zu – und fährt vorbei, hält nicht an!

Später hat meine Mutter erfahren, daß die das ganze Haus abgeklappert haben: »Wo sind hier die Juden?« Und jeder hat gesagt: »Wir haben keine Juden im Haus!« Und keiner hat gesagt: »Die Juden sind im Nebenhaus.« Dabei hatte dieses Eckhaus einen gemeinsamen Hof mit unserem Haus, der nur durch einen Bretterzaun geteilt war. Jeder konnte in die Wohnungen auf der anderen Sei-te sehen. Und da mein Vater schon seit zig Jahren, schon mit seiner Mutter, in dem Haus gewohnt hatte und zudem noch sehr oft bei offenem Fenster geschimpft und getobt hatte, wußte jeder, daß da ein Jude lebte. Den hätte man ja nun gut loswerden können. Trotzdem hat niemand gesagt: »Die Juden sind nebenan.« So sind die weiterge-fahren. Einmal, ein einziges Mal, hat die deutsche Gründ-lichkeit versagt: Wir wohnten in Nummer 84a, und das Eckhaus hatte die Nummer 84. Solche Kleinigkeiten haben über Leben und Tod entschieden.

So bin ich ihnen ausgekommen. Ich weiß nicht mehr, ob ich zum Friedhof gegangen bin in der Zeit, als mein Vater nicht zu Hause war. Das sind alles so wichtige Dinge, und ich kann es nicht sagen. Ich weiß nur, daß meine Mutter schon am ersten Tag in die Rosenstraße marschiert ist. Und sie stand vor dem Haus in der Rosenstraße. Sie stand mit anderen Frauen vor dem Gebäude und hat versucht, ihre Päckchen loszuwerden. Meines Wissens sind sie diese Päckchen immer losgeworden, aber man weiß ja nicht, ob die Betreffenden sie auch tatsächlich bekommen haben.

Warum ist sie dorthin gegangen? War sie so mutig? Nein, das war kein Ungehorsam bei meiner Mutter. Wieso auch? Da war ihr Mann. Wieso sollte das ungehorsam sein, wenn sie versuchte, ihren Mann zu finden? Man darf bei all dem nie vergessen, daß niemand gekommen ist und gesagt hat: »Sie dürfen da nicht hin!«

Es gibt im Leben immer Prioritäten. Und für meine Mutter stand die Familie an der ersten Stelle. Ich persönlich glaube, selbst wenn man es ihr ausdrücklich verboten hätte, wäre sie hingegangen. Aber das war kein Aufbegehren gegen die Nazis. Quatsch! Sie hat ihren Mann gesucht, nichts weiter. Das wurde nachher so hochgepuscht, aber wirklicher Widerstand war das nicht. Ausgerechnet diese Frauen, die sowieso schon soviel mitleiden mußten, ausgerechnet die sollen nun das getan haben, was das ganze andere deutsche Volk nicht fertig gebracht hat?

In gewissem Sinne haben sie es allerdings wirklich getan. Aber es handelte sich nicht um einen Akt des Aufbegehrens, des Ungehorsams, es stand keine politische Absicht dahinter. Wer das behauptet, kennt die Sache wahrscheinlich nur vom Hörensagen. Ich für meinen Teil würde es bei meiner Mutter auf keinen Fall so deuten. Auch, weil sie keinerlei politische Bildung hatte. Sie wollte nur dasein, wollte versuchen, irgend etwas zu tun. Und da sie schon am ersten Tag auf die anderen getroffen ist, kam sie wieder. Dann wurde es selbstverständlich.

Man darf auch eines nicht vergessen: In der damaligen anormalen Lebenssituation war die Rosenstraße und dieses Davor-Stehen nur eine weitere Anormalität unter vielen. Mutter hat sicher nicht darüber nachgedacht, ob das von oben gerne gesehen wurde oder nicht. Für Mutter sah die Sache so aus: Ihr Mann kam nicht nach Hause. Da sie nicht wußte, wo er war, hat sie ihn gesucht. Und als sie von der Rosenstraße gehört hat, ist sie dort hingefahren. Und siehe da: Diesen Gedanken hatten viele andere Frauen auch. Das war alles. Es wurde ihnen doch nicht verboten! Es hat ihnen doch keiner etwas getan! Da kam keine Wehrmacht, niemand, der die Frauen verjagte. Mehr darf man nicht hineininterpretieren, auch wenn es sehr verlockend ist. Das ganz Alltägliche, das Spontane, bliebe bei einer solchen Deutung auf der Strecke. So hat man damals nicht gelebt.

Das Leben bestand aus dem Zeitraum zwischen einem Bombenalarm und dem anderen, aus Arbeit und der Suche nach etwas zu essen. 1943 gab es bereits Tag und Nacht Bombenangriffe. Der Krieg war in Berlin. Unsere Lage läßt sich nicht mit heutigen Kriterien messen. Natürlich gab es keine Freizeit oder Vergnügungen. Das äußere Leben war eingeschränkt durch Verbote, 1943 war die Reichweite eines Lebens klein. Was es Ende der dreißiger Jahre noch gegeben hatte, gab es nicht mehr. Man mußte zusehen, daß man zur Arbeit kam. Wirklich wichtig war, ob man beim Bäcker Brot kriegte oder nicht. Demgegenüber verloren selbst die ganzen Verbote an Bedeutung.

Aber natürlich waren diese ein, zwei Wochen Rosenstraße eine Zeit der Angst: für mich, für meine Mutter, für meinen Vater, für jeden, der es erlebt hat. Sie konnten ja jeden Moment kommen und mich doch noch holen. Und ewig diese Unsicherheit: Kommt Vater wieder? Was soll überhaupt werden? Es war eine schwere Zeit. Eine schicksalsträchtige Zeit.

Da gab es zum Beispiel diese Geschichte, als sie in der Rosenstraße auf dem Hof zusammengetrieben wurden. Die wußten natürlich nicht, daß sie danach entlassen werden sollten. Man hatte ja für diesen Einsatz eigens den Brunner hergeholt – ein Österreicher war das, glaube ich. Denn man hatte ja festgestellt, daß die Berliner Gestapo für diesen Einsatz nicht scharf genug war. Und so brauchte man die Österreicher. Und der berüchtigte Brunner stand da in der typischen Aufmachung – Stiefel, Reitpeitsche – und brüllte die Leute auf dem Hof in der Rosenstraße zusammen: »Aufstellen! Durchzählen!« Man kannte diese Methoden. Es war ja ein beliebtes Spiel bei der Gestapo, solch untergeordnete Menschen spüren zu lassen, daß man sie völlig in der Hand hatte. Mein Vater war einer der Ausgezählten. Und zu seinem Glück war dieses eine Mal das Ausgezähltsein das Gute. So hatte die Rosenstraße für meinen Vater positive Konsequenzen. Er brauchte nicht zurück zur Bahn. Er brauchte nicht mehr bei Wind und Wetter draußen zu arbeiten.

Denn allen, die vortreten mußten, wurde gesagt: »Morgen früh trittst du hier an! Oranienburger Straße!« Es handelte sich dabei um das Gebäude der Jüdischen Gemeinde in der Oranienburger Straße neben der Synagoge. Dort, im Archiv, wurden die Akten der Jüdischen Gemeinde in Berlin verpackt und verschnürt, und es hieß, sie sollten per Bahn verlagert werden, um nach Kriegsende Zeugnis zu geben, von welcher Pest Hitler ganz Europa befreit hätte. Das war die Intention. Und inzwischen habe ich gehört, daß tatsächlich ein »Museum des befreiten Europa« geplant war, in der Nähe von Prag. So beschäftigte sich mein Vater also bis Kriegsende mit dem Verpacken von Archivmaterial.

Aber wie es eben damals mit meinem Vater war: Er sprach auch darüber nicht. Wenn ich von der Arbeit gekommen bin, oft zu Fuß, war mein Vater schon in seinem Zimmer verschwunden und erschien erst wieder zum Essen. Das Essen wurde immer weniger, und wir waren immer hungriger. Diese eine Mahlzeit, die wir da zusammen aßen, das war ein wichtiges Ereignis. Aber danach verschwand er sofort wieder. Es gab kein gemeinsames Gespräch. Zeitungen hatten wir nicht, Radio hatten wir nicht. Bis zum Ertönen der Luftschutzsirenen blieb er unsichtbar. Ich weiß nicht einmal, ob er sich dessen bewußt war, was meine Mutter getan hat, ob meine Mutter ihm das hat klarmachen können. Wir mieden das Thema.

Für meine Mutter war es eine Pflicht, nicht die Liebe, glaube ich. Wenn man über Jahre mit Nichtachtung behandelt wird, begehrt man dagegen auf. Und sie war ja auch nicht mehr so jung. Gleich nach dem Krieg haben sie sich getrennt, einvernehmlich, im Bewußtsein, daß das kein gemeinsames Leben mehr war. Sie haben sich getrennt, sobald es möglich war. Danach sind meine Mutter und ich nach Israel gegangen. Als ich gesagt habe: »Du hör mal, ich gehe nach Israel, jetzt gibt es dieses Land dort für die Juden, und ich glaube, für uns ist das der einzige Platz«, da hat sie geantwortet: »Ich geh mit dir. Ich bleib hier nicht allein.«

Danach haben wir, ohne groß darüber zu beschließen, die Vergangenheit nicht mehr erwähnt. Das, worüber man sprach, das war die Zukunft ... nicht einmal die Gegenwart. Nach dem Krieg begann das Leben. Vorher war man nur am Leben.

## »Ich war sein Schutzengel«

»Ich bin froh, wenn ich an all diese Dinge nicht denken muß, wenn ich nicht daran erinnert werde. Aber ich kann sie nicht vergessen, das ist unmöglich! Ich kann praktisch keine Freundschaft schließen deswegen. Man weiß ja nie, was die Betreffenden denken. Ich habe schon bald nicht mehr darüber gesprochen, daß ich eine Verfolgte des Naziregimes war, denn die Menschen haben immer in derselben Art reagiert: Sie haben gemeint, wie gut ich doch dran gewesen sei im Vergleich zu anderen. Aber mein Mann hat das alles nicht verkraftet.«

*Elsa Holzer*

»Was kommen Sie so früh? Lassen Sie mich in Ruhe. Eine alte Frau so zu belästigen! Gehen Sie ... gehen Sie! Ich will nicht mit Ihnen reden. Alles aufwühlen ... das ist es, was Sie wollen! Alles wieder aufwühlen. Ja, wissen Sie denn, was das bedeutet? Mein Mann hat das alles nicht verkraftet. Ich mußte mit ansehen, wie er langsam zugrunde ging. Und da wollen Sie, daß ich mich erinnere? Ein so junger Mensch wie Sie?«

Stille. Elsa Holzer ist verwirrt. Sie ist eine kleine, zierliche Frau, dreiundneunzig Jahre alt. Sie steht noch immer in der Tür und blickt hilfesuchend im Hausflur umher. Später, als wir in ihrem Wohnzimmer sitzen, erzählt sie mir, daß sie in ihrer Angst vor dem fremden Besuch erwogen hatte, alle Nachbarn zu informieren. Die eigene Wohnungstür habe sie offen stehen lassen wollen, um im Notfall schreien zu können. Aber sie hat es dann doch nicht getan. Jetzt ärgert sie sich über ihre eigene Nachlässigkeit.

Als ich mich telefonisch bei ihr anmeldete, hatte ich durchaus den Eindruck, ich hätte ihr Interesse geweckt.

Wir vereinbarten einen Termin für ein Interview. Jetzt, zwei Tage später, stehe ich ratlos vor dem Zorn dieser kleinen Frau. »Ich bin wütend, sage ich Ihnen, ich bin sehr wütend«, wiederholt sie immer wieder und möchte erfahren, wer mir ihre Adresse gegeben hat. Von einer telefonischen Abmachung will sie nichts mehr wissen. Auch ich bin verwirrt und kann mir nicht erklären, was ich falsch gemacht habe. Aber dann, plötzlich und unerwartet, klärt sich ihr skeptischer Blick doch noch. Immer noch unentschlossen steht sie in der halb geöffneten Wohnungstür und beginnt, eher widerwillig, sich zu erinnern. Sie bittet mich hinein.

»Kommen Sie rein, na gut. Aber ich sage Ihnen, ich bin wütend. Schreiben Sie mir die Telefonnummer von demjenigen auf, der Ihnen meine Adresse gegeben hat. Dem werde ich was erzählen! Gibt einfach Adressen weiter...«

Dann stockt sie in ihrem Redefluß. »Sind Sie in anderen Umständen?« fragt sie beinah ruppig. Als ich kleinlaut bejahe, geht sie in die Küche und holt etwas zu trinken. »Dann setzen Sie sich«, sagt sie, noch immer schroff. »Ich will ja nicht, daß Ihrem Kind etwas passiert. Wollen Sie ihm tatsächlich meine Geschichte zumuten? Was soll das denn nützen, alles wieder aufzuwühlen?«

Im Wohnzimmer erklärt sie mir ihren Ausbruch. Ihr Mißtrauen ist nicht unbegründet. Vor einigen Jahren, 1993, war sie als Ehrengast zur Einweihung des Denkmals eingeladen worden, das die Bildhauerin Ingeborg Hunzinger zum 50. Jahrestag der Ereignisse in der Berliner Rosenstraße geschaffen hatte. Sie war, wenn auch widerstrebend, der Einladung gefolgt. Nach diesem Auftritt, so berichtet sie, habe sie drei Anrufe bekommen. Eine Anruferin bedankte sich bei ihr und wollte mit ihr Erfahrungen austauschen. Die beiden anderen jedoch pöbelten sie unflätig an und meinten, Hitler habe sie beim Vergasen vergessen. Seit diesem Vorfall hat Elsa Holzer wieder Angst.

Am Telefon war sie zunächst durchaus offen gewesen für ein Gespräch – wie es ihrem aufgeschlossenen Naturell entspricht. Doch in den zwei Tagen bis zum Interview-Termin war ihre Skepsis gewachsen und schließlich zu einer Mischung aus Ärger und Angst geworden. Warum konnte man diese Zeiten nicht endlich ruhen lassen? Warum alles wieder aufwühlen? Warum hatte sie sich bloß breitschlagen lassen und mir das Interview zugesagt?

Mein runder Bauch hat sie dann schließlich doch noch umgestimmt. Nach einem intensiven Gespräch, das gut vier Stunden dauerte, schenkte sie mir zum Abschied eine Packung Kekse: »Hier, nehmen Sie. Ich hoffe nur, daß Sie das alles gut verkraften. Ich will ja nicht, daß Ihrem Kind etwas zustößt. Das ist für den Weg ... für das Kind, daß es sich stärken kann.«

Elsa Holzer ist im Grunde ihres Wesens offen und kontaktfreudig. Aber die neun Jahrzehnte Leben, die sie bis heute hinter sich gebracht hat, haben ihre Spuren hinterlassen. Aufgewachsen im Kaiserreich und erwachsen geworden in der Weimarer Republik, hat sie zwei Weltkriege und das Dritte Reich erlebt und überlebt, Aufbau und Fall der DDR mitangesehen.

In ihrer Mädchenzeit waren Autos rar, ein Flugzeug eine Sensation, das Grammophon galt als Inbegriff des Fortschritts. Im Stadtbad Wannsee gaben sich die Berliner zwar schon dem Badevergnügen hin, aber man wagte sich nur züchtig vom Hals bis zu den Knöcheln bedeckt ins Wasser. Im Lauf von Elsa Holzers Leben hat sich die Welt so grundlegend verändert, daß all dies in einem einzigen Gedächtnis kaum Platz findet.

Elsa Holzer, geborene Kloß, wuchs in Berlin auf als Tochter eines Elektrikers, eines der ersten, die es überhaupt gab. Sie hatte noch zwei Schwestern. Als Elsa Kloß kaum der Pubertät entwachsen war, begegnete sie ihrem zukünftigen Mann bei einem Druckerball. Der österreichische Drucker Rudolph Holzer war nach Berlin gekommen, um der heimatlichen Enge zu entfliehen. Mit seinem Vater, einem Kleinverleger aus St. Johann im Pongau, hatte er sich überworfen. In Berlin wollte er sich umschauen und sich eventuell selbständig machen.

Die Arbeitsmarktlage für einen gelernten Drucker und Setzer war gut. Nachdem er Elsa kennengelernt hatte, entschied er sich endgültig, mit ihr in Berlin zu bleiben, weil sie sich partout nicht für ein Leben in seiner österreichischen Heimatgemeinde begeistern wollte. 1929 heirateten die beiden: er, der getaufte Katholik, sie, die Protestantin. Daß er ein Jahrzehnt später nach nationalsozialistischen Rassegesetzen nicht nur zum Juden, sondern darüber hinaus auch noch zu einem »Kriminellen« werden sollte, ahnte er zu jener Zeit noch nicht.

Sein Vater, der eine Druckerei hatte, war im katholischen Kleinstadtmilieu zum Katholizismus konvertiert. Er schickte seinen Sohn bereits im Alter von sechs Jahren auf eine katholische Internatsschule. Als Halbwüchsiger wollte Rudi Holzer sogar dem Vorbild seiner Lehrer folgen und Geistlicher und Pädagoge werden. Mit dem Judentum war er nie in Berührung gekommen. In der Weltstadt Berlin verlor es für ihn vollends an Bedeutung. Als Adolf Hitler 1938 Österreich annektierte, wurde er als vormaliger Österreicher automatisch zum deutschen Reichsbürger. Aber seine jüdische Abstammung blieb nicht lange geheim. Als eine seiner drei Schwestern in die Hände der

Gestapo fiel und von ihrem Bruder in Berlin sprach, wurde er ausfindig gemacht und vor Gericht gestellt. Er hatte sich des Vergehens schuldig gemacht, seine jüdische Herkunft zu verschweigen. Da war die Ehe von Elsa und Rudi Holzer plötzlich zu einer Mischehe ohne Privilegien geworden.

Vom österreichischen Teil der Familie blieben sie seitdem abgeschnitten, da Juden nur eingeschränkt reisen durften. Der Berliner Teil der Verwandten sagte sich von Elsa Holzer los, als sie sich weigerte, ihren Mann zu verlassen. So lebten die beiden ziemlich isoliert. Elsa Holzer versuchte, zumindest an ihrer Arbeitsstelle ihren jüdischen Mann zu verheimlichen, um nicht auch dort Sanktionen zu erleiden. In dieser Situation ereilten sie die Ereignisse rund um die Rosenstraße.

Rudi Holzer, der zur Zwangsarbeit bei der Reichsbahn eingeteilt worden war, wurde abtransportiert. Elsa Holzer machte sich auf die Suche nach ihrem Mann. Als sie schließlich in Erfahrung gebracht hatte, daß er in der Rosenstraße inhaftiert war, eilte sie sofort dorthin und stieß zu ihrem eigenen Erstaunen auf eine Menge anderer Menschen, vornehmlich Frauen. Von da an ging sie jeden Tag in die Rosenstraße, bis ihr Mann nach Hause entlassen wurde wie alle anderen.

Ein Jahr später verlor Elsa Holzer unter merkwürdigen Umständen Zwillinge gleich nach der Geburt. Rudi Holzer überlebte im Gegensatz zu den meisten seiner Verwandten den Holocaust. Doch die Jahre in Angst und die harten Bedingungen der Zwangsarbeit hatten ihn körperlich und seelisch zu sehr mitgenommen. Er starb 1954, 56jährig, an den Folgen eines Schlaganfalls. Zwei Jahre lang hatte ihn Elsa Holzer mit Liebe und Hingabe gepflegt. Sie lebt heute im Ostteil Berlins, wohin die beiden 1946 gezogen waren.

Meine Küche hier ist praktisch und neu, und sie ist vor allem hell. Ich wollte immer eine helle Küche. Damals, da gab es die Schwedenküchen, so nannten wir die. So eine wollte ich unbedingt haben. Aber mein Mann hat immer gesagt, das sei überflüssig. Die waren teuer, verstehen Sie? Wir hatten ja das Geld nicht. Irgendwann hatte ich ihn dann doch breitgeschlagen, und ich bekam meine Schwedenküche.

Aber ich durfte sie nicht lange behalten. Wir mußten sie bald wieder abbauen und abliefern. Nicht einmal einen Möbeltransportunternehmer durften wir dafür bestellen. Das war ja die Frechheit! Wir mußten uns bei einem Tischler einen Handwagen ausleihen und die Küche darauf verstauen und selber bis zur Sammelstelle ziehen. Da hatte dann mein Mann recht behalten, der die Küche gar nicht erst kaufen wollte. Ich hatte sie so oder so nicht lange.

Mein Mann hat das alles nicht verkraftet. Er ist mit 56 Jahren gestorben, zwei Jahre nach einem Schlaganfall. Das war am 23. September 1954, am Herbstanfang. Was wollen Sie denn wissen? Ich habe doch eigentlich gar nichts zu erzählen.

Das ganze Unglück war die Zeit, in die er geboren wurde – wie für alle anderen auch. Seine Eltern waren Volljuden und lebten damals in St. Johann im Pongau in Österreich, gleich da, wo der Hitler seinen Berghof hatte. Badgastein war die nächste Busstation. Im Verhältnis zu St. Johann im Pongau war das für sie eine richtige Großstadt. Aber für mich aus Berlin war das ein richtiges Dorf. 1898 wurde Rudi geboren. Weil er ein gescheites Büberl war, schickten seine Eltern ihn schon mit sechs Jahren in ein katholisches Internat nach Kärnten. Eigentlich hatte er gar kein Zuhause, so früh mußte er weg von seiner Familie. Seine drei Schwestern, ja, die konnten bleiben. Die waren bei den Ursulinen auf dem Lyzeum. Aber er wurde schon mit sechs Jahren weggeschickt. Er ist bei diesen Mönchen aufgewachsen. Da war er so lange, daß er selbst Geistlicher werden wollte. Aber dieser Wunsch hat nicht lange angehalten.

Er war einfach ein richtiger Gebirgler. Im Ersten Weltkrieg war er bei den Gebirgsjägern, mit siebzehn Jahren. Auf der Marmolata hat er gekämpft, vierzehn Tage im Berg. Da mußten sie alles mitnehmen, was sie in diesen vierzehn Tagen brauchten, hat er mir später erzählt. »Du kannst dir nicht vorstellen, Else, wie viele Ratten wir in dreitausend Meter Höhe hatten!« hat er gesagt. Nach vierzehn Tagen sind sie wieder runtergekommen, vierzehn Tage später mußten sie wierder rauf. »Mein Gott, Bürschel«, hatte sein Vorgesetzter einmal gesagt, »du trägst mehr als du wiegst.« Denn er hatte ja alles für die vierzehn Tage im Rucksack. Jeder da oben konnte den Gegner hören, wie er sich in den Berg bohrte, die einen in die eine Richtung, die anderen in die entgegengesetzte Richtung, aufeinander zu. Aber zu einem Zusammenschluß der Tunnel kam es nicht. Wenn einer sich vorwagte, hatte er einen Turm von Stahlhelmen auf. Darauf haben die dann geschossen. Und alle haben sich Erfrierungen an Zehen und Händen geholt. Immer, wenn es kalt wurde, hat Rudi später ganz weiße Hände bekommen.

Er war ein richtiger Gebirgler. Aber ich wollte dort nicht leben. Natürlich sind wir oft im Urlaub bei seiner Familie gewesen. Ich habe dort drei Dreitausender bestiegen, das glaubt mir heute ja kein Mensch mehr. Runtergehen, das ist das schlimmste, nicht das Raufsteigen. Es war wunderbar, und es hat mir sehr gefallen – für den Urlaub. Aber leben wollte ich da nicht, das hätte ich mir nicht vorstellen können. Das fängt schon bei der Sprache an. Auch wenn man da deutsch spricht, schwer zu verstehen war der Dialekt doch.

Sein Vater hat mit allen Mitteln versucht, ihn zur Rückkehr zu bewegen. Aber er hat auf sein geliebtes Gebirge verzichtet. Wir waren sehr verliebt. Wie das bei Liebespaaren so ist, hat er mir auch den Brief von seinem Vater gezeigt. Da hatte der in etwa geschrieben: »Was willst Du Dir so einen Berliner Kleiderschrank an den Hals hängen. Ich habe hier bei uns eine reiche Maid, die will Dich.« Auf diese Art und Weise wollte sein Vater ihn zurücklocken. Er hat ihm alles angeboten, was er haben wollte, auch in der Firma. Aber Rudi blieb mit mir in Berlin.

Er hat seinem Vater ein Foto von mir geschickt. Da hatte er mich auf einen Baumstamm gestellt und von unten nach oben fotografiert. Sie müssen wissen: Ich war damals klein und zierlich. Ein bißchen größer als jetzt war ich schon, 1,56 Meter. Und mein Mann war 1,76 Meter; ich bin ihm nur bis zum Hals gegangen. Aber so auf den Baumstamm gestellt sah ich aus wie 2,50 Meter. Dieses Bild hat er seiner Familie geschickt. Als ich dann das erste Mal dort aufkreuzte, haben die mich natürlich nicht erkannt. Die glaubten ja, ich wäre riesig.

Mein Mann war Buchdrucker. Zu Hause in der Firma seines Vaters hatte er Buchdrucker und Setzer gelernt, da mußte er alles mitmachen, alle Stationen der Firma durchlaufen.

Sein Vater hatte eine Druckerei, in der Bücher und kleinere Drucksachen gedruckt wurden, zum Beispiel die Prospekte für Hotels in der Umgebung. Da gab es schon Tourismus. Um ein guter Buchdrucker zu sein, mußte man vor allem gut Deutsch können. Das hatte mein Mann gelernt.

Nach Berlin war er gekommen, weil er sich mit seinem Vater gestritten hatte. Er war zuerst ja eigentlich nur auf Besuch hier. Das war so ein richtiger Generationskonflikt zwischen meinem Mann und seinem Vater.

Da sagte sein Onkel Oskar, der in Berlin lebte: »Komm zu mir, mein Junge. Vielleicht gefällt dir ja Berlin.« Das war, nachdem er schon in der Druckerei in Innsbruck gearbeitet hatte, einer katholischen Druckerei, die Bibelübersetzungen machte, und nachdem er sich als Dacharbeiter durchgeschlagen hatte. Da mußte er Eis und Schnee von den Dächern abschlagen. Da hat ihn dann sein Onkel nach Berlin geholt.

Hier hat es ihm gefallen. Er hat ja auch sofort Arbeit bekommen, da war genug Auswahl. Die Buchdrucker hatten damals die am besten organisierte Gewerkschaft. Die bekamen den meisten Urlaub und das beste Geld. Mein Mann hat auch beim Film gearbeitet, dort hat er die Filmtitel gesetzt. Und später war er bei Schwarzkopf, dieser Shampoo-Firma. Die hatten eine eigene Hausdruckerei. Mein Mann hat gesagt, er fühle sich wohl in Berlin. Also sind wir geblieben.

Naja, die ganze Geschichte war ja völlig verrückt, wie wir uns kennengelernt haben. Ich wußte ja nicht, ist der ein Bayer oder was sonst – wegen seinem Akzent. Mein Vater hatte uns Mädchen immer vor Ausländern gewarnt. Das taten alle in den Zeiten damals. »Die verführen die Mädchen«, hat man gesagt. Vor allem die Italiener wären gefährlich, die würden die Mädchen entführen und sie nur gegen Geld wieder freilassen. Das hat unser Vater immer gesagt, und er hat uns eingebleut, daß wir uns vor solchen Männern hüten müßten. Und als ich diesen Menschen, also meinen Mann, dann auf mich zukommen sah, bin ich auch wirklich vorsichtig gewesen. Denn ich habe mir gedacht: »Der ist so außergewöhnlich nett und lieb!

Mensch, da muß ich jetzt aber wirklich aufpassen.« Wer so nett ist, der kann nur ein Gauner sein, habe ich gedacht. Und Ausländer war er. Ich habe es ihm sogar noch gesagt, daß ich ihn für einen Gauner halte. Da hat er nur gelacht.

Wir haben uns bei einem Tanzvergnügen kennengelernt. Die Buchdrucker veranstalteten ein Fest in der Hasenheide, zu dem ich mit meiner Schwester ging. Meine Schwester war knapp zwanzig und ich noch nicht einmal achtzehn. Ich hatte eigentlich gar keine rechte Lust; ich hatte ja nichts vor, hatte ja keine Absichten. Meine Schwester hat mich lange überreden müssen, bis ich mitgehen wollte. Aber dann haben wir doch geschwoft.

Das war damals ja nicht so wie heute. Auch ausgesehen haben wir nicht so wie die Mädchen heute. Wir flochten uns Zöpfe und waren brav und trugen Hängekleider. Natürlich hatten wir auch keinen Lippenstift.

Diese Entwicklung, die wir durchgemacht haben, meine ganze Generation, die ist erstaunlich. Alles hat sich geändert. Das kann man einem jungen Menschen heute kaum verständlich machen. Damals war alles ruhig. Es gab kaum Autos, keine Flugzeuge, die meiste Zeit ist man zu Fuß gegangen. Nur das Grammophon gab es. Und mein Vater hat jedesmal gestaunt: »Ach, wie ist der Ton schön!« Und wenn man heute das Gekrächze eines Grammophons hört! Wir hatten auch einen Garten in Britz ergattert. Da haben wir einmal ein Goldstück für 20 Mark gefunden, und wir haben überlegt, was wir uns davon leisten könnten. Eine Reise nach Rügen hat uns vorgeschwebt, aber dafür hat es schon nicht mehr gereicht, wegen der Inflation.

Als junges Mädchen hab ich noch schöne Zeiten erlebt. Da gingen wir am Wannsee ins Schwimmbad. Natürlich war das getrennt in Damen- und Herrenbad. Aber in den Zäunen gab es Astlöcher, ziemlich ordentliche Astlöcher, wo man durchschauen konnte. Wir waren zwar sittsam angezogen, wenn wir baden gingen, aber wenn man aus dem Wasser kam, hat man doch die Figur deutlich gesehen: Es klatschte ja alles an.

Ich wurde im März 1918 eingesegnet, da war noch Krieg, und es gab keine Lehrstelle für mich. Lehrmädchen wurden damals nicht angenommen, da hat mich mein Vater auf die Handelsschule geschickt. Später habe ich dann am besten verdient von uns drei Schwestern. Dafür bin ich heute ein Wrack.

In meinem Zeugnis stand, daß ich wegen meines guten Gedächtnisses zu empfehlen sei. Davon ist nichts übrig geblieben, nur diese ganzen schlimmen Sachen sind mir noch erinnerlich. Sonst weiß ich nichts, ich habe alles vergessen.

Aber ich weiß, wie ich geboren wurde; das hat mir meine Mutter erzählt. Schwarz war ich und haarig, und ich hatte große dunkle Augen. Meine Mutter war das Gegenteil von mir: Sie war zart, blond und langgliedrig. Mein Vater hingegen war gedrungen und schwarz. Aber als mein Vater mich gesehen hat, hat er gesagt: »Das war ich nicht ... das ist ja eine Zigeunerin!«

So waren die Zeiten damals.

Und ich war sehr zurückhaltend, mich haben Männer nicht interessiert. Aber meine Schwester hatte mich nun mal überredet, zu diesem Druckerball mitzukommen. Also bin ich hin und saß dann da wie bestellt und nicht abgeholt. Mir war das immer fürchterlich peinlich, wenn man da als Mädchen so saß und die Jungs kamen auf einen zu und haben sich eine aus der Reihe ausgesucht. Da kam man sich immer vor wie beim Mädchenhandel.

Auf jeden Fall kam da mit einem Mal so ein langes Elend an. Ich hatte den schon gesehen, wie er auf uns zugesteuert kam. Ich habe mich noch weggedreht und so getan, als wäre ich in ein Gespräch vertieft. Dann bin ich auch noch weggerutscht aus seiner Richtung. Aber es hat nichts genutzt, er hat mich doch erwischt. Zuerst hat er mit meiner Schwester getanzt. Doch dann ist er wieder auf mich zugesteuert, und ich dachte mir noch: »Warum hält sich der nicht an meine Schwester?« Da sagt er zu mir: »Sie tanzen wie 'ne Feder.« Sag ich: »Wohl schon eher wie 'ne Eisenfeder.« Da sagt er: »Tatsächlich, es stimmt. Ihre Schwester tanzt viel besser als Sie. Aber Sie gefallen mir besser.« So hat das angefangen. 1929 haben wir dann geheiratet. Da war ich fünfundzwanzig Jahre alt.

Später haben wir noch einmal geheiratet, in der Kirche, katholisch. Das muß so 1940 gewesen sein. Hat aber auch nichts genutzt. Ich habe extra Unterricht nehmen müssen ... aber gelernt habe ich nichts. Ich hab denen gleich gesagt: »Verlangen Sie nicht von mir, daß ich etwas auswendig lerne. Das kann ich nicht.« Das haben sie auch akzeptiert.

Ach, die Kirche! Ich hatte hier eine Bekannte, eine Schriftstellerin, Frau Dr. Marlou Droop. Die hatte nur drei Haare auf dem Kopf und sagte immer: »Das ist, damit ich durch die Kopfhaut höre.« Ich habe immer wieder mal für sie gearbeitet, um etwas Geld zu bekommen, als mein Mann schon in der Zwangsarbeit war. Vorher hat er gut verdient bei Schwarzkopf. Aber die Arbeit hat er verloren, als rauskam, daß er Jude ist. Bei der Reichsbahn hat er nur noch achtundachtzig Mark gekriegt. Wenn wir das Geld, das ich verdiente, nicht gehabt hätten, wären wir nicht über die Runden gekommen. Das war eine schlimme Zeit. Wir hatten nur eine Lebensmittelkarte. Wir hatten keine Kartoffeln, keine Kohlen, nix. Aber mein Mann hatte Freunde bei den Sozialdemokraten. Er war nicht in der SPD, aber er hat da mitgeholfen. »Solchen Leuten helfe ich doch«, hat er immer gesagt.

Da kamen zum Beispiel einmal zwei Leute mit dicken Brillengläsern, die wollten einen Gemüsehandel aufmachen. Denen hat mein Mann geholfen mit den Anträgen und Papieren. Dann waren da Wäscher, die konnten nicht schreiben, aber sie hatten Geld. Denen hat mein Mann auch mit dem Schreibkram geholfen. Und die haben uns nachher die Wäsche gewaschen, und unser Gemüse haben wir von denen mit den dicken Brillengläsern bekommen. Die haben uns Kartoffeln gebracht, den ganzen Keller voll. Für meinen Mann war das Helfen selbstverständlich. Später hat es sich ausgezahlt; aber darauf hat er nicht gerechnet, wenn er geholfen hat.

Dieser Schriftstellerin, der Frau Dr. Droop, habe ich von unserem Unglück erzählt, weil ich hoffte, sie könnte uns helfen. Die war ja so gebildet! Ihr Vater war reich, er war der Hauptaktionär einer Zementfabrik in Stettin. Sie war in der Partei, aber sie war kein Nazi; sie war kaisertreu und ist es auch immer geblieben. Aber auf Empfehlung ihres Steuerberaters ist sie in die Partei eingetreten. Der war nachher Finanzminister bei Hitler. Sie hat eine gute und internationale Erziehung genossen; ich glaube, sie hat fünf Sprachen gesprochen. Aber für Demokratie und für die Arbeiterklasse war sie nie. Arbeiter waren für sie doch praktisch Diebe. Sie hatte einen Kater mit bemerkenswerter Menschenkenntnis, den hat sie nach dem Tiger von Eschnapur benannt. Sie schrieb Film-Exposés für die Ufa.

Sie war der Meinung, daß die Kirche etwas tun müßte. Aber das war nicht so einfach. Zuerst, hat sie gesagt, müßten wir uns katholisch trauen lassen. Ich bin evangelisch, mein Mann war Jude, aber er war ja katholisch getauft und erzogen worden. Da gab es eine Kirchenoffizielle, eine gewisse Frau Dr. Sommer, die hat gesagt, wir lebten praktisch in wilder Ehe und müßten erst heiraten, sonst könnte sie uns nicht helfen. Also haben wir uns nach fast zwanzig Jahren noch einmal trauen lassen, damit diese Frau Dr. Sommer etwas unternimmt. Hat aber auch nichts geholfen. Die Kirche hat überhaupt nichts getan. Ich war der Kirche gegenüber immer skeptisch. Schon in Österreich damals haben die Katholiken alles unter Kontrolle gehabt. Damit fing das ja schon an. Und geholfen haben die niemandem.

Mein Schwiegervater hat alle seine Kinder taufen lassen und ist mit ihnen zur Kirche gegangen. Seine Töchter haben es alle gut getroffen: Sie haben, eher aus Zufall, allesamt Arier geheiratet. Und er hat dafür gesorgt, daß ihre Männer gut untergekommen sind, oder daß sie sich selbständig machen konnten. Aber natürlich wußten in St. Johann im Pongau alle, daß sie jüdisch waren. Mein Schwiegervater war Jude, und er hatte die Tochter eines Rabbis geheiratet.

Er ist schon vor alledem krank geworden und gestorben. So hat er es nicht mehr erleben müssen, daß die Nazis sich bei ihnen alles geschnappt haben. Sie haben ihnen alles weggenommen, was sie nicht noch schnell an Freunde weggeben konnten.

Eine Schwester meines Mannes hat den Vizebürgermeister eines kleinen Dorfes geheiratet. Der hat dafür gesorgt, daß in ihrer Geburtsurkunde nicht mehr »mosaischen Glaubens«, sondern »katholischen Glaubens« stand. Aber das war schon alles an Hilfe. Die anderen Männer haben sich von ihren Frauen scheiden lassen, die hat dann die Gestapo verhaftet. Die Mutter, die auf einmal nicht mehr sehen konnte, hat sich auf die Treppe der Kirche gesetzt und darauf gewartet, daß sie abgeholt würde. Und die St. Johanner sind an ihr vorbeigegangen und haben sie angespuckt. Ein Glück vielleicht, daß sie nicht alles mitgekriegt hat. Sie ist nach Theresienstadt gekommen.

Die Frau Dr. Sommer hat auch nichts für uns getan. Was soll ich Ihnen erzählen? Das schlimmste in dieser Zeit waren die Menschen. Meine Eltern auch, sogar meine Eltern. Die haben damals in der Schönhauser Allee gelebt. Mein Vater hat die Auseinandersetzung richtig provoziert. Der hat zu mir gesagt: »Das geht so nicht mehr weiter!« Er hat mir ins Gewissen geredet: »Du mußt dich von Rudi trennen. Deine Mutter kann nicht mehr schlafen vor Sorge, die geht mir noch ein. Du mußt dich einfach scheiden lassen. Wir sind doch auch in Gefahr.«

Ich habe ihn daraufhin gefragt: »Wieso seid ihr denn in Gefahr?« Denen konnte doch überhaupt nichts passieren! Ich habe ihm dann gesagt, daß ich auf solche Eltern verzichten kann. Da hat er gesagt: »Ich verbiete dir, in Zukunft die Schwelle meines Hauses zu überschreiten.« So geschwollen hat er geredet! Ich habe dann noch einmal versucht, mit Mutti zu sprechen, aber die hat gesagt: »Nee, daran verbrenne ich mich nicht.« Das war ein Schlag! Wenn Freunde so sind, ist es ja schon schlimm genug. Aber die eigenen Eltern! Das war der Höhepunkt des Streits, aber es hatte schon viel früher angefangen. Gleich nach der Machtübernahme wurde ich von meiner Familie gedrängt, mich von meinem Mann zu trennen. Niemand hat mich unterstützt, die ganze Zeit nicht. Auch nicht die Schwestern ... die Tanten nicht, niemand. Das war schon bitter.

Mein Vater wollte immer, daß er hofiert wird. Einmal, vor dieser großen Auseinandersetzung, waren Rudi und ich bei meiner Familie zu Besuch. Und ich saß auf dem

Schoß meines Mannes. Da ist mein Vater hereingekommen und hat sich aufgeregt. Mein Mann war aber sehr schlagfertig: »Alter Herr«, hat er gesagt, »Sie waren wohl nie jung?« Da war's bei meinem Vater natürlich aus und vorbei.

1941 haben wir uns endgültig überworfen, von da an bin ich nie mehr zu meiner Familie. Meinem Mann habe ich das nicht erzählt. Wenn er hin und wieder fragte, ob wir nicht mal wieder meine Eltern besuchen sollten, habe ich immer Ausreden gefunden. Ich wollte nicht, daß er die Wahrheit erfuhr.

Mein Vater drängte auf eine Trennung. Wie die Nazis! Aber ich hätte Rudi nie verlassen, weil wir aus Liebe geheiratet haben. Einmal wurde ich von der Gestapo in die Prinz-Albrecht-Straße vorgeladen, da hatte ich dann doch Angst. Die haben mich um sechs Uhr früh ins Polizeirevier bestellt – zu einer so unüblichen Zeit, daß das ganze Haus natürlich leer war. Da haben sie mich aufgefordert, die Scheidung zu beantragen. Und als ich gesagt habe, ich stehe zu meinem Mann, ist ein Offizier gekommen, und der hat mich angepöbelt: »Dir würden wir gerne zeigen, daß auch Deutsche gut sind!« Da hatte ich große Angst ... aber es ist nichts passiert. Das war nur die Taktik der Nazis, einem Angst einzujagen. Sie haben mich wieder gehen lassen.

Als mein Mann und ich uns ineinander verliebten, wußte ich nicht, daß er Jude war. Er sah überhaupt nicht so aus. Aber einmal habe ich ihn doch danach gefragt. Nicht deshalb, weil ich etwas gegen Juden gehabt hätte, sondern weil er so besonders nett und freundlich war. Ich hatte immer den Eindruck, daß Juden besonders freundliche Menschen sind, so gut erzogen. Das kam von ihrem Elternhaus. Aber mein Mann war auch mir gegenüber unsicher. Als ich ihm diese Frage gestellt habe, ist er ganz besorgt und aufmerksam geworden und hat gefragt, ob mich das störe. Da habe ich zu ihm gesagt: »Menschenskind, du brauchst dich doch nicht zu verstecken! Ich bin stolz darauf, ich gehöre nicht zu dieser falschen Gesellschaft – und wenn sie auf der Straße vor mir ausspucken!« Ich habe nie wieder einen so aufgeschlossenen und liebevollen Menschen getroffen.

Von allen Seiten ging das los, daß die einen geschnitten haben und einem ausgewichen sind. So war das damals. Ich sage Ihnen, wie das funktioniert. Das können Sie sich heute gar nicht vorstellen, das war furchtbar! Die Menschen sind direkt gemein geworden. Eine gute Bekannte meines Mannes zum Beispiel, deren Mann auch Drucker war, hat uns in der Nazizeit nicht mehr gekannt. Vorher sind wir auf ihrem Balkon gesessen und haben gegessen und uns prächtig amüsiert. Nachher kannte sie uns nicht mehr. Und nach dem Krieg hat sich dieses falsche Biest noch einmal gedreht. Da sah sie mich und sagte plötzlich: »Ach Elsa, wie schön, dich zu sehen.« Da habe ich aber nicht mehr mitgemacht.

Ich bin froh, wenn ich an all diese Dinge nicht denken muß, wenn ich nicht daran erinnert werde. Aber ich kann sie nicht vergessen, das ist unmöglich! Ich kann praktisch keine Freundschaft schließen deswegen. Man weiß ja nie, was die Betreffenden denken. Ich habe schon bald nicht mehr darüber gesprochen, daß ich eine Verfolgte des Naziregimes war, denn die Menschen haben immer in derselben Art reagiert: Sie haben gemeint, daß ich doch gut dran gewesen sei im Vergleich zu anderen. Aber mein Mann hat das alles nicht verkraftet.

Nur bei Siemens, wo ich arbeitete, ging es mir noch einigermaßen gut. Die wußten ja auch nichts – zuerst. Irgendwann ist ihnen wohl doch bekanntgeworden, was los war, aber sie haben nie etwas gesagt. Und dann kommt auf einmal der Portier und erteilt mir Hausverbot ... daß ich von Staats wegen raus muß. Das war schon nach der Rosenstraße.

Ich war damals bei Siemens in der Personalabteilung tätig, im Funkwerk. Da haben wir Röhren hergestellt: Röhren, die haushoch waren, kriegswichtiges Material. Neun oder zehn Jahre lang war ich dort, das war in Siemensstadt draußen, im ersten Hochhaus, das gebaut worden ist. Und eines Tages ist mir der Portier entgegengekommen und hat gesagt: »Frau Holzer, Sie haben Hausverbot!« Ich mußte meine Papiere holen. Es war rausgekommen, daß ich mit einem Juden verheiratet war – wegen der Rosenstraße. Da haben sie mich entlassen. An sich hätte ich noch Aktien und das Sommergeld bekommen müssen, die bei Siemens waren da sehr großzügig. Aber jetzt hatten ja die Nazis das Sagen. Alles Geld wurde eingezogen. Natürlich habe ich keine Aktie und kein Feriengeld gesehen.

Bis dahin hatte ich niemand eingeweiht. Aber als ich jeden Tag zur Rosenstraße gegangen bin, fiel das langsam auf. Da mußte ich meinem Chef den Grund dafür sagen, warum ich jeden Tag zu spät zur Arbeit kam.

Ich hatte einen wunderbaren Chef. Wir waren so eine Clique in der Personalabteilung, die war immer lustig und munter. Ich war nicht lustig und munter, aber da mußte man mitmachen. Sonst hätten die bemerkt, daß etwas mit mir nicht in Ordnung war. Eintausendzweihundert Angestellte hatten wir im Funkwerk, die wir in der Personalabteilung bearbeitet haben. Zum Schluß wurde da an irgendeiner Abwehrwaffe gearbeitet und geforscht, damit der Feind nicht reinkommen kann.

Mit meinem Chef habe ich in der Zeit der Rosenstraße dann Schwierigkeiten gekriegt. Um acht Uhr mußte ich bei Siemens sein: Da ist man damals schon um sechs

Uhr losgefahren. Die ersten drei Mal hat er es sich ja gefallen lassen, daß ich später gekommen bin – aber dann nicht mehr. Dann hat er meine Ausreden nicht mehr geglaubt.

Diese Sache mit meinem Chef war mir schrecklich peinlich. Dem hatte ich zuerst ja vorgelogen, daß ich morgens irgend etwas erledigen müsse. Und am nächsten Tag habe ich gesagt, ich hätte das nicht erledigen können und müsse noch einmal hin. Ich konnte ihm ja nicht sagen, wohin ich wirklich ging. Aber dann habe ich mein Herz in die Hand genommen und habe meinem Chef gesagt: »Ich werde noch länger zu spät kommen.« Ich weiß noch, wie ich hinter ihm her zu seinem Büro getrottet bin und wie ich mich geschämt habe. Da bin ich dann doch damit rausgerückt, daß ich jeden Tag in die Rosenstraße ging. Später hat er mich noch einmal zu sich kommen lassen. »Gut, gut, gut, Frau Holzer«, hat er gesagt, »aber ich weiß von nichts.« Er hatte Angst. Niemand durfte erfahren, daß er sozusagen ein Mitwisser war.

Mein Mann hat zu der Zeit bei der Bahn arbeiten müssen. Viele von den Berliner Juden, die übriggeblieben waren, waren bei der Bahn. Es lebten ja nur noch die hier, die einen Schutzengel gehabt hatten oder mit Ariern verheiratet oder irgendwie mit ihnen verwandt waren. Ich war der Schutzengel meines Mannes.

Bei der Bahn hatten die keine regelmäßigen Arbeitszeiten. Manchmal mußte er zwölf Stunden mit der Picke arbeiten, manchmal noch mehr. Das war eine sehr schwere Arbeit. Viele seiner Kollegen haben sich umgebracht. Ich hatte immer die Angst, daß ihm was passiert ist, wenn er mal wieder zu lang ausblieb. Aber als er an diesem Samstag, an dem er in die Rosenstraße geholt wurde, nicht und nicht nach Hause gekommen ist, habe ich erst viel später angefangen, mir Sorgen zu machen.

Ich war unterwegs gewesen. Mein Mann hat immer sehr viel Zucker gebraucht, Nervennahrung war das für ihn. Ich hatte erfahren, wo ich welchen kriegen konnte und wollte das nicht aufschieben, also bin ich los. Das war ein weiter Weg. Und wie ich zurückkomme, ist er immer noch nicht zu Hause. Es wird achte, es wird neune ... kein Rudi. Eigentlich hätte er am Samstag ja schon mittags nach Hause kommen müssen. Da habe ich mich auf den Weg gemacht und bin zu seiner Arbeitsstelle gelaufen. Da wartete schon sein Chef auf mich, ein netter Mensch. Der kam auf mich zu und sagte: »Ich muß Ihnen die Sachen Ihres Mannes geben.« Und dann hat er mir seinen Mantel und alles übrige in die Hand gedrückt, und ich habe gedacht: »O Gott, jetzt ist es passiert!« Man wußte nichts ... keiner hatte eine Ahnung, wohin sie gebracht worden waren! Nur, daß sie alle Juden abgeholt hatten.

Ich wußte nicht, wohin ich mich wenden sollte, um vielleicht zu erfahren, wo mein Mann war. Mir fiel nur wieder Frau Dr. Droop ein, mit der ich ja befreundet war. Und die hat sich dann aufgemacht und hat überall nachgefragt und sich für mich erkundigt. Aber auch sie bekam zuerst nur heraus, daß sie sie verladen hatten – nicht aber, wohin sie sie gebracht hatten. Niemand hat gewußt, was mit den Juden passiert war.

Später hat Frau Dr. Droop doch noch herausgekriegt, daß alle »arisch versippten« Juden, wie man das damals nannte, in die Rosenstraße gebracht worden waren. Da habe ich dem Rudi Pumpernickel dick mit Butter und Käse bestrichen und in Silberpapier eingepackt. Das war damals was! Solche Päckchen habe ich ihm gebracht. Und in das erste habe ich ihm zwischen die Brotscheiben noch ein Briefchen gelegt, daß ich ihn immer lieben würde. Ich wußte nicht, ob ich ihn lebend wiedersehen würde, ich wußte nicht, ob sie mir das Päckchen abnehmen und ihm hineinbringen würden. Aber ich mußte in die Rosenstraße, um es zu versuchen. Nutzte es nichts, so schadete es auch nichts.

Als ich dann dort ankam, war schon ein Haufen Menschen da, an denen ich vorbei mußte, um das Päckchen abzugeben. Das war ja das Komische ... es war wie eine Revolution, zu der keiner aufgerufen hatte. Da waren schon so viele Frauen und Männer, die ganze Straße war voll. Ich war nicht allein! Also bin auch ich auf und ab gegangen in der Rosenstraße. Ich wollte ja nicht demonstrieren; ich bin nicht da hingegangen, um zu demonstrieren. Ich wußte ja nicht, ob das überhaupt einen Sinn hatte. Aber weil die anderen dort auf und ab gingen, habe ich es auch getan, und bin jeden Tag wiedergekommen. Das war die einzige Möglichkeit zu erfahren, was mit ihm geschah. Ich wollte ihm wenigstens nahe sein.

Als Rudi aus der Rosenstraße zurückkam, waren seine Unterhosen dunkler als seine Hosen. Schwarz waren sie, weil die sich da ja nicht waschen konnten ... und ordentliche Toiletten hatten die auch keine. So eine Unterwäsche habe ich mein Leben lang nicht gesehen! Da war sicher auch viel Angstschweiß dabei. Er hat erzählt, daß sie in dem Zimmer nicht sitzen und nicht liegen konnten, so viele waren da hineingepfercht worden, Körper an Körper. Sie haben sich nur umschichtig hinlegen und ein bißchen schlafen können. Und Mittagessen haben sie in der Nacht gekriegt, nicht etwa zu Mittag. So haben die Nazis die Leute schikaniert.

Einmal noch habe ich nach der Rosenstraße die Aufforderung bekommen, mich bei der Gestapo zu melden. Aber wir wußten, daß das Büro, in dem Rudi und ich registriert waren, ausgebombt war. Deswegen bin ich natürlich nicht hin. Ich habe mich zu Hause hingesetzt und gewartet, aber es ist niemand gekommen.

Später ist mir noch etwas passiert. Ich war immer dünner geworden, und meine Schwester sagte, ich müsse zum Arzt gehen. Ich habe mich dann gynäkologisch untersuchen lassen. Und da sagt der Arzt: »Sie brauchen keinen weiteren Arzt mehr aufzusuchen, Sie sind im dritten Monat schwanger.« Ich war in anderen Umständen! Ein Malheur ... und ich hatte nichts davon gemerkt, ich hatte doch noch meine Regel!

Ich wollte kein Kind. Eigentlich hatte ich mir immer Kinder gewünscht, aber nicht in dieser Zeit. In eine solche Zeit Kinder hineinzugebären, hielt ich für Wahnsinn. Da gab es nicht die richtigen Voraussetzungen. Und wir hatten vorher noch darüber Witze gemacht!

Am 12. Februar, kurz vor der Rosenstraße, war Rudis Geburtstag gewesen, und ich hatte kein Geschenk für ihn gehabt. Da hatte er aus Quatsch gesagt: »Macht nichts, schenk mir ein Baby.« Am 9. November habe ich Zwillinge geboren, im Mütterhaus in Pankow. Da wird mir nichts passieren, hatte ich gedacht.

Das war ja eine Zeit, in der jeder jeden umbringen konnte und vielleicht auch noch belobigt wurde dafür. Frühmorgens, während ich noch im Bett lag, spürte ich einen Ruck – und plötzlich schwamm ich irgendwie in meinem Bett. Ich dachte: »Wenn ich sehe, daß es Blut ist, dann ziehe ich mir die Decke über den Kopf und sterbe.« Das war mein fester Wille.

Dann habe ich es aber doch mit der Angst zu tun gekriegt. Ich wollte von Neukölln mit der Straßenbahn über die Prenzlauer Allee bis nach Pankow. Aber als ich unterwegs war, dachte ich: Ich schaff das nicht bis nach Pankow, ich geh zu meiner Schwester. Den Bauch hatte ich mir fest eingebunden, weil ich dachte: Das geht doch nicht, wenn ich in der Straßenbahn noch mehr Wasser verliere.

Als ich bei ihr angekommen bin, habe ich gesagt, sie solle ein Auto besorgen. Und sie sagt: »Menschenskind, es ist doch Krieg!« Meine Schwester war in Panik, die hat sich in zwei Minuten angezogen. Die hat geglaubt, ich krieg das Kind gleich dort bei ihr. Und mein Schwager hat auch noch einen Spruch gemacht: »Zuckerchen rein, Pfefferchen raus.« Ich hätte ihn umbringen können.

Dann habe ich die Wehen gekriegt. Da war das Sammelauto in Richtung Norden uns gerade vor der Nase weggefahren. »Halte aus!« hat meine Schwester gesagt. »Ich versuche, ein Privatauto anzuhalten.« Das hat sie auch geschafft. Da haben sie mich verfrachtet – so wie ich war: Beine hoch, Hut schief, im Mantel. Es muß ein Bild für Götter gewesen sein.

Als ich im Mütterhaus war, hat die Schwester gesehen, daß ich so fest eingebunden war, und hat geschrien: »Um Gottes willen, das kann ja ersticken, das Kind!« Aber dann sind die Zwillinge auf die Welt gekommen. Ich habe sie noch schreien hören und habe gedacht: Mein Gott, die wissen, was ihnen blüht.

Dann haben sie mir gesagt, die Zwillinge seien tot. Aber ich hatte sie ja noch brüllen hören! Als ich wissen wollte, was passiert sei, hat die Schwester nur gesagt: »Was haben Sie denn erwartet? Daß in einer Zeit, wo so viele gute Menschen fürs Vaterland sterben, Ihre Kinder, die Kinder eines Unwürdigen, überleben würden?«

Meine Brüste sind so aufgeschwollen, daß mein Kinn auf dem Busen lag. Man hat mir nachher gesagt, ich hätte eine ganze Kompanie ernähren können.

In einem Schuhkarton haben sie meine Zwillinge begraben! Ich habe sie nicht einmal zu sehen gekriegt ... und ich weiß auch nicht, wo sie sie vergraben haben.

Aber meine Schwester hat sie noch eintragen lassen. Wenigstens eintragen, daß sie geboren wurden! Denen braucht man ja nur die Hand auf den Mund zu legen ... da ist ja noch nicht viel Kraft dahinter. Mein Mann war arbeiten, als das alles passierte, bei der Bahn.

Ganz am Ende hat er uns gerettet, weil er ein Sprachgenie war. Er sprach sogar etwas Russisch, obwohl er das nie gelernt hatte. Das brauchten wir dringend, als die Russen kamen. Denen mußten wir erst einmal erklären, daß mein Mann Jude war. Da haben die uns doch tatsächlich gesagt, es gäbe keine Juden mehr! Die sind zu unserem Luftschutzkeller gekommen. Ich stand davor, denn wegen meines Mannes durfte ich bei Bombenangriffen ja nicht hinein. Da sind also die Russen anmarschiert, haben sich vor uns aufgebaut und gesagt: »Frau mitkommen!« Die hatten irgendsoein rotes Zeugs dabei. »Frau!« haben die einfach nur gesagt. Und ich habe mir gedacht: »Hoffentlich werde ich nicht vergewaltigt ... hoffentlich nicht hier, wo alle zugucken können.« Aber dann war plötzlich alles ganz anders. Da winkt der eine Russe mit 'ner Flasche Sekt ... rotem Sekt! Und ich wußte gar nicht, wie mir geschah, vor lauter Erleichterung.

Meinen Eltern habe ich irgendwie verziehen ... aber nicht wirklich. Mit meinem Vater war das unmöglich. Als mein Mann schon sehr krank war, ist meine Mutter gestorben. Ich wollte zu ihrem Begräbnis, das war nach dem Krieg. Aber wer sollte dann bei meinem Mann bleiben? Die Frau, die mit ihm Gymnastik machte, und die Krankenpflegerin blieben ja nur jeweils eine Stunde. Er war nur noch ein Wrack. Mit vierundfünfzig Jahren hatte er einen Schlaganfall gehabt, und dann mußte ich mit ansehen, wie er langsam zugrunde ging.

Ich bin trotzdem zur Beerdigung meiner Mutter gegangen und habe ihn allein gelassen. Das würde ich heute nicht mehr machen. Denn was hat der Tote davon? Das ist ja doch nur für die Leute ... daß die sehen, daß man auch gekommen ist. »Du darfst nicht mehr weggehen«, hat mein Mann damals gesagt, »schwöre mir, daß du mich nicht mehr alleine läßt.«

Ich hatte nämlich eine katholische Schwester gebeten, auf ihn zu schauen, Schwester Maria hat sie geheißen. Ich habe zu ihr gesagt: »Ich habe eine Bitte. Bleiben Sie bei meinem Mann, solange ich beim Begräbnis bin. Ich bin zwar aus der Kirche ausgetreten, aber ich brauche Ihre Hilfe.« Da hat Schwester Maria gesagt: »Ach, das macht doch nichts«, und sie ist zu meinem Mann gegangen. Sie hat dann aber nichts anderes getan, als auf ihn einzureden: Sie wollte ihn bekehren. Da hat mein Mann zu mir gesagt: »Bitte, laß mich nicht mehr allein.«

Ein paar Monate später ist er dann gestorben. Uns fehlte ein Medikament. Es war ein Schweizer Medikament und hätte dreißig Mark gekostet ... aber die wollte die Krankenkasse nicht zahlen. Wir lebten im Ostsektor Berlins, und der Umrechnungskurs war damals eins zu neun. Die Packung hätte zweihundertsiebzig Mark gekostet, das war damals viel Geld. Da war er schon gelähmt und behindert ... nur noch Haut und Knochen. Nur mit Hilfe einer Krankenschwester konnte ich ihn noch versorgen.

Er ist am 23. September 1954 gestorben. Das war der Anfang des Herbstes.

# Zeittafel

**1933**

| | |
|---|---|
| 30.1. | Bildung der Regierung Hitler |
| 27.2. | Der Reichstagsbrand bietet den Vorwand für Razzien und Massenverhaftungen |
| 21.3. | Einrichtung eines Konzentrationslagers in Oranienburg bei Berlin |
| 27.3 | Kündigung »nicht arischer« Ärzte in Krankenhäusern |
| 1.4. | Boykott aller jüdischen Geschäfte durch die SA |
| 5.4. | »Gesetz gegen die Überfüllung von deutschen Schulen und Hochschulen«: Die Zahl der »nicht arischen« Studenten wird stark beschränkt |
| 7.4. | »Gesetz zur Wiederherstellung des Berufsbeamtentums«: Ausschaltung der »nicht arischen« Beamten |
| 21.4. | Gesetz über das Schlachten von Tieren: Das Schlachten nach jüdischem Ritus wird verboten |
| 22.4. | »Nicht arische« Ärzte werden nicht mehr zu den Krankenkassen zugelassen |
| 22.4. | Der Apothekerverein übernimmt den »Arierparagraphen« |
| 25.4. | Die deutschen Sport- und Turnvereine übernehmen den »Arierparagraphen« |
| 10.5. | Bücherverbrennungen |
| 6.5. | »Nicht arische« Steuerberater werden nicht mehr zugelassen |
| 7.5. | Kündigung aller jüdischen Arbeiter und Angestellten der Wehrmacht |
| Juni | 160.564 Menschen, die sich zum mosaischen Glauben bekennen, leben laut Volkszählung in Berlin |

| | |
|---|---|
| 23.7. | Der Reichsverband Deutscher Schriftsteller übernimmt den »Arierparagraphen« |
| 26.7. | Erlaß des Reichsarbeitsministers: Die Auswanderung von Juden soll gefördert werden, gleichzeitig wird eine sogenannte Reichsfluchtsteuer erhoben |
| 17.8. | Erlaß des Reichsarbeitsministers: »Arische« Abstammung der Ehepartner von Beamten ist erforderlich |
| 22.8. | Badeverbot für Juden in öffentlichen Schwimmbädern, an Badestränden etc. |
| 13.9. | »Rassenlehre« wird Prüfungsfach an den Schulen |
| 29.9. | »Reichserbhofgesetz«: Bauer kann nur sein, wer deutscher Staatsbürger, deutschen oder stammesgleichen Blutes und ehrbar ist |
| 7.11. | Die Deutsche Reichsbahngesellschaft übernimmt den »Arierparagraphen« für ihre Beamten, darüber hinaus wird nicht eingestellt bzw. entlassen, wer mit einer »nicht arischen« Frau verheiratet ist |
| 13.11. | »Nichtarier« können weder Schöffen noch Geschworene werden |

**1934**

| | |
|---|---|
| 11.1. | Juden dürfen nur noch in Ausnahmefällen promovieren |
| 5.2. | Jüdische Medizinstudenten dürfen kein Staatsexamen mehr ablegen |
| 28.2. | Die Wehrmacht übernimmt mit Ausnahmen den »Arierparagraphen« |
| 5.3. | »Nicht arische« Schauspieler dürfen nicht mehr auftreten |
| 17.5. | Ärzte mit »nicht arischen« Ehefrauen verlieren ihre Zulassung |

| | |
|---|---|
| 18.5. | Die Freigrenze bei der Reichsfluchtsteuer wird von 200.000 Reichsmark auf 50.000 Reichsmark herabgesetzt |
| 23.6. | Erlaß der Reichsstelle für Devisenbewirtschaftung: Auswanderer bekommen nur noch 2.000 RM in ausländischer Währung (statt 10.000 RM) zugeteilt |
| 26.6. | Beamte »nicht arischer« Abstammung oder mit »nicht arischen« Ehepartnern werden nicht befördert |
| 8.12. | Jüdische Pharmaziestudenten dürfen ihr Staatsexamen nicht ablegen |

**1935**

| | |
|---|---|
| Jan. | Judenfeindliche Schilder werden überall in Deutschland aufgestellt |
| 5.2. | Prüfungsordnung für Ärzte und Zahnärzte: Der Nachweis »arischer« Abstammung ist erforderlich |
| 10.2. | Jüdische Veranstaltungen, die Propaganda für das Dableiben machen, werden verboten |
| März | Die Reichsschrifttumskammer erteilt jüdischen Schriftstellern Arbeitsverbot |
| 11.4. | Parteimitgliedern wird der persönliche Verkehr mit Juden verboten |
| 24.4. | Die Reichspressekammer fordert alle Verleger aufgefordert, einen »Ariernachweis« bis zum Jahr 1800 zu erbringen |
| 21.5. | »Wehrgesetz«: Juden dürfen nicht Offiziere werden, sie gelten als »wehrunwürdig« und sind vom aktiven Wehrdienst ausgeschlossen |
| 15.9. | »Nürnberger Gesetze«: Das »Reichsbürgergesetz« erklärt Juden zu Bürgern zweiter Klasse (Trennung in »Reichsbürger« und »Staatsangehörige«), das »Blutschutzgesetz« verbietet Ehen und außerehelichen |

|        |                                                                                 |
|--------|---------------------------------------------------------------------------------|
|        | Geschlechtsverkehr zwischen Juden und »Staatsangehörigen deutschen oder artverwandten Blutes«, Juden dürfen »weibliche Staatsangehörige deutschen oder artverwandten Blutes unter 45 Jahren« nicht mehr in ihrem Haushalt beschäftigen |
| 6.9.   | Der Straßenverkauf von jüdischen Zeitungen wird verboten                         |
| 30.9.  | Beurlaubung der jüdischen Richter, Staatsanwälte und Beamten                     |
| 17.10. | Jüdische Kinobesitzer müssen ihre Kinos an »Arier« verkaufen                     |
| 30.10. | Juden wird das Führen von Künstlernamen verboten                                 |
| 14.11. | »Erste Verordnung zum Reichsbürgergesetz«: Neben »Juden« und »Ariern« wird die Kategorie der »Mischlinge« eingeführt. »Mischling« ist, wer einen oder zwei jüdische Großelternteile hat, es sei denn, er gehört der Jüdischen Gemeinde an oder ist mit einem Juden verheiratet; in diesen Fällen wird der »Mischling« den Juden zugerechnet; Jude ist, wer mindestens drei jüdische Großelternteile hat. |
|        | Juden wird das Stimmrecht aberkannt, sie dürfen keine öffentlichen Ämter bekleiden; mit Ablauf des 31.12. werden jüdische Beamte in den Ruhestand geschickt; Verbot der Eheschließung zwischen Juden und »Mischlingen 2. Grades« |
| 21.12. | »Zweite Verordnung zum Reichsbürgergesetz«: Es wird bestimmt, wer als Beamter anzusehen ist und wer entlassen wird; Juden dürfen nicht mehr leitende Ärzte in Krankenhäusern und Vertrauensärzte sein |

**1936**

| | |
|---|---|
| 31.3. | Der Bund Reichsdeutscher Buchhändler verpflichtet seine Mitglieder und deren Ehepartner zum »Ariernachweis« bis ins Jahr 1800 |
| 3.4. | Juden dürfen sich nicht mehr als Tierärzte niederlassen |
| 19.6. | Juden bekommen keine Apothekerkonzession mehr |
| 12.7. | Einrichtung des KZ Sachsenhausen |
| Juli | Judenfeindliche Schilder werden während der Olympiade in Berlin vorübergehend abgebaut |
| 4.9. | Jüdischer Religionsunterricht wird an höheren Schulen und Mittelschulen abgeschafft |
| 4.10. | Erlaß des Reichsinnenministeriums: Ein Jude, der zum Christentum übertritt, ändert seinen Status nicht |

**1937**

| | |
|---|---|
| 13.2. | Juden dürfen nicht zum Notar bestallt werden |
| 15.4. | Jüdische Studenten dürfen nicht mehr promovieren |
| 4.10. | Jüdisch »versippte« Richter dürfen nur noch in Grundbuch-, Verwaltungssachen und ähnlichem tätig werden |
| 21.10. | Erlaß des Reichsführers SS: Emigranten werden bei ihrer Rückkehr verhaftet und in Schulungslager eingewiesen; Emigranten sind alle, die das Deutsche Reich nach dem 30.1.1933 aus politischen Gründen verlassen haben |
| 16.11. | Erlaß des Reichsinnenministeriums: Beschränkung der Ausgabe von Reisepässen an Juden |
| 17.12. | Der Unterricht an höheren Schulen in hebräischer Sprache wird verboten |

**1938**

| | |
|---|---|
| 28.3. | Die jüdischen Religionsgemeinschaften verlieren den Status von Körperschaften öffentlichen Rechts |
| 26.4. | Juden müssen ihr Vermögen über 5.000 RM anmelden |
| 31.5. | Juden werden von der Vergabe öffentlicher Aufträge ausgeschlossen |
| 14.6. | »Dritte Verordnung zum Reichsbürgergesetz«: Jüdische Handwerksbetriebe und Fabriken müssen sichtbar als jüdisch gekennzeichnet werden |
| 15.6. | »Asozialen-Aktion«: Verhaftung von etwa 1.500 Juden aus ganz Deutschland, die vorbestraft sind, auch bei geringsten Delikten, und ihre Einlieferung in Konzentrationslager |
| 6.7. | Gewerbeordnung für das Deutsche Reich: Juden wird die Ausübung diverser Gewerbe verboten wie Bewachung, Handeln mit Grundstücken, Fremdenführung oder Hausieren |
| 25.7. | »Vierte Verordnung zum Reichsbürgergesetz«: Jüdische Ärzte müssen sich »Krankenbehandler« nennen und dürfen nur jüdische Patienten behandeln |
| 27.7. | Erlaß des Reichsinnenministeriums: Straßen, die nach Juden oder »Mischlingen 1.Grades« benannt wurden, werden umbenannt |
| 17.8. | Alle jüdischen Männer und Frauen müssen ihren Vornamen die Zwangsnamen Israel beziehungsweise Sarah hinzufügen |
| 27.9. | »Fünfte Verordnung zum Reichsbürgergesetz«: Jüdische Rechtsanwälte müssen sich »jüdische Konsulenten« nennen und dürfen nur Juden vertreten |
| 5.10. | Kennzeichnung der Reisepässe von Juden mit einem roten »J« |

| 28.10. | Ausweisung von etwa 15.000 Juden polnischer Staatsangehörigkeit und deren Transport über die deutsch-polnische Grenze; die polnischen Behörden verweigern ihre Aufnahme |
| 9.11. | »Reichskristallnacht«: Von den Nationalsozialisten organisiertes Pogrom, bei dem jüdische Geschäfte, Synagogen und Betriebe zerstört werden. Mehr als 20.000 Juden werden verhaftet und in Konzentrationslager eingewiesen; 12.000 Berliner Juden werden im KZ Sachsenhausen inhaftiert |
| 12.11. | Verordnung über die Sühneleistung der deutschen Juden |
| 12.11. | Erste Verordnung zur Ausschaltung der Juden aus dem Wirtschaftsleben: Schließung aller jüdischen Geschäfte und Handwerksbetriebe |
| 12.11. | Juden dürfen keine Theater, Kinos, Konzerte und andere öffentlichen Veranstaltungen besuchen |
| 15.11. | Jüdische Schüler dürfen deutsche Schulen nicht mehr besuchen |
| 28.11. | Juden dürfen sich zu bestimmten Zeiten nicht in der Öffentlichkeit zeigen |
| 29.11. | Juden wird das Halten von Brieftauben verboten |
| 3.12. | Juden dürfen keine Führerscheine besitzen, die Zulassungen ihrer Autos werden eingezogen |
| 3.12. | Verordnung über den Einsatz jüdischen Vermögens: Zwangsveräußerung jüdischer Gewerbebetriebe, von Grundeigentum, Wertpapieren, Juwelen, Schmuck und Kunstgegenständen |

| | |
|---|---|
| 5.12. | »Siebte Verordnung zum Reichsbürgergesetz«: Herabsetzung der Renten von ausgeschiedenen jüdischen Beamten |
| 6.12. | In Berlin wird der »Judenbann« verhängt; er gilt unter anderem für Museen, Sportplätze, Eisbahnen und Badeanstalten |
| 8.12. | Juden dürfen die Universitäten nicht mehr besuchen |
| 9.12. | Erlaß des Reichswirtschaftsministers: Nichtzulassung von Juden zu handwerklichen, kaufmännischen und ähnlichen Berufen |

**1939**

| | |
|---|---|
| 17.1. | Der Mieterschutz für Juden wird eingeschränkt |
| 17.1. | »Achte Verordnung zum Reichsbürgergesetz«: Das Berufsverbot wird auf jüdische Zahnärzte, Dentisten, Tierärzte, Apotheker, Heilpraktiker und Krankenpfleger ausgedehnt |
| 24.1. | Errichtung der Reichszentrale für jüdische Auswanderung |
| 30.1. | Adolf Hitler kündigt im Reichstag die »Vernichtung der jüdischen Rasse in Europa« an, falls ein Weltkrieg ausbricht |
| 21.2. | Juden müssen alle Wertgegenstände aus Gold, Silber, Platin sowie Edelsteine und Perlen abliefern |
| 15.3. | Besetzung der Tschechoslowakei |
| 30.4. | »Gesetz über Mietverhältnisse mit Juden«: Juden können zwangsweise in »Judenhäuser« eingewiesen werden |
| 4.7. | »Zehnte Verordnung zum Reichsbürgergesetz«: Zwangsgründung der »Reichsvereinigung der Juden in Deutschland« als Zwangsvereinigung aller »Nichtarier« unter Kontrolle der Gestapo |
| 1.9. | Kriegsbeginn: Deutscher Angriff auf Polen |

| | |
|---|---|
| 1.9. | Juden dürfen ihre Wohnungen oder Unter-künfte im Sommer ab 21 Uhr, im Winter ab 22 Uhr nicht mehr verlassen |
| 7.9. | Alle männlichen polnischen Juden werden in sogenannte Schutzhaft genommen |
| 12.9. | Zuweisung von besonderen Lebenmittelge-schäften für Juden |
| 23.9. | Juden müssen ihre Rundfunkgeräte abliefern; der Abgabetag ist der höchste Feiertag der Juden, Yom Kippur |
| Okt. | Adolf Eichmann wird Leiter des Referates IV B 4, dem Referat für »Juden- und Räumungs-angelegenheiten« im Reichssicherheitshaupt-amt |
| 12.10. | Erste Deportation aus Österreich und dem »Protektorat« (Böhmen und Mähren) ins »Generalgouvernement« (Polen) |
| Ende 1939 | In Berlin leben laut einer neuerlichen Volks-zählung noch 82.457 »Rassejuden« |

**1940**

| | |
|---|---|
| 6.2. | Juden erhalten keine Kleiderkarten |
| Feb. | Beginn der Deportation von deutschen Juden ins »Generalgouvernement«; betroffen sind zunächst die Juden in den Bezirken Stettin, Stralsund und Schneidemühl |
| 9.4. | Deutscher Angriff auf Dänemark, das sich kampflos ergibt, und Norwegen |
| 10.4. | Für alle in den Konzentrationslagern inhaftier-ten jüdischen »Schutzhäftlinge« wird für die Dauer des Krieges eine allgemeine Entlas-sungssperre angeordnet |
| 13.4. | Juden werden aus privaten Krankenversiche-rungen ausgeschlossen |
| 30.4. | Errichtung des ersten bewachten Ghettos in Lodz |
| 10.5. | Angriff auf Frankreich |

| | |
|---|---|
| 22.6. | Waffenstillstand mit Frankreich, Besetzung des größeren Teils von Frankreich |
| 4.7. | Berliner Juden dürfen nur noch zwischen 16 Uhr und 17 Uhr Lebensmittel kaufen |
| 29.7. | Juden werden die Fernsprechanschlüsse gekündigt |
| 7.10. | Bei Benutzung der Luftschutzräume durch Juden soll auf ihre Abtrennung von den übrigen Bewohnern geachtet werden |
| 16.10. | Errichtung des Warschauer Ghettos |
| 22.10. | Deportation von Juden aus Elsaß-Lothringen, dem Saarland, der Pfalz und Baden nach Südfrankreich |
| 15.11. | Alle Angehörigen der deutschen Polizei sollen im Laufe des Winters den Film »Jud Süß« sehen |
| 1.12. | Nur Kinder »deutschen« oder »artverwandten Blutes« bekommen Kinderbeihilfe |

**1941**

| | |
|---|---|
| 7.3. | Für Juden ab dem 14. Lebensjahr wird die Zwangsarbeit eingeführt |
| 26.4. | Die Reichsvereinigung wird angewiesen, ihre Schulen in großen Städten zu konzentrieren |
| 22.6. | Beginn des deutschen Angriffs auf die Sowjetunion |
| 26.6. | Juden erhalten keine Zusatzscheine mehr für Seife und Rasierseife |
| 20.7. | Juden erhalten keine Entschädigung für Kriegsschäden |
| 31.7. | Göring beauftragt Heydrich mit den Vorbereitungen für eine »Gesamtlösung der Judenfrage im deutschen Einflußgebiet in Europa« |
| 2.8. | Juden dürfen allgemeine Leihbüchereien nicht mehr benutzen |

| 30.8. | Sperre des Inlandvermögens der in die Niederlande ausgewanderten Juden |
| 1.9. | Polizeiverordnung des Reichsministers des Inneren über die Kennzeichnung der Juden: Juden, die das sechste Lebensjahr vollendet haben, müssen den Judenstern tragen, einen »handtellergroßen, schwarz ausgezogenen Sechsstern aus gelbem Stoff mit der schwarzen Aufschrift ›Jude‹. Er ist sichtbar auf der linken Brustseite des Kleidungsstückes fest aufgenäht zu tragen«. Ausgenommen sind in Mischehe lebende Juden, wenn in dieser Kinder vorhanden sind und diese nicht als Juden gelten, sowie jüdische Ehefrauen bei kinderloser Mischehe; die Verordnung tritt ab 15. September in Kraft |
| 3.9. | Erste »Versuchsvergasungen« in Auschwitz |
| 13.9. | Juden dürfen öffentliche Verkehrsmittel nur auf Wegen von und zur Arbeitsstelle benutzen |
| 24.9. | Juden wird der Gebrauch von Schecks verboten, ihre Scheckhefte werden eingezogen |
| 29./30.9. | Massenmorde in Kiew durch die »Einsatzgruppe C«: Erschießung von 33.771 Juden in der Schlucht von Babijar |
| 1.10. | Auswanderungsverbot für Juden |
| 14.10. | Beginn der systematischen Deportation von Juden aus dem »Altreich« |
| 18.10. | Beginn der Massendeportation der Berliner Juden; der erste Transport geht vom Bahnhof Grunewald in das Ghetto Lodz |
| 23.10. | Die Jüdische Gemeinde Berlin bekommt den Befehl, die Synagoge in der Levetzowstraße als Sammellager herzurichten |
| 24.10. | Erlaß des Reichssicherheitshauptamts: »Deutschblütige« Personen, die freundschaftliche Beziehungen zu einem Juden zeigen, sind in Schutzhaft zu nehmen, der Jude ist in ein Konzentrationslager einzuliefern |

| | |
|---|---|
| 24.10. | Befehl zur Deportation von etwa 50.000 Juden aus dem »Altreich«, aus Österreich und Böhmen-Mähren in den Osten |
| 4.11. | Abschiebung von Juden, die nicht in volkswirtschaftlich wichtigen Betrieben beschäftigt sind, in den Osten |
| 13.11. | Erfassung von Schreibmaschinen, Fahrrädern, Fotoapparaten und Ferngläsern bei Juden |
| 25.11. | »Elfte Verordnung zum Reichsbürgergesetz«: Einziehung des Vermögens deportierter Juden |
| 8.12. | Kriegserklärungen der USA und Großbritanniens an Japan nach dem japanischen Überfall auf die US-Flotte in Pearl Harbour |
| 11.12. | Kriegserklärung Deutschlands und Italiens an die USA |
| 21.12. | Juden dürfen keine öffentlichen Fernsprecher benutzen |
| Ende Dez. | Beginn der Massenvernichtung im Vernichtungslager Chelmno |

**1942**

| | |
|---|---|
| 10.1. | Juden müssen Pelze und Wollsachen sowie Skier, Ski- und Bergschuhe abliefern |
| 20.1. | Während der Wannsee-Konferenz wird die Koordinierung aller zuständigen Behörden für die »Endlösung der Judenfrage«, also die planmäßige Ausrottung aller Juden in Europa, besprochen |
| 17.2. | Juden dürfen keine Zeitungen und Zeitschriften mehr kaufen |

| | |
|---|---|
| 6.3. | Zweite Konferenz über die »Endlösung« in Berlin: Erörterung der Möglichkeiten zur Sterilisierung aller »Mischlinge« |
| 17.3. | Errichtung des Vernichtungslagers Belzec |
| Mitte | Beginn der »Aktion Reinhard«: Liquidierung der Ghettos in Polen und März Deportation in die Vernichtungslager |
| 26.3. | Wohnungen von Juden müssen mit dem Stern gekennzeichnet werden; die Verordnung tritt am 15. April in Kraft |
| 22.4. | Juden dürfen keine »arischen« Friseure aufsuchen |
| 24.4. | Juden dürfen öffentliche Verkehrsmittel generell nicht mehr benutzen |
| Mai | Errichtung des Vernichtungslagers Sobibor |
| 15.5. | Berliner Juden müssen ihre Haustiere zur Tötung im Hof des Jüdischen Krankenhauses in der Iranischen Straße abliefern |
| Juni | Beginn der Massenvergasungen in Auschwitz |
| 2.6. | Beginn der Deportation deutscher Juden in das Ghetto Theresienstadt |
| 9.6. | Juden müssen alle entbehrlichen Kleidungsstücke abliefern |
| 11.6. | Juden erhalten keine Raucherkarten mehr |
| 19.6. | Juden müssen alle optischen und elektrischen Geräte sowie Fahrräder, Schreibmaschinen und Schallplatten abliefern |
| 20.6. | Verbot des Unterrichts von jüdischen Kindern |
| Juli | Errichtung des Vernichtungslagers Treblinka |
| 11.7. | Der erste Transport von Berliner Juden direkt nach Auschwitz |
| 22.7. | Die »Umsiedlung« der Bewohner des Warschauer Ghettos nach Belzec und Treblinka beginnt |
| 1.9. | Reichsminister des Inneren: Der Nachlaß verstorbener Juden fällt an das Reich |

| | |
|---|---|
| 14.9. | Soldaten wird die Erlaubnis entzogen, Frauen, die vorher mit einem Juden verheiratet waren, zu heiraten |
| Okt. | Im Reichsgebiet befindliche Konzentrationslager werden »judenfrei« gemacht und die Häftlinge nach Auschwitz gebracht |
| 9.10. | Juden dürfen keine Bücher mehr kaufen |
| 19.10. | Juden werden die Fleisch-, Eier- und Milchmarken entzogen |
| 27.10. | Dritte Konferenz über die »Endlösung« in Berlin: Plan zur Zwangstrennung aller Mischehen und Programm zur Sterilisierung aller »Mischlinge« |
| Ende 1942 | In Berlin leben noch etwa 33.000 Juden |

**1943**

| | |
|---|---|
| 31.1. | Kapitulation in Stalingrad |
| 27.2. | Bei der sogenannten Fabrik-Aktion werden fast alle Juden, die in Berliner Betrieben Zwangsarbeiter waren, verhaftet und in Sammellager gebracht: in die Levetzowstraße, die Große Hamburger Straße, die Hermann-Göring-Kaserne, den Reitstall der Kasernen in der Rathenower Straße, das frühere jüdische Altersheim in der Gerlachstraße, das ehemalige Ballhaus »Clou« in der Mauerstraße und das ehemalige Verwaltungsgebäude der Jüdischen Gemeinde in der Rosenstraße. Von dort aus werden sie nach Auschwitz deportiert. Beginn der Demonstration der »arischen« Frauen vor dem Sammellager in der Rosenstraße. |
| März | Freilassung der jüdischen Angehörigen |
| Mai | Aufstand im Warschauer Ghetto |

| | |
|---|---|
| 10.6. | Auflösung der Berliner Jüdischen Gemeinde und der Reichsvereinigung der Juden in Deutschland |
| 16.6. | Die letzten Mitarbeiter der Reichsvereinigung und der Jüdischen Gemeinde Berlin werden nach Theresienstadt deportiert |
| 19.6. | Goebbels erklärt Berlin für »judenfrei« |
| 30.6. | Nach der Zählung von Bruno Blau, die er im Auftrag der Gestapo durchführen muß, befinden sich 6.700 »Nichtarier« in Berlin; die Deportationen werden fortgesetzt |
| 1.7. | »Dreizehnte Verordnung zum Reichsbürgergesetz«: Nach dem Tode eines Juden verfällt sein Vermögen dem Reich |
| 18.12. | Deportation jüdischer Ehepartner aus nicht mehr bestehenden Mischehen nach Theresienstadt |

**1944**

| | |
|---|---|
| 10.1. | Jüdische Insassen von Nervenheilanstalten, die aus ganz Deutschland nach Berlin gebracht wurden, werden deportiert |
| 8.2. | »Mischlinge 1. Grades« und mit Juden oder »Mischlingen 1. Grades« Verheiratete werden von der Mitgliedschaft in der Deutschen Arbeiterfront ausgeschlossen |
| April/Juni | Massendeportationen aus Südeuropa nach Auschwitz |
| 20.7. | Sowjetische Truppen befreien das Konzentrationslager Majdanek |
| 1.9. | Es leben noch 14.574 Juden in Deutschland |
| Okt. | Erfassung der jüdischen »Mischlinge 1. Grades« und der »jüdisch Versippten« (Ehemänner von Jüdinnen) zur Zwangsarbeit bei der Organisation Todt und Deportation in Arbeitslager |

| | |
|---|---|
| 2.11. | Vergasungen in Auschwitz werden eingestellt |
| 13.11. | In Berlin wird Juden die Benutzung von Wärmehallen verboten |
| 26.11. | Zerstörung der Gaskammern und der Krematorien in Auschwitz-Birkenau |

**1945**

| | |
|---|---|
| 27.1. | Auschwitz wird von sowjetischen Truppen befreit |
| 16.2. | Erlaß zur Vernichtung aller Akten, die antijüdische Maßnahmen belegen, damit sie nicht in Feindeshand fallen |
| März/April | Der letzte Transport von Berliner »Nichtariern« verläßt Berlin in Richtung Sachsenhausen |
| 30.3. | Nach Zählung von Bruno Blau leben noch 5.990 »Nichtarier« in Berlin |
| 11.4. | Buchenwald wird von amerikanischen Truppen befreit |
| 15.4. | Bergen-Belsen wird von alliierten Truppen befreit |
| 29.4. | Dachau wird von amerikanischen Truppen befreit |
| 2.5. | Vertreter des Internationalen Roten Kreuzes übernehmen Theresienstadt |
| 2.5. | Befreiung Berlins |
| 7./9.5. | Kapitulation der deutschen Wehrmacht |

**1948**

| | |
|---|---|
| 14.5. | Errichtung des souveränen Staates Israel |

# Literatur

Andreas-Friedrich, Ruth: Der Schattenmann. Tagebuchaufzeichnungen 1938-1945. Frankfurt a. M. 1983[3] (ursprünglich Berlin 1947).

Beck, Gad: Und Gad ging zu David. Die Erinnerungen des Gad Beck. 1923-1945. Hrsg. von Frank Heibert. Berlin 1995.

Benz, Wolfgang (Hrsg): Die Juden in Deutschland 1933-1945. Leben unter nationalsozialistischer Herrschaft. Unter Mitarbeit von Volker Dahm, Konrad Kwiet, Günter Plum, Clemens Vollnhals, Juliane Wetzel. München 1989.

ders. (Hrsg): Dimension des Völkermordes. Die Zahl der jüdischen Opfer des Nationalsozialismus. München 1991.

Berger, Karin u.a. (Hrsg.): Der himmel ist blau. kann sein. Frauen im Widerstand. Wien 1985.

Blau, Bruno: Die Mischehe im Nazireich. In: Judaica. Beiträge zum Verständnis des Jüdischen Schicksals in Vergangenheit und Gegenwart. Hrsg. im Auftrag des Vereins der Freunde Israels zu Basel von Pfarrer Lic. Robert Brunner. Band 4. Zürich 1948.

Blasius, Dirk: Ehescheidung in Deutschland 1794-1945. Scheidung und Scheidungsrecht in historischer Perspektive. Göttingen 1987.

Bracher, Karl Dietrich; Funke, Manfred; Jacobsen, Hans-Adolf (Hrsg.): Nationalsozialistische Diktatur 1933-1945. Eine Bilanz. Bonn 1983.

Büttner, Ursula (Hrsg.): Das Unrechtsregime. Internationale Forschung über den Nationalsozialismus. Festschrift für Werner Jochmann zum 65. Geburtstag, unter Mitwirkung von Werner Johe und Angelika Voß. 2 Bände. Band 1: Ideologie – Herrschaftssystem – Wirkung in Europa. Band 2: Verfolgung – Exil – Belasteter Neubeginn. Hamburg 1986.

dies.: Die Not der Juden teilen. Christlich-jüdische Familie im Dritten Reich. Beispiel und Zeugnis des Schriftstellers Robert Brendel. Hamburger Beiträge zur Sozial- und Zeitgeschichte Band XXIV. Hamburg 1988.

Ehmann, Annegret; Kaiser, Wolf; Klingspor, Christiane u. a.: Die Grunewald-Rampe. Die Deportation der Berliner Juden. Begleitmaterial zum Schulfernsehen. Hrsg. vom Zentrum für audio-visuelle Medien: Landesbildstelle Berlin. Berlin 1993.

Elling, Hanna: Frauen im deutschen Widerstand 1933-1945. Frankfurt a. M. 1979.

Fleming, Gerald: Hitler und die Endlösung. »Es ist des Führers Wunsch ...«. Vorwort von Wolfgang Scheffler. Einführung von Saul Friedländer. Frankfurt a. M., Berlin 1987.

Fröhlich, Elke (Hrsg.): Die Tagebücher von Joseph Goebbels. München, New Providence, London, Paris 1993.

Gilbert, Martin: Endlösung. Die Vertreibung und Vernichtung der Juden. Ein Atlas. Hamburg 1982.

Gross, Leonard: Versteckt. Wie die Juden in Berlin die Nazi-Zeit überlebten. Reinbek bei Hamburg 1983.

Jochheim, Gernot: Frauenprotest in der Rosenstraße. »Gebt uns unsere Männer wieder«. Berlin 1993.

ders.: Die gewaltfreie Aktion. Ideen und Methoden, Vorbilder und Wirkungen. Hamburg, Zürich 1984.

Kaden, Helma; Nestler, Ludwig (Hrsg.): Dokumente des Verbrechens. Aus Akten des Dritten Reiches 1933-1945. Band 1: Schlüsseldokumente. Band 2: Dokumente 1933 - Mai 1941. Berlin 1993.

Kammer, Hilde; Bartsch, Elisabeth: Nationalsozialismus. Begriffe aus der Zeit der Gewaltherrschaft 1933-1945. Unter Mitarbeit von Manon Eppenstein-Baukhage. Reinbek bei Hamburg.

Klemperer, Victor: LTI – Notizbuch eines Philologen. Leipzig 1996.

ders.: Ich will Zeugnis ablegen bis zum letzten. Tagebücher 1933 bis 1945. 2 Bände. Hrsg. von Walter Nowojski unter Mitarbeit von Hadwig Klemperer. Berlin 1995.

Krüger, Helmut: Der halbe Stern. Leben als deutschjüdischer »Mischling« im Dritten Reich. Berlin 1993.

Lang, Jochen von: Die Gestapo. Instrument des Terrors. Hamburg 1990.

Laqueur, Walter: Jahre auf Abruf. Stuttgart 1982.

Longerich, Peter (Hrsg.): Die Ermordung der europäischen Juden. Eine umfassende Dokumentation des Holocaust 1941-1945. Unter Mitarbeit von Dieter Pohl. München, Zürich 1989.

Meynert, Joachim (Hrsg.): Ein Spiegel des eigenen Ich: Selbstzeugnisse antisemitisch Verfolgter. Brackwede bei Bielefeld 1988.

Müller, Klaus-Jürgen: Der deutsche Widerstand 1933-1945. Paderborn, München, Wien, Zürich 1990[2].

Oppenheimer, Max; Stuckmann, Horst; Schneider, Rudi: Als die Synagogen brannten. Zur Funktion des Antisemitismus gestern und heute. Frankfurt a. M. 1978.

Pätzold, Kurt; Schwarz, Erika: Tagesordnung Judenmord. Die Wannseekonferenz am 20. Januar 1942. Berlin 1992.

Steinbach, Peter; Tuchel, Johannes (Hrsg.): Widerstand gegen den Nationalsozialismus. Bonn 1994.

Stoltzfus, Nathan: Jemand war für mich da. Der Aufstand der Frauen in der Rosenstraße. In: Die Zeit, Nr. 30, 1989.

ders.: Resistance of the Heart. Intermarriage and the Rosenstrasse Protest in Nazi Germany. New York, London 1996.

Strobl, Ingrid: Sag nie du gehst den letzten Weg. Frauen im bewaffneten Widerstand gegen Faschismus und deutsche Besatzung. Frankfurt a. M. 1991.

Ullstein, Heinz: Spielplatz meines Lebens. München 1961.

# Filme

Menschen ohne Schatten. Juden im Untergrund des Dritten Reiches. Ein Protokoll von Itschak Pruschnowski. Sender Freies Berlin 1983.

Widerstand in der Rosenstraße. Ein Film von Daniela Schmidt. Eine Arte-Produktion. ZDF 1992.

Befreiung aus der Rosenstraße. Ein Film von Michael Muschner. Produktionsgesellschaft Tigerfilm. Berlin 1993.

# Bild- und Dokumentennachweis

Sean McDevitt: Seite 134

Privatarchiv Gad Beck: Seite 145; 165; 166

Privatarchiv Ursula und Gerhard Braun: Seite 59

Privatarchiv Erika Lewin: Seite 101; 102; 103; alle Dokumente zwischen S. 96 und 97

Privatarchiv Hans-Oskar Baron Löwenstein de Witt: Seite 192; 200; alle Dokumente zwischen Seite 216 und 217

Privatarchiv Lilo Merten: Seite 238; 239; 241; 242; 244; 250

Uwe Tilkowski: Seite 12; 13; 15; 61; 62; 94; 98; 193; 198; 204; 233

# Danksagung

Ich danke, von ganzem Herzen, vor allem jenen acht Menschen, die sich auf mein Drängen hin tief in die Vergangenheit haben fallenlassen, um Erinnerungen wieder heraufzuholen, die ein halbes Jahrhundert zurückliegen und die sie manchmal lieber hätten ruhenlassen wollen. Ich danke also Ursula und Gerhard Braun, Erika Lewin, Gad Beck, Miriam Rosenberg, Hans-Oskar Baron Löwenstein de Witt, Lilo Merten und Elsa Holzer, die mir ihr Leben erzählt haben, selbst wenn es schmerzhaft war.

Ich danke Christine Proske, die dieses Buch erst möglich gemacht hat.

Ich danke dem Friedensforscher Gernot Jochheim und dem Filmemacher Michael Muschner für ihre bereitwillige Starthilfe.

Ich danke meiner Familie: meinem Vater, meiner Mutter und meinen beiden Schwestern Katja und Britta; mit liebevoller Geduld haben sie auch in Streßsituationen meine Launen ertragen und waren da, wenn ich sie brauchte.

Und dann danke ich Josef Oberhollenzer, meinem Mann: Er verfolgte mit sorgsamer Kritik die Entstehung des Manuskripts.

Auch meinem Sohne Moritz, der jetzt sechs Wochen alt ist, möchte ich danken. Gezwungenermaßen hat er mich bei der Arbeit an diesem Buch begleitet - mit Interesse und Anteilnahme, wie mir schien. Ohne ihn wäre das Buch vielleicht ein anderes geworden.

Bruneck, den 8.9.1997
Nina Schröder

# Nachwort:

## Nur ein Moment in der deutschen Kriegsgeschichte?

Die Häme in dem Artikel des Nachrichtenmagazins *Der Spiegel* ließ sich nur schwer überhören: Also doch nicht!, klingt es da zwischen den Zeilen. Also haben diese paar Handvoll Frauen doch nicht geschafft, was dem gesamten deutschen Volk mißlungen war.

Es war beinahe, als käme nun Erleichterung auf, als sich die Nachricht durch den Blätterwald fraß: Die Frauen in der Rosenstraße waren nicht die Ursache für die Befreiung der Internierten. Niemand wollte die Rosenstraßen-Häftlinge deportieren. Tatsächlich wären sie nach dem Willen der Machthaber so oder so freigekommen. Das hatten neuere Untersuchungen von Originalakten ergeben. Und es klang wie eine Entwarnung: Die Diktatur hätte nicht gewankt, auch wenn das Volk auf die Straße gegangen wäre. Aber stimmt das tatsächlich?

Als Margarethe von Trotta während der Dreharbeiten zu ihrem Spielfilm über die Rosenstraße auf dem Set in Babelsberg von dieser Nachricht überrascht wurde, war sie einfach nur wütend. »Aber das haben die Frauen doch nicht gewußt«, empörte sie sich gegenüber einer anwesenden Journalistin.

Die Rosenstraße ist so etwas wie die Verkörperung des schlechten deutschen Gewissens. Jahrelang hatte die Geschichtsforschung die Ereignisse nach dem 27. Februar 1943 kaum beachtet. Da mußte erst Erich

Honecker kommen und die von ihm noch zu Amtszeiten beauftragte Künstlerin Ingeborg Hunzinger, um anläßlich des 50. Jahrestages der Ereignisse die Erinnerung wieder ins Rollen zu bringen.

Doch als die Lawine erst einmal rollte, wurden alle Zwischentöne niedergewalzt. Die Untersuchungen des amerikanischen Wissenschaftlers Nathan Stoltzfus, 1999 auf deutsch erschienen, legten schließlich nur einen Schluß nahe: »Der Diktator fürchtete Unruhe in der eigenen Bevölkerung mehr, als er solche Unruhe tatsächlich erfuhr.«

Wenn bereits dieser zu Anfang so zögerliche Protest von ein paar hundert Frauen ausreichte, um die Menschen aus dem Internierungslager zu befreien, was hätte dann ein beherzterer, ein womöglich organisierter Widerstand alles verhindern können? Und manche Kommentatoren wagten die Frage aller Fragen: Hätten die Nazis gestürzt werden können? Könnte uns der erfolgreiche Widerstand der Berliner Frauen in der Rosenstraße dies lehren?

Bis zur Jahrtausendwende war die Quellenlage nach den Kriterien der Geschichtsforschung denkbar schlecht. Historiker, die sich, wie der Berliner Friedensforscher Gernot Jochheim, eingehend mit dem Thema befaßten, verließen sich vor allem auf die Berichte der Zeitzeugen. Einblicke in die Entscheidungsprozesse der Nazis hatten sie kaum. Um zu begreifen, was 1943 mitten in der Hauptstadt des Nazi-Reiches passierte, verließen sie sich auf die Erzählungen von den Menschen, die es erlebt hatten und sich nun, 50 Jahre später, daran erinnerten.

Das änderte sich, als zwei weitere Berliner Historiker sich noch einmal mit den originalen Akten beschäftigten. Wolf Gruner analysierte im »Jahrbuch für Antisemitismusforschung« alle vorhandenen Quellen; Susanne Willems untersuchte die Rolle von Albert Speer.

Wolf Gruner kommt zu dem Schluß, daß »das Reichssicherheitshauptamt die Juden aus ›Mischehen‹ nicht abtransportieren wollte«, zumindest nicht zu diesem Zeitpunkt. Die rund 2000 Inhaftierten in der Rosenstraße habe man nur zeitweise inhaftieren wollen, um sie neuen Arbeiten zuzuteilen. Schließlich mußte nach der Fabrikaktion die Zwangsarbeit in Berlin neu organisiert werden. Wichtiger aber ist noch: Gruner fand in den Akten jener Zeit keinen einzigen Hinweis auf eine »Demonstration«. Den Tagebucheintrag von Joseph Goebbels entkräftet er in seinem Aufsatz mit anderen Textstellen.

Susanne Willems wiederum analysiert bisher unbeachtete Akten rund um die Person Albert Speers, der einer der Drahtzieher der Fabrikaktion war. Auch die Fabrikaktion, so Willems, in deren Verlauf die mit sogenannten Arierinnen verheirateten Juden und deren Kinder in der Rosenstraße zusammengefaßt wurden, ginge auf eine seiner Anordnungen zurück. Und diese Entscheidung sei bereits im Jahr 1941 gefällt worden.

Beide Untersuchungen rücken die Ereignisse in der Rosenstraße unbestritten in ein neues Licht. Doch wie sieht es nun tatsächlich aus, was damals dort in der Hauptstadt des Reiches passierte? Was geschah wirklich?

Zweifel an der eigenen »Macht« hatten vor allem jene schon immer gehegt, die selbst dabei waren. Die Sehnsucht hatte sie auf die Straße getrieben und kein wie auch immer gearteter politischer Unmut; es war kein organisierter Widerstand: Sie standen treu zu ihren Angehörigen. Nicht »Nieder mit den Diktatoren!« war ihr

Schlachtruf, sondern sie skandierten, zunächst leise und dann immer lauter: »Gebt uns unsere Männer zurück! Gebt uns unsere Kinder zurück!« – »Resistance of the heart« nannte das Nathan Stoltzfus, Widerstand des Herzens.

Daß sie nicht politisch organisiert waren, hieß allerdings nicht, daß sie nicht politisch dachten. Der Zweifel wurde vor allem durch einen Umstand genährt: »Warum machten sich die Nazis die Mühe«, so Gerhard Braun, der die Ereignisse stolz und gleichzeitig ängstlich vom Inneren der Rosenstraße aus beobachtete (siehe Interview), »uns fein säuberlich auszusortieren?« Diese Frage stand immer im Raum. Und eine mögliche Antwort darauf existierte ebenfalls schon immer: „Weil sie mit uns etwas anderes vorhatten".

Wie war es also wirklich? War der Protest der rund tausend Frauen, die sich in jenen Tagen im März 1943 in der Rosenstraße versammelten, nur ein Augenblick der deutschen Kriegsgeschichte wie andere auch? Kommt nun die Entlastung des Gewissens?

Tatsächlich ist die Zuspitzung dieser Frage auf diese Art ziemlich absurd. Denn seit wann wird in Deutschland der Widerstand an seinem Erfolg gemessen? Warum gelten andere Parameter für die Angehörigen der Wehrmacht, die in vielen vergeblichen Anläufen versuchten, den Diktator zu töten? Warum ist der Widerstand im Namen der Weißen Rose wesentlich früher erforscht und gefeiert worden, als der der Frauen in der Rosenstraße? Schließlich war es die einzige öffentliche Protestkundgebung gegen die Deportation der Juden im gesamten Deutschen Reich.

Da drängt sich die Frage auf, ob die Frauen der Rosenstraße nicht vielleicht gerade darum so spät geehrt wurden, w e i l sie (möglicherweise) Erfolg hatten mit ihrem Häufchen Widerstand. Vielleicht war es immer dies, was die Geschichtsschreibung, aber vor allem die deutsche Öffentlichkeit derart irritierte.

Denn was der Druck der Straße bewirken kann, wenn er nicht nur vereinzelt bleibt, hat die jüngere deutsche Geschichte unzweifelhaft bewiesen. Daß Druck immer nur in dem Maße wirksam ist, wie die Mauer schwach ist, die er einreißen soll, ist eine Binsenweisheit. Nun hat man sich in Sachen Rosenstraße auf eine denkbar bigotte Formel geeinigt: »Damit soll der Mut dieser Frauen nicht geschmälert werden«, so heißt es jetzt allenthalben. Aber seit wann ist David nur mutig, wenn er Goliath niederstreckt?

Das eigentlich Irritierende und das gleichzeitig Beeindruckende am Widerstand in der Rosenstraße war (und ist), daß er von allem Anfang an nicht mit dem Ziel einer »Wirksamkeit« ausgeführt wurde. Hier trafen sich Frauen (und auch Männer) mehr oder weniger zufällig, spontan, weil ihr Zorn und ihre Angst es nicht anders zuließen. Und sie wußten, wie gefährlich das sein konnte. Denn viele von ihnen standen selbst in erster Reihe, manche waren untergetauchte Mischlinge, manche hatten sich von ihrer Zwangsarbeit mit fadenscheinigen Gründen davongestohlen; viele riskierten ihr Leben. Und zudem hatten die meisten noch nie in ihrem Leben für irgend etwas demonstriert.

Sie t at e n es einfach; ohne lange darüber nachzudenken. Hätten sie darüber nachgedacht, wären sie wahrscheinlich gar nicht erst losgezogen. Zu absurd war 1943 der Gedanke, seinem Geliebten eine Botschaft zwischen zwei Brothälften in ein Sammellager einschmuggeln zu wollen (siehe Interview mit Elsa Holzer).

Was die Machthaber mit ihnen und mit ihren

Angehörigen vorhatten, das wußten die Frauen nicht, als sie mutig protestierten. Ihr Mut war (und bleibt) das Phänomenale, nicht ihr möglicher oder ihr vermeintlicher Sieg.

*Nina Schröder, 30. Juli 2003*

# Bücher gegen das Vergessen

Eine Auswahl:

**Laurence Rees**
*Die Nazis*
Eine Warnung der Geschichte
Mit einem Vorwort von
Ian Kershaw
19/743

**Johannes Leeb**
*„Wir waren Hitlers Eliteschüler"*
Ehemalige Zöglinge der
NS-Ausleseschulen brechen
ihr Schweigen
19/704

**Eugen Kogon**
*Der SS-Staat*
Das System der deutschen
Konzentrationslager
19/9

**Ulrike Leutheusser**
**(Hrsg.)**
*Hitler und die Frauen*
19/874

**Martha Schad**
*Frauen gegen Hitler*
Schicksale im
Nationalsozialismus
19/844

19/844

# Anna Maria Sigmund

Details aus bisher verschlossenen Archiven der Nazi-Diktatur. Historisch wertvolle und innovative Beiträge zur deutschen Geschichtsforschung – spannend wie Romane!

*»Sigmund versucht, die Begeisterung der Frauen für den Führer aus deren Erziehung und Lebensumständen zu erklären – leicht lesbar und informativ.«*

**Der Standard, Wien**

19/893

*Die Frauen der Nazis*
19/725

*Die Frauen der Nazis II*
19/807

*Die Frauen der Nazis III*
19/893

# Uta Ranke-Heinemann

*»Wer sich informieren will, für den liefert Uta Ranke-Heinemann eine Unmenge von Material. Ihr Angriff richtet sich gegen die gegenwärtigen Sexualvorstellungen der katholischen Kirche. Und da liegt noch viel im Argen.«* **Süddeutsche Zeitung**

19/817

*Eunuchen für das Himmelreich*
Katholische Kirche und Sexualität
Ergänzte Neuausgabe
19/705

*Nein und Amen*
Mein Abschied vom traditionellen Christentum
Ergänzte Neuausgabe
19/817